智能车辆
仿真与测试技术

李永福 主 编
黄 鑫 黄龙旺 赵 杭 副主编

清华大学出版社
北京

内容简介

本书介绍了智能车辆的发展历程、自动驾驶分级、先进辅助系统、环境感知传感器，以及仿真与测试的作用、分类与构成、本书采用的仿真类型、智能车辆仿真与测试场景库、仿真平台、仿真与测试评价方法，详细介绍了基于行业常用仿真软件 CarSim、PreScan、CARLA 和 SUMO 的仿真与测试，并进一步向读者展示了基于 CarSim、PreScan、CARLA 和 SUMO 的联合仿真与测试方案。本书提供了大量的应用案例，帮助读者快速理解和掌握行业常用的仿真软件，用于智能车辆新技术的仿真与测试。

本书可作为高等院校智能车辆工程等相关专业高年级本科生、研究生的教材，也可供从事智能车辆研究的科研人员和企业人员参考。

版权所有，侵权必究。举报：010-62782989，beiqinquan@tup.tsinghua.edu.cn。

图书在版编目（CIP）数据

智能车辆仿真与测试技术 / 李永福主编．-- 北京：清华大学出版社，2025.7.
ISBN 978-7-302-69281-2

Ⅰ．U46

中国国家版本馆 CIP 数据核字第 2025MD2720 号

责任编辑：刘　杨
封面设计：钟　达
责任校对：薄军霞
责任印制：刘　菲

出版发行：清华大学出版社
网　　址：https://www.tup.com.cn，https://www.wqxuetang.com
地　　址：北京清华大学学研大厦 A 座　　邮　编：100084
社 总 机：010-83470000　　邮　购：010-62786544
投稿与读者服务：010-62776969，c-service@tup.tsinghua.edu.cn
质量反馈：010-62772015，zhiliang@tup.tsinghua.edu.cn

印 装 者：三河市天利华印刷装订有限公司
经　　销：全国新华书店
开　　本：170mm×240mm　　印　张：13.75　　字　数：272 千字
版　　次：2025 年 7 月第 1 版　　印　次：2025 年 7 月第 1 次印刷
定　　价：49.00 元

产品编号：111328-01

前　言

智能车辆技术作为衡量一个国家科技创新水平的重要标志之一，无论是对于资源开发、国防军事，还是发展未来机器人产业，形成和发展新质生产力，均具有举足轻重的战略作用。

随着汽车智能化程度的不断提高，汽车结构的复杂程度、开发成本和开发周期的压力不断增大。同时，许多涉及汽车安全的新技术研发受外界环境影响和实验安全制约，难以有效地开展，传统的设计、测试和验证手段已不能适应新的发展。例如，自动驾驶要获得足够的安全验证，需要大规模可扩展的、能进行十亿甚至上百亿公里的模拟测试服务，真实道路测试效率极低。自动驾驶仿真测试具有经济性、可重复性、易用性等特点，已成为当前车企和研发机构的首选。因此，未来智能车辆新技术的测试主要通过仿真完成，具备智能车辆设计、开发、测试及应用能力的人才需求将迅速增长。

智能车辆技术本身具有多学科交叉属性，涉及智能车辆的网联通信、环境感知、行为决策、轨迹规划、运动控制等多项技术，对仿真系统的全面性提出了更高要求。目前，国内智能车辆仿真与测试相关教材多通过单一的仿真软件教学，不利于智能车辆工程专业学生系统性地理解和学习整套智能车辆仿真与测试流程。针对上述问题，本书紧密结合智能车辆工程专业学科特点，在保证智能车辆技术完整测试流程的基础上，选取行业常用的仿真软件，结合大量应用案例深入介绍面向智能车辆工程领域的典型实验方法，旨在提高读者的智能车辆技术仿真与测试能力。

本书的主要特色是强化智能车辆仿真与测试的系统性和应用性。首先，通过4种仿真软件帮助读者系统性地理解智能车辆仿真与测试相关知识与技术；其次，各章均配备一定数量的课后习题，便于读者通过做题进一步巩固理论知识；最后，将书中的4种仿真软件互相结合，实现联合仿真，为读者利用仿真与测试技术解决实际智能车辆问题提供了具体思路和方法。

本书将智能车辆仿真与测试的内容分为三大模块：一是行业背景与理论知识，包括第1章绪论和第2章智能车辆仿真与测试；二是仿真软件的操作方法及其应用，包括第3~6章中基于CarSim、PreScan、CARLA和SUMO等4种仿真软件的智能车辆仿真与测试；三是多仿真软件联合仿真，主要为第7章。

本书可作为高等院校智能车辆工程等相关专业高年级本科生、研究生的教材，也可供从事智能车辆研究的科研人员和企业人员参考。

本书由李永福主编，负责全书整体框架设计及修改、总纂和定稿工作，黄鑫、黄龙旺、赵杭为副主编。在成书过程中，王欢、丁孟涛、彭福珂、王潇洋、荆朋豪、刘洋、谭宇等参与了相关内容的撰写。同时，清华大学出版社给予了大力支持，对全书进行了细致的审校。

在本书编写过程中，编者参考了大量同行的相关著作和文献，并引用了其成果和论述，在此向所有作者表示衷心的感谢。

最后，衷心希望本书能为智能车辆技术的发展提供些许理论指导和技术支持。限于编者水平，书中难免有疏漏和不当之处，恳请广大读者批评指正，我们将不胜感激并持续改进。

编　者

2025 年 2 月

目 录

第1章 绪论 ……………………………………………………………… 1

1.1 智能车辆发展历程 …………………………………………………… 1
1.2 智能车辆自动驾驶分级 ……………………………………………… 5
1.3 智能车辆先进辅助系统 ……………………………………………… 8
  1.3.1 先进驾驶辅助系统概述 ………………………………………… 8
  1.3.2 先进驾驶辅助系统技术与分类 ………………………………… 8
1.4 智能车辆环境感知传感器 …………………………………………… 9
  1.4.1 机器视觉 ………………………………………………………… 9
  1.4.2 毫米波雷达 ……………………………………………………… 10
  1.4.3 激光雷达 ………………………………………………………… 10
  1.4.4 红外传感器 ……………………………………………………… 11
本章小结 …………………………………………………………………… 12
课后习题 …………………………………………………………………… 12
参考文献 …………………………………………………………………… 13

第2章 智能车辆仿真与测试 …………………………………………… 14

2.1 概述 …………………………………………………………………… 14
  2.1.1 智能车辆仿真与测试的作用 …………………………………… 14
  2.1.2 智能车辆仿真与测试的分类与构成 …………………………… 15
  2.1.3 本书采用的仿真类型 …………………………………………… 17
2.2 智能车辆仿真与测试场景库 ………………………………………… 18
  2.2.1 测试场景定义 …………………………………………………… 18
  2.2.2 测试场景库定义 ………………………………………………… 19
  2.2.3 测试场景库的搭建 ……………………………………………… 21
  2.2.4 本书采用的仿真场景 …………………………………………… 24
2.3 智能车辆仿真平台 …………………………………………………… 24

  2.3.1 仿真平台典型架构 …………………………………………… 24
  2.3.2 典型仿真平台 ………………………………………………… 25
  2.3.3 本书采用的仿真平台 ………………………………………… 29
 2.4 仿真与测试评价方法 ……………………………………………… 29
  2.4.1 评价指标 ……………………………………………………… 29
  2.4.2 评价方法 ……………………………………………………… 30
  2.4.3 本书采用的评价方法 ………………………………………… 34
本章小结 ………………………………………………………………… 35
课后习题 ………………………………………………………………… 35
参考文献 ………………………………………………………………… 35

第3章 CarSim 智能车辆仿真与测试 …………………………………… 37

 3.1 概述 ………………………………………………………………… 37
  3.1.1 CarSim 简介 …………………………………………………… 38
  3.1.2 CarSim 基本架构 ……………………………………………… 39
  3.1.3 CarSim 工作界面 ……………………………………………… 40
 3.2 CarSim 基础操作 …………………………………………………… 43
  3.2.1 驾驶员控制 …………………………………………………… 44
  3.2.2 开始与结束条件 ……………………………………………… 45
  3.2.3 曲线图像 ……………………………………………………… 45
  3.2.4 车辆观察视角 ………………………………………………… 49
 3.3 车辆配置 …………………………………………………………… 50
  3.3.1 车身、车辆外观及轮胎参数配置 …………………………… 50
  3.3.2 系统 …………………………………………………………… 56
  3.3.3 前后悬架 ……………………………………………………… 64
  3.3.4 其他配置 ……………………………………………………… 71
 3.4 基于 CarSim 的智能车辆仿真与测试实例 ……………………… 72
  3.4.1 正弦曲线行驶 ………………………………………………… 72
  3.4.2 带滚转角速度反馈的鱼钩式运动测试 ……………………… 74
  3.4.3 两轮驱动转换为四轮驱动 …………………………………… 80
  3.4.4 自动变道 ……………………………………………………… 82
  3.4.5 达到某一恒速 ………………………………………………… 83
本章小结 ………………………………………………………………… 86
课后习题 ………………………………………………………………… 86
参考文献 ………………………………………………………………… 87

第 4 章　PreScan 智能车辆仿真与测试 …… 88

- 4.1　概述 …… 89
  - 4.1.1　PreScan 简介 …… 89
  - 4.1.2　PreScan 基本架构 …… 90
  - 4.1.3　PreScan 工作界面 …… 91
  - 4.1.4　PreScan 安装 …… 94
- 4.2　PreScan 主要模块简介 …… 97
- 4.3　PreScan 基础操作 …… 99
  - 4.3.1　场景设计 …… 99
  - 4.3.2　开发流程 …… 103
- 4.4　基于 PreScan 的驾驶辅助系统 …… 103
  - 4.4.1　车道偏离预警辅助 …… 103
  - 4.4.2　碰撞预警辅助 …… 104
  - 4.4.3　胎压预警辅助 …… 104
- 4.5　基于 PreScan 的智能车辆仿真与测试实例 …… 105
  - 4.5.1　视觉检测 …… 105
  - 4.5.2　毫米波雷达目标检测 …… 108
  - 4.5.3　视觉传感器与毫米波雷达融合检测 …… 112
  - 4.5.4　激光雷达检测 …… 112
  - 4.5.5　车辆自动避障 …… 115
- 本章小结 …… 119
- 课后习题 …… 120
- 参考文献 …… 121

第 5 章　CARLA 智能车辆仿真与测试 …… 122

- 5.1　概述 …… 122
  - 5.1.1　CARLA 简介 …… 122
  - 5.1.2　CARLA 基本架构 …… 123
  - 5.1.3　CARLA 工作界面 …… 124
  - 5.1.4　CARLA 安装 …… 125
- 5.2　CARLA 基础操作 …… 127
  - 5.2.1　启动 CARLA 并连接客户端 …… 127
  - 5.2.2　加载地图 …… 128
  - 5.2.3　观众导航 …… 128
  - 5.2.4　加载 NPC …… 129

5.2.5　加载传感器 …………………………………………………… 130
　　　5.2.6　使用交通管理器制作车辆动画 ……………………………… 133
　　　5.2.7　将车辆指定为主车辆 ………………………………………… 133
　　　5.2.8　选择地图 ……………………………………………………… 134
　　　5.2.9　选择车辆 ……………………………………………………… 135
　5.3　基于CARLA的路径规划与轨迹跟踪基础 ……………………………… 136
　　　5.3.1　路径规划算法 ………………………………………………… 137
　　　5.3.2　智能车辆避障 ………………………………………………… 138
　　　5.3.3　轨迹跟踪算法 ………………………………………………… 140
　5.4　基于CARLA的智能车辆仿真与测试实例 ……………………………… 141
　　　5.4.1　仿真环境搭建 ………………………………………………… 141
　　　5.4.2　仿真实例测试 ………………………………………………… 152
　本章小结 …………………………………………………………………………… 155
　课后习题 …………………………………………………………………………… 155
　参考文献 …………………………………………………………………………… 156

第6章　SUMO智能车辆仿真与测试 …………………………………………… 157

　6.1　概述 ………………………………………………………………………… 157
　　　6.1.1　SUMO简介 …………………………………………………… 157
　　　6.1.2　SUMO基本架构 ……………………………………………… 159
　　　6.1.3　SUMO安装 …………………………………………………… 160
　　　6.1.4　SUMO工作界面 ……………………………………………… 161
　6.2　主要模块简介 ……………………………………………………………… 162
　　　6.2.1　道路模块 ……………………………………………………… 162
　　　6.2.2　车辆模块 ……………………………………………………… 167
　　　6.2.3　仿真模块 ……………………………………………………… 170
　6.3　基于TraCI接口的SUMO二次开发 ……………………………………… 172
　　　6.3.1　TraCI接口简介 ………………………………………………… 172
　　　6.3.2　二次开发实例 ………………………………………………… 173
　　　6.3.3　仿真效果评价方法 …………………………………………… 176
　6.4　基于SUMO的智能车辆仿真与测试实例 ……………………………… 177
　　　6.4.1　在SUMO中导入路网 ………………………………………… 177
　　　6.4.2　高速公路智能车辆仿真与测试 ……………………………… 178
　本章小结 …………………………………………………………………………… 181
　课后习题 …………………………………………………………………………… 182
　参考文献 …………………………………………………………………………… 182

第 7 章 多软件联合仿真与测试平台开发实例 ………………… 183

7.1 概述 ………………………………………………… 183
7.1.1 联合仿真的作用 …………………………… 183
7.1.2 多软件联合仿真与测试常用方法 ………… 184

7.2 基于 CarSim 和 PreScan 的联合仿真与测试案例 ………… 191
7.2.1 联合仿真平台搭建 ………………………… 191
7.2.2 CarSim 联合仿真配置 …………………… 192
7.2.3 PreScan 联合仿真配置 …………………… 194
7.2.4 MATLAB/Simulink 算法模块配置 ……… 196
7.2.5 联合仿真实验 ……………………………… 198

7.3 基于 SUMO 和 CARLA 的联合仿真与测试案例 ………… 200
7.3.1 联合仿真平台搭建 ………………………… 200
7.3.2 SUMO 联合仿真配置 …………………… 200
7.3.3 CARLA 联合仿真配置 …………………… 201
7.3.4 Python 算法模块配置 …………………… 202
7.3.5 联合仿真实验 ……………………………… 203

本章小结 ………………………………………………… 205
课后习题 ………………………………………………… 205
参考文献 ………………………………………………… 206

附录 ……………………………………………………… 207

第1章

绪 论

本章将详细介绍智能车辆的相关概念和特点,通过介绍智能车辆的发展历程、自动驾驶分级、先进辅助系统及环境感知传感器帮助读者理解相关概念和技术。智能车辆依托人工智能、环境感知、网络通信和大数据处理等前沿技术,正进入一个全新的阶段。本章内容分为以下几节。

- **智能车辆发展历程**:简要回顾智能车辆的发展历程,为后续章节的实例开发奠定基础。
- **智能车辆自动驾驶分级**:详细介绍智能车辆自动驾驶分级的原理及特点,同时对比国内外智能车辆自动驾驶分级情况。
- **智能车辆先进辅助系统**:详细介绍智能车辆先进辅助系统的相关概念和技术。
- **智能车辆环境感知传感器**:详细介绍常见的智能车辆环境感知传感器。

通过本章的学习,使读者了解智能车辆的基本概念和特点,为后续的实际项目工作奠定坚实基础。

1.1 智能车辆发展历程

智能车辆作为汽车领域未来的发展方向,对汽车行业及交通运输业具有非常大的影响,智能车辆依靠先进的环境感知与精确的车辆控制技术,可解放人类的双手,免除驾驶员的驾驶负担,减少县全消除人为错误,从而降低交通事故率。此外,智能车辆通过精确的车辆控制,有利于提高道路的通行能力,减少车辆尾气排放对环境的污染。

1886 年,内燃机汽车的出现宣告了马车时代的结束;1913 年,流水线式的大规模制造技术使汽车开始普及;20 世纪 90 年代末期,新型能源系统的正式大规模应用促进了汽车的绿色可持续发展;21 世纪,基于新一代移动通信技术形成了汽车的智能化、网联化系统,由此诞生了新的交通系统[1]。可以发现,汽车领域大的技术变革往往会带来产业革命,进而对社会发展产生重大影响。如今,现代汽车的智能发展也进入了新的阶段。传统的单车自动驾驶和网联式汽车的融合形成了一种新产品、新模式、新生态——智能网联汽车，它是智能汽车发展的新阶段。实际上，智能网联汽车也是信息物理系统（cyber-physical system，CPS）在汽车交通系统中的一种典型应用。汽车交通技术层的物理层通过标准化通信实现实时的数字映射，得到信息映射层，再通过基础数据的加工编排，形成感知、控制融为一体的系统，通过数据融合与服务融合，共同实现物理-虚拟双向交互与协同，这也是数字孪生系统的典型应用案例。

1. 国外智能车辆发展现状

目前谷歌、特斯拉、梅赛德斯等企业都在研究智能驾驶汽车，这可能让人觉得智能驾驶汽车是一个新概念，其实早在1918年，美国就开始设想未来的智能驾驶汽车。1925年，美国的胡迪纳无线电控制公司（Houdina Radio Control，HRC）就在纽约街头现场演示了一款通过遥控实现自动驾驶的汽车[2]。1953年，美国RCA（Radio Corporation of America）实验室研制了第一辆有线控制微型车，并于1958年在内布拉斯加州一段约122m的公路上成功进行了实车测试。20世纪60年代，依托车载电子引导系统和自动公路通信控制系统，通用汽车公司研发并展示了Firebird系列自动驾驶汽车[3]。20世纪60年代至70年代，美国开始研发并测试采用由内嵌于道路的电子设备引导的无人驾驶汽车，该无人车系统首先在路面内埋设电缆，以控制车辆行进，通过路面的通信设备发送计算机指令。1988年，卡内基梅隆大学（Carnegie Mellon University，CMU）测试了利用图像进行车道跟踪的智能驾驶车NAVLAB[4]。同期，美国国防高级研究计划局（Defense Advanced Research Projects Agency，DARPA）开始大规模资助陆地自动巡航车辆项目，用于研发能在危险区域进行战略侦察的智能驾驶车辆。1995年，CMU率先推出了NAVLAB-5无人车[5]，该车基于Pontiac车改装，依靠彩色摄像机、光电码盘、差分GPS及机器人自动控制技术实现车辆自主导航，完成了横跨美国大陆的行驶，平均速度为88.5km/h，其中98.2%的里程采用自动驾驶，考虑到安全问题，当时车辆的油门和刹车还是由人操控的。后来CMU推出了NAVLAB-11无人车[6]，该车采用Wrangler运动跑车改装，其车载传感器包括亚米级差分GPS，全姿态测量的VG400CA惯性姿态测量系统，以及50m最大检测距离的SICKLMS221激光扫描仪、角分辨率为0.5°的SONYEVI-330彩色摄像机，并采用神经网络分析道路结构。NAVLAB系列智能车如图1-1所示。

除了美国，欧洲很多国家也开展了智能车的相关研究，其中最具代表性的项目有VaMoRs-P系统[7]和ARGO系列无人车[8]。VaMoRs-P是由慕尼黑联邦国防军大学和梅赛德斯-奔驰公司合作研制的，配置4个CCD相机、3个加速和角度变化传感器及发动机状态测量仪等，该系统可以实现车道线跟踪、避障、自动超车等功能。ARGO由意大利帕尔玛大学的Vislab研发，主要采用视觉系统实现环境感知和车辆定位，车载视觉采用低成本的商用CCD模组，通过I/O板读取车辆自

图 1-1　NAVLAB 系列智能车

(a) NAVLAB-1 智能车；(b) NAVLAB-5 智能车；(c) NAVLAB-11 智能车

身的速度、油门量等参数。ARGO 于 1998 年在意大利进行了 2000km 的道路测试，道路区域既有高架桥，也有隧道、丘陵区域，测试中 ARGO 自主导航路段达总行程的 94%。Vislab 于 2010 年用两辆自动驾驶汽车完成了从意大利到中国 13 000km 的无人驾驶测试。欧洲代表性智能车如图 1-2 所示。

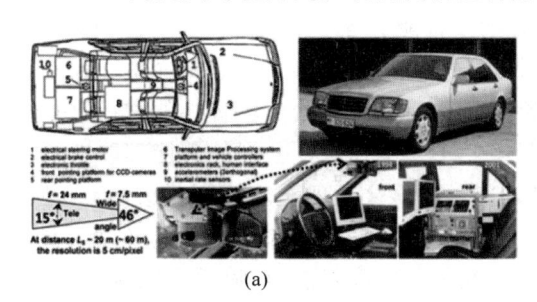

图 1-2　欧洲代表性智能车

(a) VaMoRs-P 智能车；(b) ARGO 智能车

此外，德国一批精英大学（如 KIT、慕尼黑联邦国防军大学、柏林自由大学）在智能驾驶关键技术研究方面也颇有造诣，KIT 与梅赛德斯-奔驰公司共同开发了 FZI 智能车，该车与 ARGO 类似，未使用激光雷达，而使用了低成本的商用视觉传感器，并于 2013 年完成了 100km 的道路测试。英国牛津大学研发的第一辆智能驾驶汽车 WildCat 于 2011 年首次向公众展示，该车未使用 GPS 或者嵌入式基础设置进行定位，而是使用机器学习和概率推理实现定位，依赖汽车头顶的相机和激光雷达实时检测和识别道路及路内障碍物。日本在智能驾驶汽车研究方面也投入了大量的资金，甚至将智能车作为未来经济增长的新动力产业。为促进智能车发展，日本出台了一系列扶植政策：2014 年启动自动驾驶系统战略创新项目（SIP-adus），2016 年"无人驾驶评价据点整备项目"落地日本机动车研究所，2017 年建立相关基础设施，2020 年日本残奥会推出无人驾驶出行服务。

2. 国内智能车辆发展现状

1980 年，我国第一个无人驾驶军工项目立项，"八五"期间，清华大学、北京理工大学、浙江大学等五家单位合作研发出了我国首台智能驾驶测试样车 ATB-1，标志着我国正式进入智能驾驶相关技术研发阶段。"九五"期间，我国相继研发出了 ATB-2、ATB-3 系列智能车，其性能无论是在环境适应能力方面，还是速度方面，都有了很大的提升。2003 年，中国第一汽车集团公司和国防科技大学合作研发的首辆智能驾驶轿车 CA7460 在长沙测试成功。2006 年，国防科技大学研发出第二代智能车 HQ3，已经具备自主换道、超车、追尾预警等功能，并于 2011 年 7 月完成了 286km 的高速自动驾驶道路测试，全程人工干预 10 次，92.2% 的路程实现完全自主驾驶。此次实验表明，我国智能驾驶关键技术的研究已经取得突破性进展。

近年来，中国的 IT 企业和传统车企也纷纷布局智能驾驶相关产业，积极推进相关技术的研发和商业化应用。目前，我国智能驾驶技术的研发主要围绕智能货运、公共交通、共享出行、环卫、矿山等领域的应用开展。智能货运车行驶环境相对简单，重型智能驾驶货运行驶环境主要是高速干线，因此有更多的规则约束人们的行为，使行人等不可控因素出现的概率降低，而面向最后 1km 的智能货运物流小车行驶环境也相对封闭，速度相对较低，所以智能货运会比城市环境中行驶的智能车更早落地。目前国内物流领域从事无人物流小车相关技术研发的企业主要有百度研究院、美团、苏宁、京东、菜鸟等。百度从 2013 年开始从事智能驾驶相关技术的研究，并于 2015 年 12 月完成了从百度公司到奥林匹克公园的智能驾驶首次测试。2016 年 9 月，百度获得继谷歌、特斯拉等公司之后的全球第 15 张智能驾驶测试牌照。2017 年 4 月，百度正式推出 Apollo 软件架构，并基于此架构开发了首款智能驾驶物流小车"新石器"，目前已经进入量产阶段，该车可以适应工业园、公园等多种道路交通环境。Apollo 智能物流车如图 1-3 所示。苏宁自主研发的智能货运小车"卧龙一号"也于 2018 年 8 月投入运营，不仅实现了苏宁小店 3km 内的无人配送，还可在智能自提柜和无人调拨车之间形成联动，解决快递员不能进高校和工业园区的入户配送问题。而在智能驾驶卡车领域，目前入局的企业主要有图森未来、西井科技、苏宁、主线科技等企业。图森未来创办于 2015 年，并于 2019 年

图 1-3 Apollo 智能物流车

年初开通了一条由亚利桑那州至得克萨斯州的无人驾驶货运线。西井科技于 2016 年推出了第一套智慧港口系统，2018 年与振华重工合作，在上海搭建了一个码头集装箱模拟测试场地。

在公共交通出行领域，由于对智能车的安全性要求较高，因此推广速度相对较慢。2015 年宇通智能驾驶客车在河南郑开大道进行了无人驾驶测试，这是国内首次智能驾驶客车进行路测。该车依赖两个相机模组、4 个 16 线三维激光雷达、1 个毫米波雷达和定位系统实现自动跟车、换道、超车、红绿灯识别等项目。2016 年福田欧辉发布了首款 BRT 智能车。2017 年 6 月，厦门金龙自主研发的智能小巴在嘉定汽车城完成了 2km 的封闭场地测试，同年 7 月，中车电动推出了全球首款 12m 长的纯电动无人驾驶客车，并在株洲一个封闭试验场地中进行了道路测试。2018 年海格的智能驾驶电动客车亮相世界人工智能大会。

国内企业对于智能驾驶特种车辆也有所布局。在环卫领域，北京环卫与百度 Apollo 合作推出了第一款智能环卫车"蜗小白"，旨在帮助环卫工分担工作，降低劳动强度。后又推出包括吸扫、洗地、垃圾收集等功能的特种智能车，以使整个环卫作业全部无人化。在矿山工况下，传感器难以工作，矿区周围障碍物多，GPS 信号弱，有些矿井比较深，车辆通行困难，这一领域比较有代表性的企业是北京踏歌智行和慧拓智能。踏歌智行提出了无人机器人驾驶方案，但安全性和实用性有待考证。慧拓智能已经与国内多家大型重工企业建立合作，研发无人矿车，推广矿山无人化运营。

1.2 智能车辆自动驾驶分级

新一代信息通信技术正在加速驱动汽车产业的百年之大变革，推动汽车的电动化、网联化和智能化融合发展。自动驾驶已成为彰显国家技术实力、创新能力和产业配套水平的新名片，呈现蓬勃发展的新格局：道路测试实现新的突破，应用场景日趋丰富，商业运营探索不断深入。中、美、德、日、韩等多个国家都在积极打造适应自动驾驶发展的政策法规监管环境，加大对自动驾驶产业的培育力度，以抢占科技创新和汽车产业变革的发展先机。

1. 国外自动驾驶分级方法

近年来，国际及主要汽车产业国家和地区的标准法规组织广泛开展汽车驾驶自动化分级的研究。美国高速公路安全管理局（National Highway Traffic Safety Administration，NHTSA）2013 年率先提出将汽车驾驶自动化分为无自动化、特定功能自动化、组合功能自动化、有条件自动化和完全自动化 5 个等级。德国联邦交通研究所（Bundesanstalt für Straßenwesen，BASt）根据研究，将汽车驾驶自动化分为仅驾驶员、辅助驾驶、部分自动驾驶、高度自动驾驶及完全自动驾驶 5 个等级；国际自动机工程师学会（Society of Automotive Engineers International，SAE-

International)发布的SAE J3016标准提出了0～5级分类法,将汽车驾驶自动化分为从无自动化(L0级)至完全自动化(L5级)在内的6个等级,如表1-1所示。国际标准化组织(International Organization for Standardization,ISO)与SAE组成国际标准联合起草组,完成ISO/SAE PAS 22736：2021的制定。联合国世界车辆法规协调论坛2019年专门就驾驶自动化分级的法规制定原则展开讨论,确定了区分驾驶辅助和自动驾驶制定相关国际技术法规的方案。其中,SAE J3016是国际上影响最大、应用最广泛的分级标准,截至目前已发布4个版本：2014版首次提出0～5级分类框架和原则,2016版主要增加了设计运行范围(operational design domain,ODD)定义并具体说明动态驾驶任务(dynamic driving task,DDT)等内容,2018版和2021版主要完善术语描述并对标准使用中的常见问题进行了解释说明。

表1-1 SAE汽车驾驶自动化等级

分级	名称	定义
L0	无自动化	由驾驶员操控汽车,可以得到警告或辅助装置的提醒
L1	驾驶辅助	根据环境信息对转向和加减速中的一项操作提供支持,其他驾驶操作均由驾驶员完成
L2	部分自动化	根据环境信息对方向盘和加减速中的多项操作提供支持,其他驾驶操作均由驾驶员完成
L3	有条件自动化	由自动驾驶系统完成大部分驾驶操作,根据系统要求,驾驶员需要在适当的时候做出反应
L4	高度自动化	由自动驾驶系统完成所有的驾驶操作,驾驶员在特定情况下进行干预
L5	完全自动化	自动驾驶系统自主完成所有的驾驶操作

SAE J3016基于美国技术与产业实践制定,我国汽车行业应用普遍反映其存在分级方案不清晰、定义不统一等问题,一些文件参考其提出的分级概念甚至与标准制定初衷存在较大差异,给政府行业管理、企业产品开发与宣传、消费者认知与使用等带来不便。在政策和市场的双擎驱动下,我国汽车驾驶自动化技术发展迅速,产业模式正在从示范应用走向成熟,企业的产品量产计划纷纷提上日程,但我国自主汽车驾驶自动化分级标准亟待出台。

2. 我国自动驾驶分级方法

2021年8月20日,由工业和信息化部提出、全国汽车标准化技术委员会归口的推荐性国家标准《汽车驾驶自动化分级》GB/T 40429—2021由国家市场监督管理总局、国家标准化管理委员会批准发布(国家标准公告2021年第11号文)。该标准为《国家车联网产业标准体系建设指南(智能网联汽车)》规划的分类和编码类推荐性国家标准项目(体系编号102-3),规定了汽车驾驶自动化分级的原则、分级要素、各级别定义和技术要求框架,解决了我国汽车驾驶自动化分级的规范性问题,为智能网联汽车相关行业管理提供了基础依据。

基于驾驶自动化系统可执行动态驾驶任务的程度,根据在执行动态驾驶任务中的角色分配及有无设计运行范围限制,可将驾驶自动化分成0~5级。主要基于以下6个要素对驾驶自动化等级进行划分:

(1) 是否持续执行动态驾驶任务中的目标和事件探测与响应;
(2) 是否持续执行动态驾驶任务中的车辆横向或纵向运动控制;
(3) 是否同时持续执行动态驾驶任务中的车辆横向和纵向运动控制;
(4) 是否持续执行全部动态驾驶任务;
(5) 是否自动执行最小风险策略;
(6) 是否存在设计运行范围限制。

汽车驾驶自动化分为6个等级:0~2级为驾驶辅助,驾驶自动化系统辅助人类执行动态驾驶任务,发挥驾驶员"助手"作用,驾驶主体仍为驾驶员;3~5级为自动驾驶,当功能激活时,驾驶自动化系统在设计运行条件下代替人类执行动态驾驶任务,发挥驾驶员"替补"作用,替代人类成为驾驶主体。驾驶自动化等级与划分要素的关系如表1-2所示。

表1-2 驾驶自动化等级与划分要素的关系

分级	名称	车辆横向和纵向运动控制	目标和事件探测与响应	动态驾驶任务接管	设计运行条件
0级	应急辅助	驾驶员	驾驶员及系统	驾驶员	有限制
1级	部分驾驶辅助	驾驶员及系统	驾驶员及系统	驾驶员	有限制
2级	组合驾驶辅助	系统	驾驶员及系统	驾驶员	有限制
3级	有条件自动驾驶	系统	系统	动态驾驶任务接管用户	有限制
4级	高度自动驾驶	系统	系统	系统	有限制
5级	完全自动驾驶	系统	系统	系统	无限制

0级驾驶自动化(应急辅助,emergency assistance)系统不能持续执行动态驾驶任务中的车辆横向或纵向运动控制,但具备持续执行动态驾驶任务中的部分目标和事件探测与响应的能力。

1级驾驶自动化(部分驾驶辅助,partial driver assistance)系统在其设计运行条件下持续地执行动态驾驶任务中的车辆横向或纵向运动控制,且具备与所执行的车辆横向或纵向运动控制相适应的部分目标和事件探测与响应的能力。

2级驾驶自动化(组合驾驶辅助,combined driver assistance)系统在其设计运行条件下持续地执行动态驾驶任务中的车辆横向和纵向运动控制,且具备与所执行的车辆横向和纵向运动控制相适应的部分目标和事件探测与响应的能力。

3级驾驶自动化(有条件自动驾驶,conditionally automated driving)系统在其设计运行条件下持续地执行全部动态驾驶任务。

4级驾驶自动化(高度自动驾驶,highly automated driving)系统在其设计运行条件下持续地执行全部动态驾驶任务并自动执行最小风险策略。

5级驾驶自动化(完全自动驾驶,fully automated driving)系统在任何可行驶条件下持续地执行全部动态驾驶任务并自动执行最小风险策略。

1.3 智能车辆先进辅助系统

智能网联汽车自动驾驶分为 L0~L5 共 6 个等级,目前正处于 L2~L3 等级的落地发展阶段,已具备 L3 级自动驾驶能力,但市场应用规模仍然比较小:一方面受限于尚未完善 L3 级自动驾驶上路的法律法规;另一方面受限于技术实现,例如,当前车载摄像头以 720p、1080p 分辨率为主,空间分辨率已经与人眼接近,而感知距离通常为 200~250m,与人类肉眼可感距离(大于 500m)仍存在差距。逆光、图像动态范围是当前影响视觉传感器可靠性的主要技术挑战。所以,当前先进辅助驾驶系统仍然是市场主导。

1.3.1 先进驾驶辅助系统概述

先进驾驶辅助系统(advanced driver assistance system,ADAS)是利用安装在车上的多种传感器,在汽车行驶过程中随时感应周围的环境,收集数据,进行静态、动态物体的辨识、侦测与追踪,并与本车相关数据信息进行综合的系统运算与分析,从而预先让驾驶员察觉可能发生的危险,有效提升汽车驾驶的舒适性和安全可靠性。

ADAS 采用的传感器主要包括摄像头、雷达、激光雷达和超声波等,可以探测光、热、压力或其他用于监测汽车状态的变量。早期的 ADAS 技术以被动式报警为主,当车辆检测到潜在危险时,会发出警报以提醒驾驶员注意异常车辆或道路状况。对于 ADAS 最新技术来说,主动式干预较为常见[9]。

1.3.2 先进驾驶辅助系统技术与分类

ADAS 的组成架构非常广泛,包含许多先进的主动安全辅助驾驶技术。总体来说,可分为以下 5 个模块。

模块 1:车辆状态监测类。该模块主要通过安装在车内的传感器,监测车辆运行过程中的重要数据信息,及时检测出异常的车辆状况,包括智能车载计算机、胎压监测系统等。

模块 2:驾驶员状态监测类。该模块主要通过监测驾驶员自身的身体状态及驾车行为,保证驾驶员处于安全健康的驾车状态,包括驾驶员疲劳监测系统、禁酒闭锁系统等。

模块 3:视野改善类。该模块主要提高视野较差环境下的行车安全性,包括自适应前照明系统(adaptive front-lighting system,AFS)、夜视系统、平视显示器(head-up display,HUD)、日间行车灯等。

模块 4:倒车/泊车辅助类。该模块主要辅助驾驶员进行倒车、泊车操作,防止该过程中发生碰撞危险，包括倒车影像监视系统、全方位车身影像系统、智能泊车辅助系统等。

模块5：避险辅助类。该模块自动监测车辆可能存在的碰撞风险并发出提醒，必要时系统会主动介入，以避免发生危险或减轻事故带来的伤害，主要包括电子稳定（electronic stability program，ESP）系统、自适应巡航控制（adaptive cruise control，ACC）系统、碰撞预警系统、变道辅助系统、车道偏离警示系统、车道保持系统、限速交通标志提醒等。

1.4　智能车辆环境感知传感器

智能驾驶的关键技术主要涉及环境感知、决策和规划等方面，其中环境感知是自动驾驶技术的基础，目的在于探测和识别周围的道路、车辆、障碍物和交通信号灯等，是智能车辆的关键一环[10]。环境感知是指利用不同传感器对车辆环境进行数据采集，获取车辆周围的环境信息，将处理后的信息作为各种控制决策的信息依据。目前，智能车辆实现环境感知用到的主要有机器视觉、毫米波雷达、激光雷达和红外线传感器。

1.4.1　机器视觉

机器视觉采用图像拍摄装置获取图像信号，通过图像处理单元进行图像处理，根据亮度、像素、颜色等信息将图像信号转为数字信号，然后进行目标特征提取计算，从而获得目标信息。信息处理过程中用到众多的学习网络，如循环神经网络（recurrent neural network，RNN）、深度玻耳兹曼机（deep Boltzmann machine，DBM）等，其目的在于通过深度学习算法自动预测输入图像中目标的类别和位置，当算法获得目标信息后，会立即将这些信息共享给其他传感器，让驾驶系统了解到车辆当前所处的道路环境并进行预警。使用前需要提供足够多的自动驾驶场景图像以训练该算法的网络模型，训练过的算法便可用于提取道路环境中的特征信息并识别出自动驾驶场景中的目标，如行人、车辆和交通信号灯。

目前，目标检测算法采用深度学习并遵循其整体设计的预测过程，大致可分为两种情况。

（1）以基于区域的卷积神经网络（region-based convolutional neural network，R-CNN）为代表的两阶段目标检测算法：第一阶段是获取候选，对每个候选框都进行特征提取；第二阶段是对候选框代表的区域进行分类。这种算法的优点在于具有良好的准确性。

（2）以 YOLO（you only look once）网络为主体的目标检测算法，该类型算法放弃了两阶段算法中的区域分类，直接端到端从输入到输出预测所选特征图上的每个样本。

1.4.2 毫米波雷达

毫米波频段起初广泛应用于国防领域,如在航空应用中用于防碰撞,在军事系统中用于导弹导引头和火力控制,在短程反装甲系统中用于精确测量目标的相对速度和距离。毫米波雷达可以实时感知车辆和行人的位置及运动状态,实现长距离测量,具有低成本、动态目标检测能力和环境适应力,是智能车辆环境感知领域的主要传感器之一。

毫米波雷达的波长为1~10mm,工作频率常采用24GHz[11]和77GHz[12]两种,波束较窄,有较强的抗干扰能力。距离检测是毫米波雷达传感器的重要功能之一,因此按照不同的探测距离可分为长距离毫米波雷达、中距离毫米波雷达及短距离毫米波雷达。毫米波雷达是一种主动型传感器,通过自身能力向外界环境发射电磁波以进行目标检测,如果电磁波信号遇到目标物体,就会产生回波信号,回波信号将被毫米波雷达的接收天线接收,完成对目标物体相对速度、相对距离的信息采集和处理,并进行信息存储。与其他感知传感器相比,毫米波雷达具有烟、雾、尘穿透能力,对不同光照条件和天气具有良好的环境适应性。远程雷达(long-range radar,LRR)可以探测250m范围内的目标。还可以根据多普勒效应测量目标的相对速度,其分辨率高达0.1m/s。这些优点对于路况的预测和驾驶决策十分重要。

1.4.3 激光雷达

由于光学系统的脆弱性,激光雷达在智能车辆中的应用受到了限制,但是从激光雷达检测到的障碍物信息中可直接获取环境的三维数据描述,因此激光距离成像技术的研究受到智能车领域的重视,广泛应用于障碍物检测、环境三维信息的获取及车辆避障。

激光雷达也是一种主动型传感器,通过发射激光光束探测目标,当发射信号遇到目标物时会产生回波信号,随后激光雷达开始搜集目标回波,经目标检测算法的信号处理后可获得目标的距离和方位等信息。激光雷达按激光线束可分为两种:一是置于车辆前方的单线激光雷达,可用于探测车辆前方的物体,测量速度快,但只能生成二维数据;二是置于车顶的多线激光雷达,可采用旋转扫描的方式360°全方位获取目标。多线激光雷达的线束越多,可获取的目标信息越详细,但其点云数量也会越大,对数据处理和数据存储的要求也会越高。激光雷达测量距离常采用飞行时差测距法,主要分为两种:一种是测量激光脉冲在目标与雷达间来回时差的直接测量法,另一种是通过计算接收波形与发射波形之间的相位差推断距离信息的间接测量法。

激光雷达的计算涉及多方面,包括距离测量、角度测量和速度测量等。

距离测量:激光雷达通过测量光束从发射到经目标反射回来所历时间计算距离。距离 d 可以用以下公式计算:

$$d = ct/2 \tag{1}$$

式中，c 是光速，t 是往返时间。

角度测量：激光雷达通常可以测量目标相对于雷达的水平角度和垂直角度。这些角度通常通过雷达的机械结构或旋转装置获取。关于水平角度 θ_h 和垂直角度 θ_v 的计算公式取决于具体的雷达设计和数据处理算法。

速度测量：通过跟踪目标位置随时间的变化，可以计算目标的速度。速度 v 可以通过以下公式计算：

$$v = d/\Delta t \tag{2}$$

式中，Δt 单位为秒（s），是测量目标两次位置间的时间间隔。

激光雷达实现目标检测的过程需用大量数据进行算法的训练，成本高昂，因此目前采用激光雷达进行目标识别的案例较少，大多利用激光雷达获取环境三维数据，结合车辆定位信息，在离线情况下绘制高精度地图。

1.4.4 红外传感器

由于可见光摄像头在夜间等低能见度条件下的目标检测效果不理想，所以人们对红外夜视辅助系统的研究越来越多。红外传感器的优点体现在以下方面：①红外热像仪的分辨率、成像效果和性价比不断提高；②红外夜视系统接收外部目标的红外辐射成像，不依赖场景的光照条件，任何温度高于绝对零度的物体都能辐射电磁波，其中热射线可被物体吸收而转变成热能；③具有全天候工作能力，可显著降低夜间行车风险，在低能见度环境下可输出清晰的前方路况热成像，扩大驾驶员的视野范围，提高行车安全。基于以上优点，车载红外夜视技术受到国内外各大汽车厂商和研究机构的高度重视，且随着技术的成熟，红外夜视系统逐渐开始应用于智能车辆。

用于检测的红外摄像头分为两种：一种是使用近红外线的有源系统，也称近红外系统，有源系统获取的图像质量很高，通常可以看清 150m 以内的物体，但由于对光源的依赖，近红外系统在可见度低的环境下效果较差，无法正常工作；另一种是不需要红外光源的无源系统，也称远红外系统，利用物体的热辐射成像，由于热辐射不受光的影响，可穿透雨雪和雾霾，在恶劣环境下依然可以正常工作。

根据成像原理，夜视系统主要分为主动夜视系统和被动夜视系统。主动夜视系统是一种通过红外光主动照射和红外光被目标反射回来进行观测的红外技术，并相应地配备一种主动式夜视系统。被动夜视系统中，微光夜视和热成像技术应用较为广泛。微光夜视技术又称图像增强技术，通过图像增强器将微弱或能量较低的光学图像转换为增强的光学图像，实现直接观察。红外热成像技术一般配备热成像仪，将人眼无法直接看到的目标表面的温度分布转变为人眼可观察的热图像，实现目标检测。根据每种成像技术的特点总结了其相应的优缺点，如表 1-3 所示。

表 1-3　不同成像技术优、缺点

夜视技术	优　点	缺　点
主动夜视	目标与背景对比度高、图像清晰、成本低廉	工作距离受红外光源功率限制、红外光容易暴露和损坏
微光夜视	质量轻、体积小、画质好、性价比高、响应速度快、应用广泛	强光下闪烁、高增益、对比度小、灰阶有限
热成像	无需辅助光源，可穿透雨雪和雾霾、夜视距离远	对周围环境不敏感、成本相对较高

本 章 小 结

本章对智能车辆技术的基础内容进行综述，从发展历程到核心技术，为读者奠定学习智能车辆的基础知识。

本章首先概述了智能车辆的发展历程，回顾了从最初的概念产生到当今技术的演进。通过这一部分的学习，使读者理解智能车辆技术的发展背景和当前的行业发展趋势，为后续章节的深入学习提供历史和技术脉络。其次介绍了智能车辆的自动驾驶分级。通过对不同自动驾驶等级的详细解读，使读者清晰理解智能车辆的自动化程度及各级别之间的区别。这部分内容对于理解智能车辆的功能和技术要求至关重要。再次探讨了智能车辆的先进驾驶辅助系统（ADAS）。本章不仅概述了 ADAS 的基本概念，还详细分类并介绍了当前常见的辅助系统技术及其功能。这部分内容可使读者全面掌握智能车辆的核心辅助技术，为理解和设计高级驾驶功能提供理论支持。最后分析了智能车辆的环境感知及其传感技术。通过介绍机器视觉、毫米波雷达、激光雷达和红外传感器等关键技术，使读者了解这些传感器如何与驾驶辅助系统协同工作以实现智能车辆的环境感知功能。这部分内容对于理解智能车辆的感知层技术至关重要。

课 后 习 题

1. 通过学习国内外智能车辆发展历程，对比国内外智能车辆发展差异，概述国内智能车辆发展的历程、特点和优势。

2. 智能网联汽车自动驾驶分为 L0～L5 共 6 个等级，分别概述智能车辆自动驾驶分级的内容和特点。

3. 先进驾驶辅助系统是一种利用安装在汽车上的各种传感器，第一时间收集汽车、驾驶员和环境的动态数据，并进行辨识、侦测、追踪和处理的技术。概述先进驾驶辅助系统技术及分类。

4. 智能驾驶的关键技术主要涉及感知、决策和规划等方面，其中环境感知是自动驾驶技术的基础。概述常见的智能车辆环境感知传感器。

参 考 文 献

[1] 李克强.智能网联汽车的发展现状与对策建议[J].机器人产业,2020(6):28-35.

[2] BIMBRAW K. Autonomous cars:Past,present and future a review of the developments in the last century, the present scenario and the expected future of autonomous vehicle technology[C]//International Conference on Informatics in Control,Automation and Robotics (ICINCO). IEEE,2015,1:191-198.

[3] BARTZ D. Autonomous Cars Will Make Us Safer[EB/OL]. (2024-07-30)[2024-07-30]. https://www.wired.com/2009/11/autonomous-cars/.

[4] THORPE C,HEBERT M H,KANADE T,et al. Vision and navigation for the Carnegie-Mellon NAVLAB[J]. IEEE Transactions on Pattern Analysis and Machine Intelligence, 1988,10(3):362-373.

[5] JOCHEM T,POMERLEAU D,KUMAR B,et al. PANS:A portable navigation platform[C]// Proceedings of the Intelligent Vehicles'95. Symposium. IEEE,1995:107-112.

[6] THORPE C,CARLSON J,DUGGINS D,et al. Safe robot driving in cluttered environments[C]// Robotics Research. The Eleventh International Symposium. Springer,Berlin,Heidelberg, 2005:271-280.

[7] MAURER M,BEHRINGER R,DICKMANNS D,et al. VaMoRs-P:An advanced platform for visual autonomous road vehicle guidance[C]//Mobile Robots IX. International Society for Optics and Photonics,1995(2352):239-249.

[8] BERTOZZI M,BOMBINI L,BROGGI A,et al. GOLD:A framework for developing intelligent-vehicle vision applications[J]. IEEE Intelligent Systems,2008,23(1):69-71.

[9] 马钧,曹静.基于中国市场特定需求的汽车先进驾驶辅助系统发展趋势研究[J].农业装备与车辆工程,2012(4):5.

[10] 孟祥雨,张成阳,苏冲.自动驾驶汽车系统关键技术综述[J].时代汽车,2019(17):4-5.

[11] KLOTZ M,ROHLING H. 24 GHz radar sensors for automotive applications[C]//13th International Conference on Microwaves,Radar and Wireless Communications. MIKON-2000. Conference Proceedings (IEEE Cat. NO. 00EX428). IEEE,2000(1):359-362.

[12] ROHLING H,LISSEL E. 77 GHz radar sensor for car application[C]//Proceedings International Radar Conference. IEEE,1995:373-379.

第2章

智能车辆仿真与测试

本章将详细介绍智能车辆仿真与测试的相关概念,通过介绍仿真与测试的作用和分类、智能车辆测试场景库、智能车辆仿真平台及仿真与测试评价方法,帮助读者理解相关概念和技术。智能车辆仿真与测试利用计算机模拟技术和虚拟环境,对自动驾驶系统的性能、安全性和可靠性进行全面评估。本章内容分为以下几节。

- 概述:简要介绍智能车辆仿真与测试的作用和分类构成,为后续章节奠定理论基础。
- 智能车辆仿真与测试场景库:详细介绍智能车辆测试场景库的相关概念,包括测试场景定义、场景库定义、场景库的搭建及本书采用的仿真场景。
- 智能车辆仿真平台:详细介绍智能车辆仿真平台的相关概念,为后续章节中基于不同仿真平台的实例奠定基础。
- 仿真与测试评价方法:详细介绍仿真与测试评价方法的相关概念,包括评价指标、评价方法及本书采用的评价方法,为后续章节的实例提供仿真与测试评价层面的理论指导。

通过本章的学习,使读者了解智能车辆仿真与测试的基本概念和特点,为后续章节奠定坚实的理论基础。

2.1 概述

2.1.1 智能车辆仿真与测试的作用

智能车辆仿真与测试是指利用计算机模拟技术和虚拟环境评估与验证自动驾驶车辆的性能、安全性和可靠性。这个过程涉及模拟软件系统和硬件系统,以及仿真场景,用于模拟各种驾驶任务和交通场景,以评估自动驾驶系统在不同条件下的行为和决策能力。测试方面包括对自动驾驶系统进行功能测试、性能测试、安全性测试等,以确保其在现实道路上的安全可靠运行。

智能车辆仿真与测试的作用和必要性主要体现在4个方面,分别为安全性验证、成本效益、系统优化及应对多样化场景。安全性验证是指通过仿真与测试,验证自动驾驶汽车在各种情况下的安全性,包括遇到紧急情况时的表现,从而确保车辆在实际道路上的安全行驶。成本效益是指相比在实际道路上进行测试,智能车辆仿真与测试可以节省时间和资源,大幅降低测试成本,并且可以在更短的时间内覆盖更多的测试用例。系统优化是指通过仿真测试,对智能车辆的控制算法、感知系统和决策系统进行优化,提高车辆的性能和适应性。应对多样化场景是指在虚拟环境中进行测试可以模拟各种复杂场景,如恶劣天气、交通拥堵等,从而帮助车辆适应各种复杂路况。

因此,智能车辆仿真与测试对于确保自动驾驶汽车的安全性、成本效益,优化系统性能都起着至关重要的作用。

2.1.2 智能车辆仿真与测试的分类与构成

随着科技进步和技术革新,自动驾驶汽车逐渐走向商业化。一般地,自动驾驶汽车商用化需经历3个测试阶段,即仿真测试、封闭场地测试、开放道路测试。本书主要聚焦智能车辆的仿真测试阶段。

仿真测试主要是以数学建模的方式对自动驾驶的应用场景进行数字化还原,建立尽可能接近真实场景的系统模型,无须实车而直接通过软件进行仿真测试便可达到对自动驾驶系统及算法进行测试验证的目的。

如图2-1所示,自动驾驶系统开发V形流程中定义的仿真测试包括4种类型:模型在环仿真(model-in-the-loop,MIL)、软件在环仿真(software-in-the-loop,SIL)、硬件在环仿真(hardware-in-the-loop,HIL)及整车在环仿真(vehicle-in-the-loop,VIL)[1]。这4种仿真测试类型与系统定义、软件集成和验收测试,共同构成了自动驾驶系统开发V形流程的主要部分(如图2-1阴影部分)。

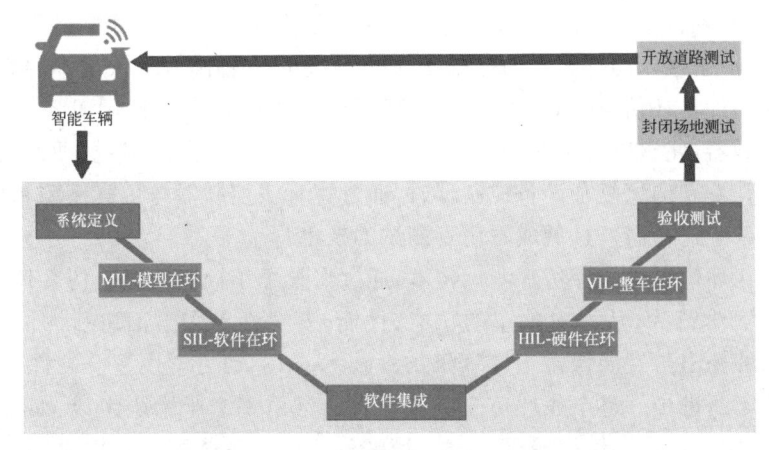

图2-1 自动驾驶系统开发V形流程

模型在环仿真是指开发和测试嵌入式系统时使用的一种方法,它涉及将系统的软件部分与实际硬件环境相结合进行仿真。在这个方法中,"模型"是指系统的软件部分,而"在环"表示这些模型与系统的实际硬件环境进行交互。具体来说,在模型在环仿真中,系统的软件部分通常以模型的形式存在,这些模型可以是数学模型、逻辑模型或控制算法模型。这些模型可以在计算机上运行,并且能够模拟系统的行为。硬件部分则包括实际的传感器、执行器和其他外部设备。通过模型在环仿真,软件模型可与真实的硬件环境进行交互,通过这种方式可以在较早的阶段对整个系统进行测试和验证,以确保软件与硬件之间良好地协同工作。这种方法有助于在实际硬件准备就绪之前就发现和解决潜在的问题,从而加快系统开发过程并降低成本。总的来说,模型在环仿真是指利用软件模型与实际硬件环境相结合的方法,进行系统开发和测试,以确保软件与硬件之间协同工作正常。

软件在环仿真是一种用于开发和测试嵌入式系统的方法,其重点是对嵌入式软件进行测试。这种方法将系统的软件部分与模拟的硬件环境相结合进行仿真。在这种方法中,"软件"指的是系统的软件部分,而"在环"表示软件与模拟的硬件之间的交互。具体来说,在软件在环仿真中,系统的软件部分通常以实际代码运行的形式存在。而硬件部分则通过模拟器或虚拟环境模拟,这些模拟包括处理器、传感器、执行器等。这样的仿真环境能够模拟与实际硬件环境相似的行为。通过软件在环仿真,可以在早期阶段对软件进行测试和验证,以确保软件在最终的硬件环境中正常运行。这种方法有助于在实际硬件准备就绪之前就发现和解决潜在问题,从而加快系统开发过程并降低开发成本。总的来说,软件在环仿真是指利用模拟的硬件环境对嵌入式软件进行测试和验证的方法。通过这种方式,可以在实际硬件准备就绪之前发现潜在问题,加快系统开发过程并提高软件质量。

硬件在环仿真是一种用于复杂设备控制器的开发与测试技术。它通过将真实的控制器接入仿真模型,采用或部分采用实时仿真模型模拟控制对象和系统运行环境,从而实现整个系统的仿真测试。硬件在环仿真主要用于对控制器进行全面测试,而且由于接入的是真实的控制器,所以能够以一种高效且低成本的方式进行测试。在硬件在环仿真测试中,实时仿真硬件用于模拟真实控制对象,以有效地"欺骗"控制器,使它以为正在控制一个真实的控制对象。总的来说,硬件在环仿真是一种在开发和测试复杂设备控制器时,通过将真实控制器与仿真模型相连接,实现对整个系统进行高效且低成本仿真测试的技术。

整车在环仿真是一种仿真测试技术,通过将整个车辆嵌入虚拟仿真环境,模拟车辆的动力学行为,从而对整车的功能、性能、安全性等多方面进行测试与验证。这种技术的提出与发展得益于计算机仿真技术、车辆动力学模型及硬件在环接口技术等的不断进步。整车在环仿真测试平台通常由多个子系统组成,如前轴可旋转式转鼓试验台、道路模拟器、环境模拟器等,这些子系统可共同构建一个实验室内的模拟道路、交通场景及环境因素等。在这个平台上,可以系统地实现基于多场景的自动驾驶车辆功能与性能测试。总的来说,整车在环仿真是一种将整个车辆嵌入虚拟仿真环境,通过模拟车辆的动力学行为,对整车的功能、性能、安全性等多方面进行测试与验证的仿真测试技术。

仿真测试具有三大优势:第一,测试场景配置灵活,场景覆盖率高;第二,测试过程安全,且对于一些极端情况或边界情况,能够进行复现再测试;第三,可实现自动测试和云端加速仿真测试,有利于提升测试效率,降低测试成本。

仿真测试、封闭场地测试、开放道路测试三者之间互相补充,形成测试闭环,共同促进自动驾驶车辆研发和标准体系的建立,三者的关系如图2-2所示。首先,仿真测试结果可以在封闭场地和开放道路进行测试验证;其次,通过道路测试得出的危险场景,将会反馈到仿真测试中,便可有针对性地去调整设定场景和参数空间;最后,仿真测试和封闭场地测试的最终结果要进行综合评价,基于评价结果不断地去完善评价准则和测试场景库。

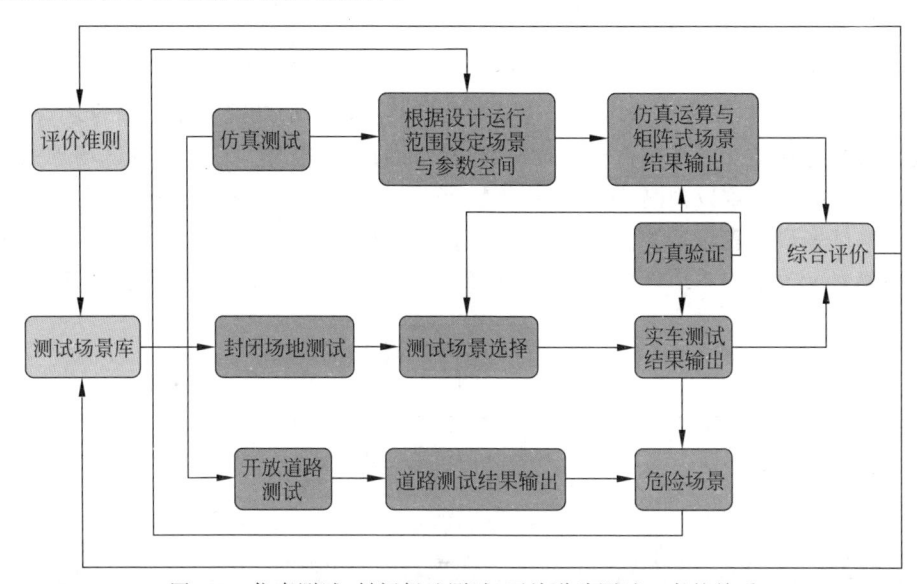

图 2-2 仿真测试、封闭场地测试、开放道路测试三者的关系

2.1.3 本书采用的仿真类型

本书专注于智能车辆技术领域中模型在环仿真的应用。详细探讨了这种仿真技术如何帮助开发者在初期阶段验证和优化智能车辆系统的设计与功能,减少物理原型测试的需要,从而缩短开发周期,降低开发成本。

模型在环仿真的优势体现在4个方面。首先,安全性验证是其关键作用之一。通过仿真,可以验证自动驾驶系统在各种驾驶任务和紧急情况下的表现,确保车辆在实际道路上的安全性。其次,成本效益方面,仿真能够显著节省时间和资源,相比实际道路测试,仿真测试能够大幅降低测试成本,并在更短时间内覆盖更多测试用例。再次,通过仿真测试,可以优化智能车辆的控制算法、感知系统和决策系统,提升车辆性和适应性。最后，应对多样化场景是仿真测试的另一重要优势，可以在虚拟环境中模拟各种复杂场景，如恶劣天气和交通拥堵，帮助车辆适应各种复杂路况。

2.2　智能车辆仿真与测试场景库

智能车辆仿真与测试主要由测试场景库、仿真平台及评价体系组成。其中，测试场景库是基础，仿真平台是核心，评价体系是关键，三者紧密耦合，相互促进。测试场景库的建设需要以仿真平台和评价体系为指导，仿真平台的发展进化需要以测试场景库和评价体系为支撑；而评价体系的建立和完善也需要以现有测试场景库和仿真平台为参考基础。本节将从测试场景、测试场景库及其搭建3个方面简要介绍智能车辆仿真与测试场景库。

2.2.1　测试场景定义

智能车辆测试场景是指自动驾驶汽车与其行驶环境各组成要素在一段时间内的总体动态描述，要素组成由期望检验的自动驾驶汽车的功能决定。简言之，测试场景可视为自动驾驶汽车行驶场合与驾驶情景的有机组合。它具有测试场景无限丰富、极其复杂、难以预测、不可穷尽等特点。

测试场景要素包括测试车辆自身要素和外部环境要素，如图2-3所示。外部环境要素又包括静态环境要素、动态环境要素、交通参与者要素、气象要素等。

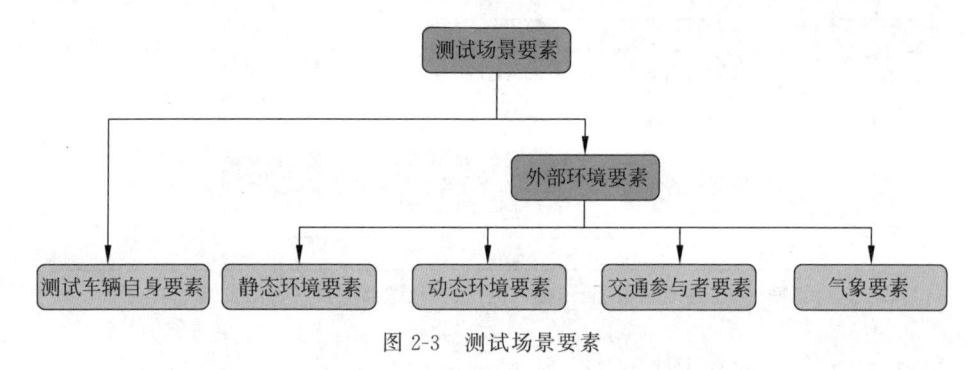

图2-3　测试场景要素

测试场景数据来源包括三大部分：真实数据、模拟数据及专家经验数据，如图2-4所示。

（1）真实数据：现实世界真实发生的，经传感器采集或以其他形式被记录保存的真实场景数据，包括自然驾驶数据、交通事故数据、路侧单元监控数据、驾驶人考试数据、封闭场地测试数据及开放道路测试数据等。

（2）模拟数据：主要包括驾驶模拟器数据和仿真数据。前者是利用驾驶模拟器进行测试得到的场景要素信息，后者是自动驾驶系统或车辆在虚拟仿真平台上进行测试得到的场景要素信息。

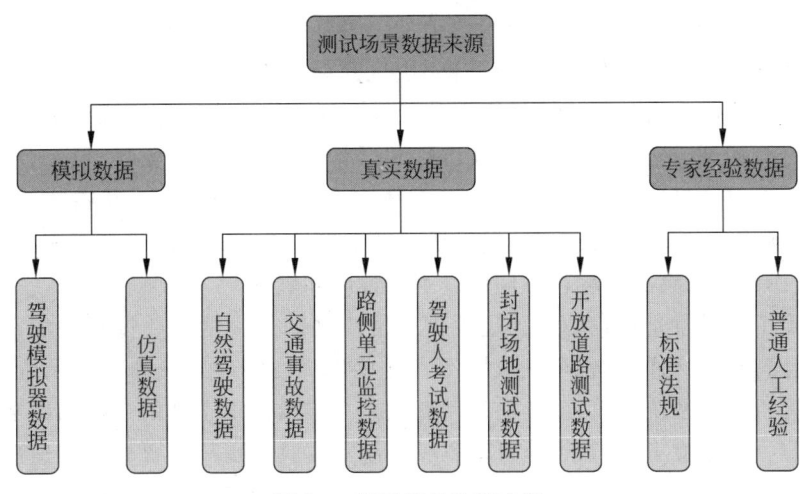

图 2-4 测试场景数据来源

（3）专家经验数据：基于专家的仿真测试经验总结归纳的场景要素信息，例如，标准法规就是专家经验数据的典型代表。

2.2.2 测试场景库定义

测试场景库是指基于真实数据、虚拟数据及专家经验数据等不同数据源，通过场景挖掘、场景分类、场景演绎等方式，有层级、有规划地构建的一个完整的场景体系。它能够实现场景数据管理与场景测试引擎之间的桥接，实现场景的自动产生、管理、存储、检索和匹配，最后自动生成场景并注入测试工具。此外，测试场景库是不同场景的数据集合，以数据库形式表现出来，便于对测试场景进行统一且有效的组织、管理和应用。测试场景库包含 4 种典型测试场景：自然驾驶场景、危险工况场景、标准法规场景、参数重组场景，其对比如表 2-1 所示。

表 2-1 4 种典型测试场景对比

场景分类	定　义	重要性	目的
自然驾驶场景	来源于汽车真实的自然驾驶状态，包括自动驾驶汽车所处的人-车-环境-任务等全方位信息，如车辆数据、驾驶人行为、道路环境等多维度信息	充分测试场景	最基本的功能开发与验证
危险工况场景	主要包括大量恶劣天气环境、复杂道路交通及典型交通事故等场景	必要测试场景	安全性和可靠性验证
标准法规场景	验证自动驾驶有效性的一种基础测试场景，目前 ISO、NHTSA、ENCAP、CNCAP 等多项标准评价规程对现有自动驾驶功能进行了测试规定	基础测试场景	对应具备的基本能力进行测试
参数重组场景	将已有仿真场景进行参数化设置并完成仿真场景的随机生成或自动重组，具有无限性、扩展性、批量化、自动化等特点	补充测试场景	补充未覆盖的未知场景

自然驾驶场景是自动驾驶应用落地的一种场景，它模拟真实世界中的交通环境，包括城市道路、高速公路、乡村道路、山区道路等不同的驾驶环境，以及不同的天气和光照条件。自然驾驶场景库有助于自动驾驶系统在各种不同的道路和环境条件下进行测试与验证，以确保其安全性和可靠性。在自然驾驶场景中，自动驾驶系统需要应对各种复杂的交通情况，如车辆交会、行人横穿马路、动物突然冲出马路、路面湿滑等。此外，自然驾驶场景还有助于模拟不同交通流量和车速的驾驶条件，以便测试自动驾驶系统在不同条件下的性能和表现。

危险工况场景是指自动驾驶过程中可能出现的危险情况或特殊环境，如恶劣天气、道路损坏、交通拥堵、车辆故障等。这些情况可能导致自动驾驶系统的传感器和计算机视觉系统失效，或者使自动驾驶系统难以做出正确的判断和决策，从而引发危险。在危险工况场景中，自动驾驶系统需要具备更高的鲁棒性和适应性，以便在不利条件下保证车辆的安全行驶。例如，在雨雪天气中，自动驾驶系统需要识别路面湿滑、结冰等情况，并采取相应的控制策略避免车辆失控。在道路损坏或交通拥堵等情况下，自动驾驶系统需要快速识别并应对各种复杂的情况，以确保车辆的安全行驶。为了应对危险工况场景，自动驾驶系统需要进行充分的测试和验证，以确保其在各种不利条件下的安全行驶，包括在不同天气条件下的测试、不同道路类型和条件下的测试、紧急情况下的应对策略测试等。同时，为了更好地应对危险工况场景，自动驾驶系统还需要获取并处理各种传感器数据，以便更好地感知和理解周围环境。

标准法规场景是验证自动驾驶有效性的一种基础测试场景，它通过现有的标准、评价规程等构建测试场景，对自动驾驶系统进行测试和验证。这些标准法规场景通常包括对车辆性能、安全性能、排放性能等方面的测试，以确保车辆符合相关法规和标准要求。在标准法规场景中，通常采用多种测试方法，如实际道路测试、仿真测试、台架测试等。实际道路测试是最直接的方法，可以真实地模拟各种道路条件和交通环境，但也存在测试效率低下、测试场景有限等问题。仿真测试和台架测试可以弥补实际道路测试的不足，通过模拟各种不同的道路和交通环境，对自动驾驶系统进行全面、高效的测试。总之，标准法规场景是自动驾驶系统测试和验证中不可或缺的一部分，它有助于自动驾驶系统更好地符合相关法规和标准要求，提高其安全性和可靠性。

参数重组场景旨在对已有仿真场景进行参数化设置并完成仿真场景的随机生成或自动重组，进而补充大量未知工况的测试场景，有效覆盖自动驾驶功能测试盲区。参数重组的仿真场景可以是法规场景、自然场景和危险场景。在参数重组场景中，可以通过不同交通要素的参数设置重组法规场景；使用参数随机生成算法重组自然场景；针对危险场景的重组，数据资源中心通过自动化测试寻找边缘场景，计算边缘场景的参数权重，扩大权重高的危险因子参数范围，实现更多危险仿真测试场景的自动化生成。这种参数重组场景可以大大扩展测试范围，提高测试效率,有助于自动驾驶系统更好地应对各种复杂环境和未知情况,确保其安全性和可靠性。

2.2.3 测试场景库的搭建

智能车辆测试场景库的搭建主要包括 3 个方面。第一,确定单个虚拟场景的数据存储方式与标准;第二,构建单个自动驾驶虚拟测试场景;第三,在众多的虚拟测试场景中,根据特征标签选取适当场景作为场景库的组成部分。整个搭建过程由数据层、场景层再到应用层。首先是数据层,通过采集和处理大量数据,形成基础数据集;其次是场景层,在虚拟仿真环境和工具链的支持下,将数据转化为具体的测试场景;最后是应用层,将测试场景库应用于实际测试中,以验证智能车辆系统的性能和安全性。智能车辆测试场景库搭建流程如图 2-5 所示。

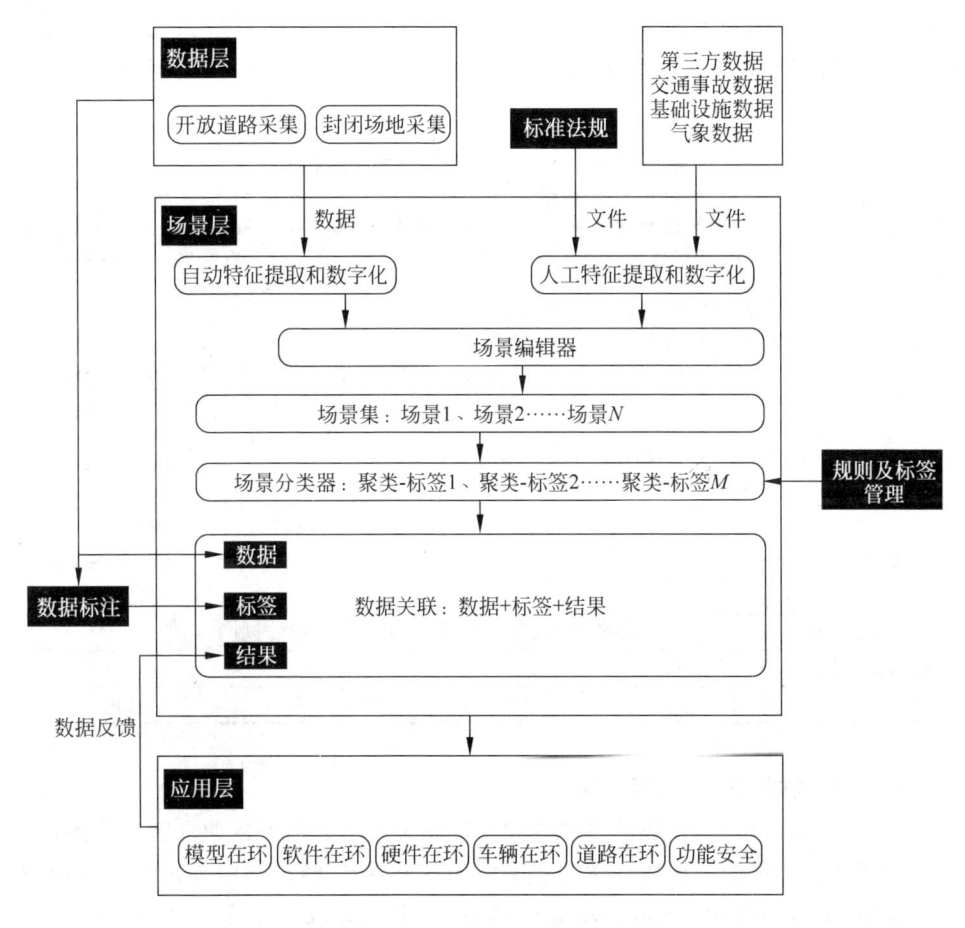

图 2-5 智能车辆测试场景库搭建流程

测试场景库的搭建还需要从场景数据格式、虚拟仿真工具链和测试用例评价体系等方面考虑。场景数据格式是构建虚拟场景数据库的基础,目前国际通用的数据格式包括 OPENDRIVE、OPENSCENARIO 等，同时数据资源中心也在积极开发符合中国驾驶场景特点的层次化场景数据格式，以满足多种工具链的接口需求。虚拟仿真工具链是构建虚拟场景库的关键，目前国内外有 10 余种虚拟仿真工具能够实现驾驶场景的静/动态特征建模、环境渲染、实时仿真，可极大地丰富虚拟场景库的应用模式与应用领域。选择合适的工具链是构建具有典型性、普适性、代表性虚拟场景库的重要环节。可实现自动化测试是虚拟场景数据库的另一个特点，测试用例评价规则将被写入数据库，当仿真测试结束后，结合测试对象的性能表现，自动给出综合评价结果和指标。

为了应对自动驾驶系统在复杂道路环境中的挑战，国内一些技术领先的企业已经开发了具有代表性的自动驾驶测试场景库。这些场景库不仅涵盖多种现实世界的道路和交通情境，还通过虚拟仿真技术提供丰富的测试数据。这些典型的场景库可在自动驾驶技术的研发和验证过程中发挥关键作用，通过系统化的场景构建和应用，促进自动驾驶系统安全性和可靠性的提升。接下来介绍国内典型的智能车辆测试场景库，如表 2-2 所示。

表 2-2 国内典型的智能车辆测试场景库

场景库	中汽数据有限公司场景库	中国汽车工程研究院场景库	百度 Apollo 场景库	腾讯 TAD Sim 场景库
场景类型划分	自然驾驶场景 标准法规场景 功能安全场景 V2X 场景 危险事故场景 预期功能安全场景	自然驾驶场景 标准法规场景 经验式场景 事故场景（典型事故和自动驾驶事故） 预期功能安全场景	标准法规场景 危险工况场景 能力评估场景	自然驾驶场景 标准法规场景
工况覆盖	高速、城市、乡村、停车场	高速公路、城市道路、快速路	—	城市道路、山区道路、高速公路、园区
场景库数据来源	标准法规、事故数据、人工经验、自然驾驶数据等			
典型场景数量	4000+	—	—	—
性质	商用	商用	自用	自用

1. 中汽数据有限公司场景库

中汽数据有限公司自建的自动驾驶测试场景库是为满足自动驾驶系统测试需求而构建的关键资源。该场景库涵盖多种场景类型，包括自然驾驶场景库、功能安全场景库、V2X(vehicle to everything)场景库、危险事故场景库、中国特有交通法规场景库和预期功能安全场景库等。这些场景进一步细分为具体子场景，如交叉口、环形交叉路口、隧道和桥梁，以全面覆盖不同驾驶环境和复杂交通状况。工况覆盖方面，该场景库不仅模拟了标准道路条件，还包括雨、雪、雾等复杂气候条件及不同交通密度和突发事件，以提高自动驾驶系统的适应能力和安全性。数据来源方面，场景库结合实车测试数据、高精地图数据和虚拟仿真生成的数据，通过高精度传感器采集的实车数据与虚拟环境的结合，确保场景的真实性和多样性。典型场景数据包括道路几何信息、交通标志与信号、周边建筑物及动态交通参与者的信息，这些数据不仅具有高精度和一致性，还考虑了场景的动态变化，如行人和车辆的移动轨迹。

2. 中国汽车工程研究院场景库

中国汽车工程研究院自建自动驾驶测试场景库是一个综合性测试资源，旨在支撑自动驾驶系统的研发和验证。该场景库在场景类型方面进行了细致划分，覆盖城市道路、高速公路、乡村道路及特殊工况（如恶劣天气和夜间条件）。具体场景包括交叉口、环形交叉路口、隧道、桥梁等，以保证对不同驾驶环境的全面覆盖。工况覆盖方面，场景库不仅涵盖标准道路条件，还模拟雨、雪、雾等复杂气候条件及不同交通密度和突发事件，旨在提高系统在各种环境中的适应能力和安全性。数据来源方面，场景库结合实车测试数据、高精度地图数据及虚拟仿真生成的数据，通过高精度传感器采集的实车数据与虚拟仿真数据的结合，确保场景的真实性和多样性。典型场景数据包括详细的道路几何信息、交通标志与信号、周边建筑物及动态交通参与者信息，这些数据具有高精度和一致性，同时考虑了场景的动态变化，如行人和车辆的移动轨迹。

3. 百度 Apollo 场景库

百度公司自建的场景库涵盖场景类型包括法规标准场景、危险工况场景和能力评估场景。典型场景多达 200 种，且涵盖不同的道路类型、障碍物类型、道路规划、红绿灯信号。百度自建场景库的数据主要来源于自然驾驶路采数据、交通数据库及人工经验等。测试场景根据生成方案又分为 Logsim 场景和 Worldsim 场景。目前百度自建场景库共包括 220 个 Worldsim 场景和 17 个 Logsim 场景。其中，Logsim 场景是由路测数据提取的场景，提供复杂多变的障碍物行为和交通状况，场景充满不确定性。Worldsim 场景是由人为预设的障碍物行为和交通灯状态构成的场景，场景较为简单。

4. 腾讯 TAD Sim 场景库

腾讯公司自建自动驾驶测试场景库是一个为智能车辆技术的研发和验证提供全面测试环境的数据库。截至 2020 年，其场景库已经积累超过 50 万千米的交通场景数据，涵盖多种场景类型，包括车辆避撞能力、交通合规性、行为能力、视距影响下的交叉路口车辆冲突避免、碰撞预警、紧急制动、危险变道、无信号交叉口通行和行人横穿等方面。场景库中的典型场景多达 1000 种，确保了对各种复杂驾驶环境的深入测试。工况覆盖方面，腾讯的场景库不仅可模拟正常道路条件，还可模拟雨、雪、雾等恶劣天气情况，以及不同的交通流量和突发事件。数据来源主要包括实车测试数据、高精度地图数据和虚拟仿真数据。将高精度传感器采集的实车数据与虚拟仿真技术相结合,保证场景的真实性和多样性。值得一提的是,借助Agent AI(artificial intelligence)能力,腾讯 TAD Sim 场景库能够自由生成各种随机的驾驶场景,可进一步丰富测试环境的多样性。典型场景数据包括详细的道路几何信息、交通标志与信号、周边建筑物及动态交通参与者的信息。这些数据具有高精度和一致性,可为自动驾驶系统的安全性和可靠性测试提供重要支持。

2.2.4 本书采用的仿真场景

本书采用高速公路汇入匝道和直路段作为智能车辆仿真测试的场景,有效模拟实际道路上的高速行驶情况,并且在不同仿真平台提供丰富的测试任务。在 CarSim 平台上,测试任务涵盖正弦曲线行驶、鱼钩式运动、四轮变两轮、自动变道、达到恒定速度,利用精确的车辆动力学仿真,有效验证自动驾驶控制算法在高速公路环境下的运行效果。PreScan 平台则专注于视觉检测、毫米波雷达目标检测、融合检测、激光雷达检测和车辆自动避障等任务,利用高速公路直道模拟传感器系统在高速运动状态下的准确性和可靠性。CARLA 平台主要用于路径规划算法和轨迹跟踪算法的验证,通过高速公路直道环境评估这些算法在安全和高效驾驶方面的表现。此外,SUMO 平台模拟车辆编队、协同换道和可变限速等复杂交通流量场景,为评估自动驾驶系统在拥挤和高速环境下的应对能力提供重要的测试平台。

本书将高速公路汇入匝道和直路段作为智能车辆仿真测试的场景,从传感器系统的精度验证到控制算法的实时响应能力评估,都在这一环境中有效展开。这使高速公路成为智能车辆开发和评估过程中不可或缺的重要测试环境之一。

2.3 智能车辆仿真平台

2.3.1 仿真平台典型架构

仿真平台的典型架构一般包括仿真框架、物理引擎和图形引擎。其中,仿真框架是仿真平台的核心,支持传感器仿真、车辆动力学仿真、交通场景仿真、通信仿真等。

传感器仿真支持摄像头、激光雷达、毫米波雷达及 GPS/IMU 等传感器仿真。车辆动力学仿真是基于多体动力学搭建的模型,对包括转向、悬架、制动、I/O 硬件接口等的多个真实部件进行参数化建模,进而实现车辆模型运动过程中的姿态和运动学仿真模拟。

交通场景仿真包括静态场景还原和动态场景仿真两部分,静态场景还原主要通过高精地图和三维建模技术实现。动态场景仿真既可通过先将真实路采数据进行算法抽取,再结合已有高精地图进行创建,也可通过对随机生成的交通流基于统计学的比例人工设置相关参数,自动生成复杂的交通环境。例如,可模拟自动驾驶汽车在现实世界中可能遇到的极端情况和危险情况，包括模拟暴雨和暴雪等恶劣的天气条件、较弱的光线照明、周围车辆的危险操作等。

通信仿真支持创建真实或虚拟传感器插件，使用户能够创建特殊的 V2X 传感器，既可用于测试 V2X 系统，又可生成用于训练的合成数据。

2.3.2 典型仿真平台

1. 国内典型智能车辆仿真与测试平台

国内典型智能车辆仿真与测试平台如表 2-3 所示。

表 2-3 国内典型智能车辆仿真与测试平台

仿真软件/平台		Panosim	51 Sim-One	TAD Sim	Pilot-D GaiA
仿真模块	摄像头	√	√	√	√
	激光雷达	√	√	√	√
	毫米波雷达	√	√	√	√
	超声波雷达	√	×	√	×
	红外线	×	×	×	×
	GPS/IMU	√	√	√	×
	车辆动力学	√	√	√	√
	道路环境	√	√	√	√
	交通流	√	√	√	√
	天气/环境	√	√	√	√
	V2X	√	√	√	√
	人机共驾	√	√	√	√

1) 浙江天行健智能科技——Panosim

Panosim[2]是一个面向汽车自动驾驶技术与产品研发的一体化仿真与测试平台。其支持实时在线仿真 MIL/SIL/HIL/VIL、ADAS 技术和产品的开发与测试、驾驶模拟体验和人机共驾系统的研发与测试，支持感知、规划、决策、控制算法研发与测试，高置信度车辆动力学模型（对标 CarSim），并支持 27 自由度复杂动力学模型。

2) 51 WORLD——51 Sim-One

51 Sim-One[3]是一个覆盖自动驾驶全流程的一体化集成的仿真测试平台。该平台可实现多传感器仿真、交通流与智能体仿真、感知与决策仿真、自动驾驶行为训练等功能；可扩展的并行分布式仿真架构，可部署在单机、私有云和公有云环境；支持实时在线仿真：HIL/DIL 及自动驾驶数字孪生评价测试。平台内置一系列场景库和测试案例库，提供 Python、C++、ROS、OSI 等 API（application programming interface），并支持多车协同互动；平台支持接入多个测试系统，包括自动驾驶系统和手动驾驶系统。

3）腾讯——TAD Sim

TAD Sim[4]是基于虚幻引擎打造的虚实结合、线上线下一体化的仿真测试平台。该平台集成了游戏引擎、三维重建技术、车辆动力学模型、虚实一体交通流等技术。游戏技术的应用可实现场景的几何还原、逻辑还原与物理还原；满足全栈算法的使用需求，即能够完成从感知到决策规划再到控制的全算法闭环仿真测试验证；满足 MIL/SIL/HIL/VIL 使用需求。此外，平台覆盖完整的汽车 V 形开发流程，内置高精地图，支持全国高速和快速路仿真。

4）沛岱（上海）技术有限公司——Pilot-D GaiA

Pilot-D GaiA[5]是基于德国自动驾驶仿真核心技术研发的仿真测试平台。该平台提供高保真的环境传感器仿真，如激光雷达、毫米波雷达及摄像头仿真等；提供 C++和 MATLAB 接口，适配不同的车辆和系统；提供三个版本的软件解决方案，即 Standard 版-单机解决方案，NET 版-云计算和互动测试解决方案，RT 版-提供 HIL 和 VIL 仿真测试；提供基于 VR/MR/AR 的驾驶员模拟；支持同一虚拟场景下，多台主机（车辆）进行互联仿真测试。

2. 国外典型智能车辆仿真与测试平台

国外典型智能车辆仿真与测试平台如表 2-4 所示。

表 2-4　国外典型智能车辆仿真与测试平台

仿真软件/平台		CarSim	PreScan	CarMaker	Drive Constell-ation	AirSim	CARLA	LGSVL Simulator	SUMO
仿真模块	摄像头	√	√	√	√	√	√	√	×
	激光雷达	√	√	√	√	√	√	√	×
	毫米波雷达	√	√	√	√	√	√	√	×
	超声波雷达	√	√	√	√	√	√	√	×
	红外线	×	×	×	×	×	×	×	×
	GPS/IMU	√	√	√	√	√	√	√	√
	车辆动力学	√	√	√	√	√	√	√	√
	道路环境	√	√	√	√	√	√	√	√
	交通流	√	√	√	√	√	√	√	√
	天气/环境	×	√	√	√	√	√	√	×
	V2X	×	×	×	√	×	×	√	×
	人机共驾	√	√	√	√	√	√	√	×

1）Mechanical Simulation Corporation——CarSim

CarSim[6]是由美国 Mechanical Simulation Corporation 研发的车辆动力学仿真平台，基于多体动力学建模技术构建车辆数字孪生体，可精准模拟悬架、转向及轮胎等子系统在复杂工况下的动态特性。其核心功能涵盖整车操纵稳定性、制动效能、行驶平顺性及动力经济性量化分析，支持轿车、SUV 等多车型参数化建模。

软件内置三维地形生成模块,可自定义路面附着系数与坡度,结合驾驶员行为模型模拟人类操作延迟与决策逻辑。通过与 MATLAB/Simulink 的联合仿真接口,实现控制算法开发与动态验证的无缝衔接。该平台以 3~6 倍实时加速运算能力,集成三维可视化与功率谱分析工具,广泛应用于自动驾驶决策验证、ESP 硬件在环测试及电控系统优化。其数学模型经福特、丰田等车企 25 年工程验证,仿真误差率低于 5%,具备 Windows/Linux 双平台部署能力,已成为国际汽车工程领域标准化仿真工具。

2) 西门子——PreScan

PreScan[7]是以物理模型为基础的传统汽车仿真平台。仿真流程主要分为 4 个步骤:搭建场景、添加传感器、添加控制系统和运行仿真。该平台可在开环、闭环及离线和在线模式下运行;支持导入 OpenDRIVE 格式的高精地图;支持与第三方动力学软件联合仿真,如 CarSim、dSPACE ASM、VI-Grade、AmeSIM 等;支持与其他类型第三方软件的联合仿真,如 MATLAB & Simulink、MOMO & Logitech 转向操纵台、dSPACE/控制台、HIL 工具(ETAS、dSPACE、Vector、OpalRT 等);支持基于云端进行大规模仿真。

3) 德国 IPG——CarMaker

CarMaker[8]是以传统动力学仿真为基础优势发展起来的自动驾驶仿真平台。该平台支持与第三方软件进行联合仿真,如 ADAMS、AVLCruise、rFpro 等,还包括由道路、交通环境、车辆、驾驶员构成的闭环仿真系统。其中,IPG Road 可以模拟多车道、十字路口等多种形式的道路,并可通过配置 GUI 生成锥形、圆柱形等形式的路障;IPG Traffic 提供了丰富的交通对象模型,如车辆、行人、路标、交通灯、道路施工建筑等;IPG Driver 提供了可自学习的驾驶员模型。CarMaker 还支持高精地图的导入/导出。例如,支持从 HERE HD Live Maps 导入地图数据,支持 ROAD5 和 OpenDRIVE 格式导出地图数据。此外,平台还支持在高性能计算(high-performance computing,HPC)集群上并行执行大量测试目录;支持在 Docker 容器中运行,具有良好的可移植性和可扩展性。

4) 英伟达——Drive Constellation

Drive Constellation[9]是基于虚幻引擎开发的由两台服务器构成的自动驾驶仿真平台。第一台服务器硬件由 8 个英伟达 RTX Turing GPU(graphics processing unit)构成,主要通过运行 DRIVE Sim 软件模拟仿真自动驾驶车辆上的传感器数据,包括摄像头、毫米波雷达、激光雷达、IMU 和全球导航卫星系统(global navigation satellite system,GNSS),以及驾驶场景数据;第二台服务器硬件由自动驾驶车辆目标 AI ECU 构成,主要用于处理第一台服务器传输过来的模拟数据,如传感器仿真数据。

Drive Constellation 平台具有较高真实度、云仿真工作流、可扩展性和完整反馈回路。作为一种实时的硬件在环解决方案,可以测试和验证与将来搭载在自动驾驶车辆中的系统完全相同的软件系统和硬件系统,体现平台的较高真实性。

（1）云仿真工作流：在无缝的端到端工作流中执行自动驾驶测试。用户可以远程访问 DRIVE Constellation 并将模拟场景提交给云端的车辆测试车队,然后进行可视化测试,并以较快的速度得出评估结果。

（2）可扩展性：支持在数据中心进行大规模部署,能够并行运行各种仿真测试；且在 DRIVE Constellation 平台中每一英里(约 1.61km)的测试都包含感兴趣事件(特殊工况),能够在很短的时间内完成数月或数年的测试。

（3）完整反馈回路：第一台服务器运行 DRIVE Sim 软件,该软件模拟仿真驾驶场景及自动驾驶车辆上产生的传感器数据。然后将模拟仿真的传感器数据发送至第二台服务器,进行数据处理,第二台服务器再将驾驶决策信号输出至第一台服务器,进而形成一个仿真闭环。

5）微软——AirSim

AirSim[10]是建立在虚幻引擎上的无人机与自动驾驶开源仿真平台。该平台是建立在虚幻引擎上的无人机与自动驾驶模拟研究项目,能够构建高逼真的交通环境,实现车辆与传感器仿真模拟。AirSim 包含车辆模拟、城市道路场景模拟,并提供可简化编程的 API 及即插即用的代码；AirSim 可提供详细的 3D 城市街景,包括交通信号灯、公园、湖泊、工地等丰富的场景；AirSim 提供 C++、Python 等多语言的 API 接口。使用者可同时使用 AirSim 和众多机器学习工具,主要用于测试深度学习、计算机视觉和自主车辆端到端的强化学习算法。

6）巴塞罗那自治大学(联合英特尔实验室和丰田研究院)——CARLA

CARLA[11]是基于虚幻引擎开发的采用服务器和多客户端架构的开源平台。该平台是主要用于城市自动驾驶系统的开发、训练和验证的开源模拟器。CARLA 提供开源数字数据资源(包括城市布局、建筑及车辆)搭建的自动驾驶测试训练场景,可使用 Vector Zero 的道路搭建软件 RoadRunner 制作场景和配套的高精地图。CARLA 还可以研究三种自动驾驶方法的性能：传统的模块化流水线,通过模仿学习训练得到的端到端模型,通过强化学习训练得到的端到端模型。

7）LG 电子——LGSVL Simulator

LGSVL Simulator[12]是基于游戏引擎-Unity 研发的自动驾驶开源仿真平台。该平台支持 ROS1、ROS2 和 Cyber RT,提供自动驾驶开源平台 Autoware 和百度 Apollo 的集成,支持自动驾驶系统的软件在环和硬件在环测试。

8）德国航空航天中心(联合科隆大学 ZAIK 研究所)——SUMO

SUMO[13]（simulation of urban mobility）是由德国航空航天中心(German Aerospace Center,DLR)与科隆大学 ZAIK 研究所联合开发的一款开源、微观、多模态的城市交通仿真软件,广泛应用于城市交通规划、智能交通系统开发和交通管理优化等领域。其核心功能包括模拟车辆、行人、自行车等交通参与者的行为,支持复杂的城市交通场景建模,如公共交通、非机动车交通和多车道道路网络。

SUMO 采用微观仿真方法，每辆车均被独立建模，可模拟车辆的行驶路线、速度和行为，适用于交通流量分析、信号控制优化和应急响应策略测试。该软件支持与 MATLAB、Python 等工具的集成，提供丰富的接口（如 TraCI）用于二次开发和数据交互。SUMO 的优势在于其高度可配置性和扩展性，能够处理大规模路网，并支持动态路由和三维可视化展示。此外，其开源特性使其成为学术研究和工程实践的理想工具。

2.3.3　本书采用的仿真平台

在智能车辆的研发中，可采用多个仿真平台，每个平台均具有独特的特点和应用场景。本书主要采用 4 个仿真平台，分别为 CarSim、PreScan、CARLA 和 SUMO。CarSim 是一个专业的汽车动态仿真工具，可提供高精度的车辆运动建模，适用于车辆设计优化、控制系统开发及性能评估。它能够模拟各种道路条件和驾驶场景中的车辆动态，尤其适用于高精度的车辆动力学仿真。PreScan 由西门子开发，专注于传感器仿真和环境建模。它可以模拟雷达、激光雷达和摄像头等传感器数据，并提供详细的道路和交通环境建模，广泛用于自动驾驶系统的传感器融合和环境感知能力评估。CARLA 是一个开源的自动驾驶仿真平台，主要由巴塞罗那自治大学联合英特尔实验室和丰田研究院开发，可提供高度可定制的城市环境，模拟多种天气条件和交通情境，特别适合于复杂城市环境中自动驾驶算法的开发和验证。SUMO 是一个用于城市交通仿真的开源工具，专注于宏观交通流和车辆交互的建模，可以模拟大规模的交通流量和网络情况，适合于城市交通系统的流量管理和优化策略研究。

2.4　仿真与测试评价方法

近年来，人工智能技术的兴起使自动驾驶技术的研究逐渐成为热潮，自动驾驶车辆对于解决人驾驶车辆引起的交通拥堵、事故频发等问题提供了一个新的切入点，但是对自动驾驶车辆的现行研究还没有形成完整的测试方法和标准，以评估和验证自动驾驶车辆的安全性、舒适性、协调性等性能。因此，针对自动驾驶车辆建立一个科学完善的测试评价体系变得越来越重要。

当前，智能驾驶车辆的测试可分为实际车辆测试和虚拟仿真测试。虚拟仿真测试使用计算机软件模拟测试自动驾驶车辆所需的现实环境和自然交通，可弥补实车测试的许多缺点，如测试周期长、成本高、安全风险高、测试场景有限等。

2.4.1　评价指标

对自动驾驶车辆的评价主要从安全性、准确性、及时性和顺畅性 4 个方面进行。

提高道路安全和驾驶效率是自动驾驶车辆的主要目的。因此,安全性直接影响自驾车辆的性能评估结果。安全性是测试中的一票否决项。此处的安全不应只关注本车是否可通过相应措施尽量降低风险,还要关注本车的相应措施是否会严重影响交通流,导致外界其他交通参与者与本车产生危险。

准确性是指自主车辆能否准确执行相关的驾驶行为,其驾驶行为不会对其他交通参与者造成过度的影响,甚至造成碰撞事故发生。它应该满足其他交通参与者的一般期望,不对交通速度产生负面影响,不使其他交通参与者对其行为产生混淆,不影响道路安全。

及时性是指自主车辆能否根据实时路况执行相关的驾驶行为,而不影响其他交通参与者。这一内容主要通过主观测试方法评估。

顺畅性是指自动驾驶汽车能否顺利、无障碍地完成相关驾驶行为,不被其他交通参与者频繁打断。可频繁地、不合理地退出自动驾驶模式,要求驾驶员接管。

舒适性是指自动驾驶车辆在行驶过程中尽量保持平稳,降低加减速的频率。

2.4.2　评价方法

随着汽车自动驾驶系统的不断升级,如何高效地测试和验证自动驾驶算法的合理性与系统稳定性已成为业内一大挑战。为了应对未来更高级别的自动驾驶汽车测试,下文将评述并比较5种主流自动驾驶仿真测试方法的最新进展,包括蒙特卡罗方法、蒙特卡罗加速测试方法、博弈论方法、测试场景矩阵方法和驾驶模拟器仿真测试方法。

1. 蒙特卡罗方法

为了更精确地解决复杂的问题,可以用一种随机方法求解近似值,这种方法称为蒙特卡罗方法。蒙特卡罗方法是基于概率和统计理论的一类计算模拟方法,它虽然不能得到问题的真实解,却可以将复杂的问题简化,以简单重复的算法求解各种复杂问题。Gietelink 等[14]在 PreScan 平台上通过蒙特卡罗方法验证了 ADAS 系统的可靠性与稳定性。

2. 蒙特卡罗加速测试方法

蒙特卡罗方法可以将驾驶场景变为一个随机模型,基于大数定理,随着重复测试次数的增多,测试结果总是会收敛到真值。但是要让结果逼近真值,需要非常大的样本容量。随着智能驾驶技术的不断升级,整车控制子系统更加复杂,需要测试验证的场景更具多样化和连续性,若仍用传统的蒙特卡罗方法进行测试,则需要更强大的计算机硬件支持,势必增加测试时间及成本。

蒙特卡罗加速测试方法模型分为4步:首先,基于大量的自然驾驶数据,定义第一辆干扰车的行为为自动驾驶车辆驾驶表现的主要干扰源;其次,对日常驾驶数据做偏态分布并着重强调临界场景,再将挑选的数据导入模型进行加速测试,获得测试数据;最后,根据重要性采样方法对结果进行偏态采样,获得真实场景下系统的碰撞率或遇到危险场景的概率等重要数据。此方法仅选择临界场景进行随机试验，可大大降低测试里程，提高测试效率。

3. 博弈论方法

传统的博弈论方法主要处理两个参与者之间的混合策略纳什均衡，如零和博弈。而驾驶行为涉及各驾驶员在复杂场景和信息有限条件下的决策和交互，因此可以将博弈论方法扩展到多个参与者，用于预测和模拟人类驾驶员的行为，从而构建符合自然驾驶特性的仿真交通环境，以测试自动驾驶汽车应对混合交通的性能。Li 等[15]基于此方法构建了多层次的驾驶员模型，称为 Level-K 模型，并用这些模型按照一定的次序组合构建各种测试场景，以验证自动驾驶算法的合理性。

Level-K 模型是基于实际驾驶过程中驾驶员根据观测到的交通情况做出推测并选择驾驶行为的事实而开发的多层次驾驶员模型。其中 0 级模型也称最底层模型，代表智能驾驶员选择驾驶行为时只按照自身需求而无须考虑其余车辆的驾驶行为。例如，车辆需要从 A 车道换至 B 车道，不需要考虑临近车辆的驾驶行为，此驾驶员模型称为 0 级驾驶员模型。如果某辆车参考 0 级驾驶员模型的驾驶行为选择自己的驾驶行为，则定义此驾驶员模型为 1 级驾驶员模型。以此类推，K 级驾驶员模型以 $K-1$ 级驾驶员模型的驾驶行为为参考选择驾驶行为，从而得到 Level-K 模型。

与蒙特卡罗方法不同的是，基于博弈论方法进行自动驾驶算法的测试，不再纯粹基于数据去描述环境车辆的行为，而是从人类驾驶行为的本质机理出发，建立驾驶员交互模型，从而构建接近真实的交通环境工况，进而验证自动驾驶算法在真实交通环境下的响应性能。

4. 测试场景矩阵方法

蒙特卡罗方法、蒙特卡罗加速测试方法和博弈论方法都是基于重构的环境、车、驾驶员模型与交通模型对自动驾驶算法进行测试，由于这些方法反映了实际道路上的驾驶状态，因此需要较长的测试里程，才能得到可靠的测试结果。另一种思路是人工设计特定的测试场景。Menzel 等[16]基于功能安全标准 ISO 26262[17]的 V 模型验证法定义多样化的测试场景，并选择必要的危险场景进行测试以提高测试效率。

如图 2-6 所示，研究者参考 V 模型的开发过程，提出了场景定义的 3 个阶段，即概念设计阶段、系统开发阶段和测试阶段。在概念设计阶段，可以定义高度抽象化的测试场景，即定义构成交通场景的要素，如车辆、道路、行人等。随着开发过程的不断推进，场景定义变得更具体。在系统开发阶段，场景定义需包含构建场景要素的状态参数的范围，如道路的宽度范围、车辆位置范围等。在测试阶段，场景定义需包含场景要素状态的具体值。这样便得到一个结构化的场景定义方法，即首先根据 ISO 26262 标准进行类目定义，然后将各阶段的场景按等级划分为功能场景、逻辑场景和具体场景，得到矩阵化的测试场景库，再进行危险性分析和风险评估,最后选择必要的案例进行测试和验证。

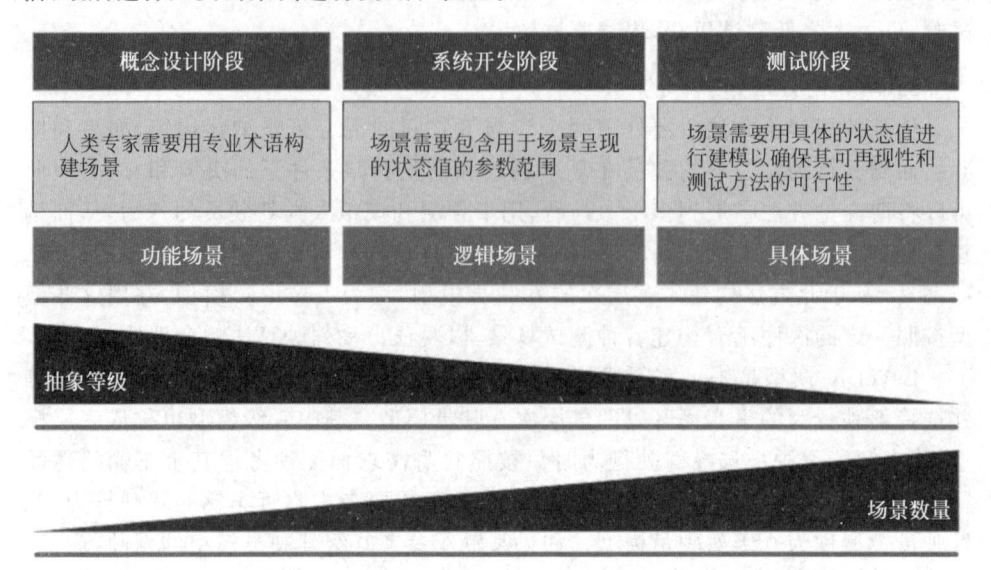

概念设计阶段	系统开发阶段	测试阶段
人类专家需要用专业术语构建场景	场景需要包含用于场景呈现的状态值的参数范围	场景需要用具体的状态值进行建模以确保其可再现性和测试方法的可行性
功能场景	逻辑场景	具体场景

抽象等级

场景数量

图 2-6 分阶段场景定义

5. 驾驶模拟器仿真测试方法

为达到更真实的仿真效果,现代汽车的工程师借助航空驾驶模拟器的原型搭建了可实现人-车-路-交通等场景协同的闭环仿真平台。用该仿真平台进行自动驾驶仿真测试,不仅可以提高测试效率,还可以实现人与车、车与路等交通参与者的实时交互,为应对更高级别的自动驾驶测试提供切实有效的技术方向。

典型的驾驶模拟器仿真平台主要由 4 部分组成,即驾驶模拟器座舱、实时仿真机、视觉图形发生器和多自由度运动平台。驾驶模拟器座舱为人车交互系统,包含电动转向模块、电子稳定控制模块、电子控制单元(electronic control unit,ECU)模块。实时仿真机用于运行自动驾驶仿真软件和车辆动力学仿真软件。视觉图形发生器用于呈现驾驶状态的视觉效果,并在显示器上展示。同时,视觉发生器还建立 3D 实时仿真环境,包括路面、护栏和交通参与者等。多自由度运动平台承载驾驶模拟器座舱,可实现横向、纵向和垂直方向的摆动,以模拟真实交通场景下的车辆动力学形态。驾驶模拟器仿真测试方法可以在安全高效的环境下,最大限度地考虑人的因素,这对于正处于发展上升阶段的自动驾驶技术意义重大。一方面,短期内自动驾驶汽车工作过程中随时需要接受人类驾驶员的接管,基于驾驶模拟器可以研究并优化接管过程的安全性。另一方面,未来很可能形成自动驾驶与人类驾驶混合交通的局面。因此,自动驾驶技术如何正确识别和适应人类驾驶行为,也是应该重点研究的一个课题,这也可以通过驾驶模拟器仿真实现人机交互测试。

在进行自动驾驶车辆测试和算法评估时,除上述介绍的测试方法外,设计合理完善的评价方案和指标也是一个要点。目前,对于自动驾驶车辆的性能评估没有一个统一的标准,各研发机构和学者从不同的维度及侧重点给出了评价指标与方案。本章主要选取中国自动驾驶仿真技术研究报告、中国智能车未来挑战赛和欧洲 AdaptIVe 项目 3 个项目,对其评价方案进行介绍。

1. 中国自动驾驶仿真技术研究报告

51VR 公司发布的自动驾驶仿真蓝皮书《中国自动驾驶仿真技术研究报告(2019)》中,提出了一种仿真测试评价体系,如图 2-7 所示,在标准化交通场景的帮助下,以车辆在仿真测试时是否到达终点、是否发生碰撞、是否有违章行为等结果和油门、刹车、转向等车辆状态为依据,从驾驶安全性、驾驶舒适性、交通协调性和标准匹配性 4 个方面进行评价[18]。

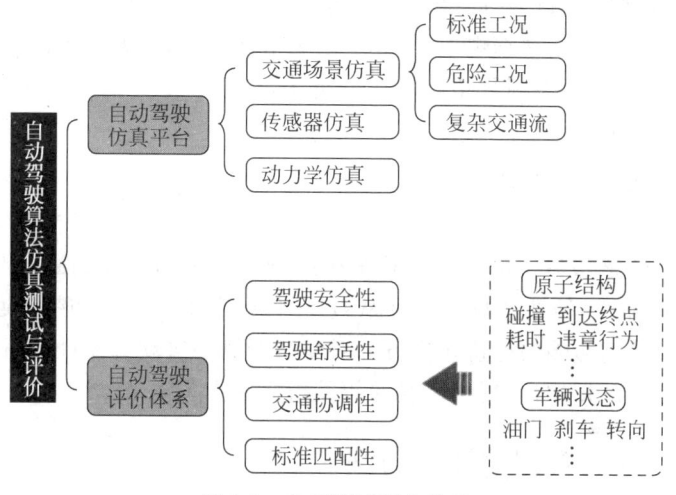

图 2-7 仿真测试评价体系

驾驶安全性评估车辆在道路上的决策和行为,既评估自动驾驶模块的可靠性,也评估自动驾驶能否遵守交通规则并确保在各种预期或意外情况下的驾驶安全。驾驶舒适性评估驾驶员或乘客在车辆驾驶过程中的驾乘体验,既包括传统汽车常用的舒适度评估,也包括驾驶员或乘客对自动驾驶系统的感受。在仿真平台中,可以根据油门、刹车、转向等数据进行判断。由于舒适性评价偏主观,因此评估过程中存在难点。交通协调性评估行驶时自动驾驶车辆相对其他交通参与者的交通移动表现,评估自动驾驶车辆能否根据周边车辆的意图做出合理的规划和决策。交通协调性的评估不易实现,需要从外部交通参与者或全局视角进行评价。标准匹配性评估自动驾驶车辆的行为对国家交通法规的符合程度,可以通过仿真平台内记录的结果进行评价。该评价体系将驾驶安全性、驾驶舒适性、交通协调性和标准匹配性作为评价的重点方向,测评时对测试车辆的整体表现进行评价,评价指标以客观指标为主,以结果和车辆状态为可测量的子指标,主观程度较低。

2. 中国智能车未来挑战赛

中国智能车未来挑战赛在智能车测评方面也做出了许多研究。该赛事2009年开始举办，2010年从基本能力测试和复杂环境能力测试两方面进行评价，测试内容包括识别交通标志、曲线行驶、定点泊车、识别道路交通情况等。2013年第五届比赛开始从自动驾驶车辆的安全性、智能性、平稳性和速度4个方面进行测试和评价。

孙杨等[19]提出了一套分层次的无人地面车辆综合测评体系，提出的测评方法已经应用于中国智能车未来挑战赛。测试场景由从静态场景库和动态场景库中选择的要素组合而成，该体系将测试内容分为5个层次，包括基本车辆控制行为、基本行车行为、基本交通行为、高级行车行为和高级交通行为。选取了遥控启动、遥控刹车、直道车道保持、动态规划等18个次级指标，采用专家评价法进行打分。在该体系中，作者提出了模糊可拓展层次分析法，用于确定各指标权重，对智能车辆的智能水平进行定量评价。

3. 欧洲 AdaptIVe 项目

欧洲近几年实施的 AdaptIVe 项目在三大类测试工况（近距工况、城市工况和高速工况）中对L2级以上的自动驾驶车辆进行了大量的实证测试，测试场景包括33种主要场景和36种备选场景。并从技术评价、用户相关评价、交通流评价、对安全性和交通环境影响的评价4个方面对测试车辆的自动驾驶性能进行评估。与前面3个评价体系相比，对用户体验的相关指标更为关注。

2.4.3　本书采用的评价方法

本书分别从安全性、准确性、及时性和顺畅性4个评价指标评价智能车辆仿真的整体性能。安全性是评价的核心，涵盖车辆在各种驾驶环境下的稳定性、对潜在危险的反应能力及对交通规则的遵守程度。它直接关系车辆在复杂和动态环境中的表现，是自动驾驶技术发展的基础。准确性则侧重于系统对环境的感知和决策的精确度，包括传感器数据的准确性（如激光雷达、摄像头和雷达的融合）及算法在对象识别和路径规划中的精准程度。准确性影响车辆对周围环境的理解，从而影响决策质量和行驶安全。及时性指的是系统对环境变化的响应速度，包括检测到障碍物、交通信号变化或其他动态因素时的反应时间。及时性评估直接关系车辆面对突发情况时的处理能力，影响安全性和驾驶体验。顺畅性涉及车辆行驶中的稳定性和舒适性，如加速、刹车和转向的平滑度，这不仅影响乘客的舒适度体验，还反映控制系统的优化程度。

4个评价指标密切相关，相辅相成。安全性是基础，准确性和及时性影响安全性，因为高准确性和迅速反应有助于降低事故发生的概率；顺畅性影响驾驶体验和乘客的舒适度体验，但也与安全性和及时性相关，因为不平稳的操作可能影响车辆对环境的有效反应。因此，这4个评价指标相互作用，共同决定智能车辆的整体性能和用户体验。

本 章 小 结

本章围绕智能车辆仿真与测试的基础知识,详细介绍了仿真与测试的作用、分类、场景库的构建及评价方法,为读者构建了一个全面的知识框架。

本章首先概述了仿真与测试在智能车辆开发中的重要作用,介绍了不同类型的仿真与测试方法,以及这些方法的构成逻辑。同时,结合本书的实际内容,详细解释了采用的仿真类型,为后续章节的深入探讨奠定基础。其次,讨论了智能车辆仿真测试场景库的概念与搭建方法。通过定义测试场景和场景库,读者可以理解如何构建符合测试需求的仿真场景,并在实际应用中利用这些场景进行有效的测试与验证。再次,深入分析了智能车辆仿真平台的架构与应用,介绍了典型仿真平台的功能和特点,并详细说明了本书采用的仿真平台及其应用场景。通过这部分内容的学习,读者可以熟悉当前常用的仿真平台,并理解如何根据实际需求选择合适的工具进行智能车辆仿真。最后,探讨了仿真与测试的评价方法,包括评价指标的设定、评价方法的选择及本书中采用的评价方法。通过这部分内容的学习,读者可以学会如何对仿真结果进行科学的分析和评价,从而为智能车辆系统的优化提供数据支持。

课 后 习 题

1. 智能车辆的仿真与测试是确保自动驾驶系统安全、可靠的关键环节。请概述智能车辆仿真与测试的作用。

2. 自动驾驶汽车商用化需经历3个测试阶段,即仿真测试、封闭场地测试、开放道路测试。请概述智能车辆仿真测试的类型。

3. 自动驾驶仿真测试主要由场景库、仿真平台及评价体系组成。请概述智能车辆的场景库搭建。

4. 请概述常见的智能车辆仿真测试方法。

参 考 文 献

[1] 雷雨龙,曾华兵,蒋鑫. AMT 电控单元测试技术研究[J]. 汽车工程,2014,36(7):867-870,893.

[2] LU Z,DU Z,ZHU X. Research on automatic generation method of scenario based on Panosim[C]//ICCDA 2020:2020 The 4th International Conference on Compute and Data Analysis. 2020.

[3] MUHAMMAD I,CHENG J,QUAN Z, et al. Metamorphic testing of Advanced Driver-Assistance System (ADAS) simulation platforms:Lane Keeping Assist System (LKAS)

[4] MOURAD R. TADreg: a versatile regression framework for TAD identification, differential analysis and rearranged 3D genome prediction[J]. BMC Bioinformatics, 2022.

[5] PD-AUTOMOTIVE. PD-AUTOMOTIVE-2024[EB/OL]. [2024-07-30]. http://www.pd-automotive.com.

[6] MECHANICAL SIMULATION CORPORATION. Mechanical Simulation Corporation-2024[EB/OL]. [2024-07-30]. https://www.carsim.com/.

[7] TASS INTERNATIONAL. PRESCAN HELP. TASS International-2024[EB/OL]. (2018-05-26)[2024-07-30]. https://www.tassinternational.com/prescan-help.

[8] IPG-AUTOMOTIVE. CarMaker[EB/OL]. [2024-07-30]. https://www.ipg-automotive.com/cn/products-solutions/software/carmaker.

[9] NVIDIA. NVIDIA-2024[EB/OL]. [2024-07-30]. https://resources.nvidia.com/en-us-auto-constellation/drive-constellation.

[10] GOECKS V, GREMILLION G, LEHMAN H, et al. Cyber-human approach for learning human intention and shape robotic behavior based on task demonstration[C]//2018 International Joint Conference on Neural Networks (IJCNN). 2018.

[11] DOSOVITSKIY A, ROS G, CODEVILLA F, et al. CARLA: An open urban driving simulator[C]//Conference on Robot Learning. PMLR, 2017, 78: 1-16.

[12] RONG G, SHIN B, TABATABAEE H, et al. LGSVL Simulator: A high fidelity simulator for autonomous driving[C]//IEEE International Conference on Intelligent Transportation Systems, 2020: 1-6.

[13] SUMO. SUMO-2024[EB/OL]. [2024-07-30]. https://sumo.dlr.de/docs/SUMO_at_a_Glance.html.

[14] GIETELINK O, SCHUTTER B, VERHAEGEN M. Probabilistic validation of advanced driver assistance systems[C]//World Congress of International Federation of Automatic Control. International Federation of Automatic Control, 2005.

[15] LI N, OYLER D, ZHANG M, et al. Hierarchical reasoning game theory based approach for evaluation and testing of autonomous vehicle control systems[C]//IEEE Conference on Decision & Control. IEEE, 2016.

[16] MENZEL T, BAGSCHIK G, MAURER M. Scenarios for development, test and validation of automated vehicles[C]//2018 IEEE Intelligent Vehicles Symposium (IV). IEEE, 2018: 1821-1827.

[17] ISO. ROAD vehicles-Functional safety: ISO 26262: 2011[S]. The International Organization for Standardization, 2011.

[18] 51VR. 中国自动驾驶仿真技术研究报告(2019)[R]. 北京: 51VR, 2019.

[19] 孙扬, 陈慧岩. 无人地面车辆测评体系研究[J]. 兵工学报, 2015, 36(6): 978.

第3章

CarSim智能车辆仿真与测试

本章将详细介绍如何使用 CarSim 车辆仿真软件,对软件功能和车辆系统配置进行介绍,使读者了解软件的使用方法。CarSim 与开发平台在智能车辆的动力学方面有着优异的表现,它能够最大限度地模仿真实车辆的行驶情况,以便在进行真车测试前对潜在问题进行处理,并优化系统性能。本章内容分为以下几节。

- **概述**:简要回顾 CarSim 的研究背景和发展历程,并介绍 CaSim 的作用和功能,为后续进行软件介绍奠定基础。
- **CarSim 基础操作**:详细介绍如何设置驾驶员模型、配置仿真环境与车辆行驶状态,并通过简单的示例展示效果。
- **车辆配置**:详细介绍车辆系统,包括车身参数、动力系统、制动系统和车辆悬架等配置,通过对车辆系统的设置搭建符合需求的整车模型。
- **智能车辆仿真与测试实例**:基于前几节介绍的车辆配置和仿真设置,进行仿真测试。基于车辆换道场景进行多种仿真测试,包括车辆性能测试仿真、车辆换道行为仿真和车辆速度保持仿真。

通过本章的学习,可使读者掌握车辆仿真软件 CarSim 的开发流程和工程项目中的应用方法,为开展后续的实际项目工作奠定坚实基础。

3.1 概述

CarSim 是一款用于建立、仿真和分析复杂系统的车辆仿真软件工具。它采用基于图形界面的建模方式,支持多种建模方法,包括系统动力学、离散事件、代理和混合建模。CarSim 具有广泛的应用场景,可用于建模和仿真各种物理系统、工业过程和社会经济系统等[1]。

CarSim 的建模方法以图形化方式呈现,用户可以通过拖放和连接模块构建系统模型。CarSim 支持多种模型组件,包括各种传感器和执行器、逻辑和控制元件等。用户还可以自定义模型组件,以满足特定的建模需求。在建立模型后,CarSim 提供了强大的仿真引擎,可以快速进行仿真测试和分析。用户可以根据需求调整仿真参数,如时间步长、精度和仿真时间等,以得到精确、高效的仿真结果。此外,CarSim 还提供了丰富的可视化和分析工具,以便用户对模型结果进行深入分析、比较和优化。用户可以通过友好的界面轻松地查看仿真结果、生成数据报表等。总之,CarSim 作为一款强大的智能车辆系统建模和仿真软件,具有广阔的应用场景和强大的功能,有助于用户快速构建复杂系统模型、进行高效的仿真测试和分析,并优化系统设计和性能。

3.1.1　CarSim 简介

CarSim 是一款在汽车和交通工程领域广泛应用的虚拟车辆动力学仿真软件。它通过模拟和分析车辆的动力学行为,对车辆性能和操控性能进行评估和优化。下面详细介绍 CarSim 的发展历程,及其在汽车工程和交通领域的重要作用。

CarSim 的发展可以追溯到 1987 年,当时它的最早版本在美国密歇根大学诞生。起初 CarSim 被用于基于计算机的汽车动力学分析,以帮助工程师更好地理解和处理车辆的动力学特性。

随着时间的推移,CarSim 逐步发展壮大。1991 年,CarSim 升级到第 2 个版本,引入了更多功能和特性。这个版本增加了对复杂驱动系统、制动系统与悬架系统的建模和仿真支持,使用户能够更全面地评估和改善车辆的性能[2]。

1998 年,CarSim 发布了第 3 个版本,进一步提供了车辆稳定性和控制性能的仿真分析功能。这使工程师可以更准确地评估车辆在各种路况和操控情况下的行为,从而改进车辆的操控性能和安全性能。

随着汽车科技的不断进步,2005 年,CarSim 发布了第 4 个版本。这个版本引入了更高级的控制系统建模和仿真能力。例如,支持电子稳定性控制(electronic stability control,ESC)系统和自适应巡航控制(adaptive cruise control,ACC)系统等最新车辆辅助系统。这使工程师能够更好地评估和优化车辆的控制性能,提高驾驶安全性。

2010 年,CarSim 发布了第 5 个版本,以适应新兴的清洁能源汽车领域的需求。这个版本增加了对电动汽车(electric vehicle,EV)和混合动力车辆(hybrid vehicles,HV)的建模和仿真支持。随着全球对环保和可持续交通关注的日益增加,CarSim 为工程师提供了研发和优化新型车辆的有力工具。

2015 年,CarSim 发布了第 6 个版本,引入了更先进的多体动力学建模和仿真算法。这使 CarSim 能够更准确地模拟复杂的车辆动态行为,提高仿真的精度和计算效率。因此,工程师可以更好地评估车辆在不同情况下的操控性能和稳定性能,为汽车设计和开发提供更可靠的参考。

2016 年,CarSim 发布 2016.0 版本,其中包括对车辆动力学模型的改进、控制系统的增强及新功能的引入。

2017 年,CarSim 发布 2017.1 版本,该版本增加了对特定车型的详细建模和仿真支持,并提供了更准确的模型和仿真结果。

2018年,CarSim发布2018.0版本,增强了对电动汽车和混合动力车辆的建模和仿真能力,改进了多体动力学和控制系统。

2019年,CarSim发布2019.0版本,该版本引入更高级的悬架系统建模和仿真功能,增加了对大型商用车辆的支持。

2020年,CarSim发布2020.0版本,进一步改进了控制系统的建模和仿真,增加了对胎压监测系统和自动驾驶功能的模拟支持。

除了这些版本更新外,CarSim还通过不断引入新的技术、算法和功能来改进软件的性能和使用体验。同时,CarSim还与其他软件和工具进行集成,为用户提供更全面的车辆仿真和分析解决方案。

CarSim的更新和改进仍在继续。它不断应用先进的技术和算法,满足不断变化的汽车工程和交通领域的需求。CarSim不仅被广泛应用于汽车制造商和供应商的产品开发与验证,还在交通工程领域得到广泛应用。它被用于交通流仿真、行驶安全性评估等方面,为交通系统的规划和优化提供重要的支持。

总之,CarSim作为一款功能强大、稳定可靠的虚拟车辆动力学仿真软件,经过多年的发展壮大,已成为汽车工程和交通领域不可或缺的工具。通过模拟和分析车辆的动态行为有助于工程师改进车辆的性能、操控性和安全性,促进汽车科技的发展和交通系统的优化。

3.1.2　CarSim基本架构

CarSim作为车辆动力学建模工具采用模块化的设计以支持高精度的车辆行为模拟,其架构由3个主要组件构成:仿真环境、求解器和可视化数据分析,如图3-1所示。其中,仿真环境组件主要负责车辆结构的参数模拟,以及仿真场景的生成。为确保仿真的真实性和准确性,CarSim通常需要处理复杂的动态模拟数据,求解器组件就提供了这种高性能的计算环境,且在求解器组件中CarSim还提供了Simulink接口,用于加载控制算法、求解模型文件、分析仿真结果。可视化数据分析组件由视频和数据图组成,可以实时观察车辆状态,以便对仿真结果进行进一步分析。

CarSim的仿真环境包括整车模型设置和仿真工程设置两部分,在整车模型中可以对整车结构(包括车辆质量、车长和车宽等参数)、车辆系统(包括驱动系统、制动系统和转向系统等)及车辆悬架(包括前悬架和后悬架)进行修改和组合。在仿真工况中主要负责设置仿真的输入输出形式、开始/结束条件和路况设置,具体来说,可以将速度、加速度、油门/刹车设置为输入,将车辆过程中的状态变化(如车辆横纵位置、速度等)设置为输出。开始与结束条件的设置可以使仿真在特定条件下进行,以得到目标结果。路况作为仿真中的重要部分,在车辆实际行驶中,对车辆的影响是最直接的,所以设置合适的路况对于仿真来说是至关重要的。

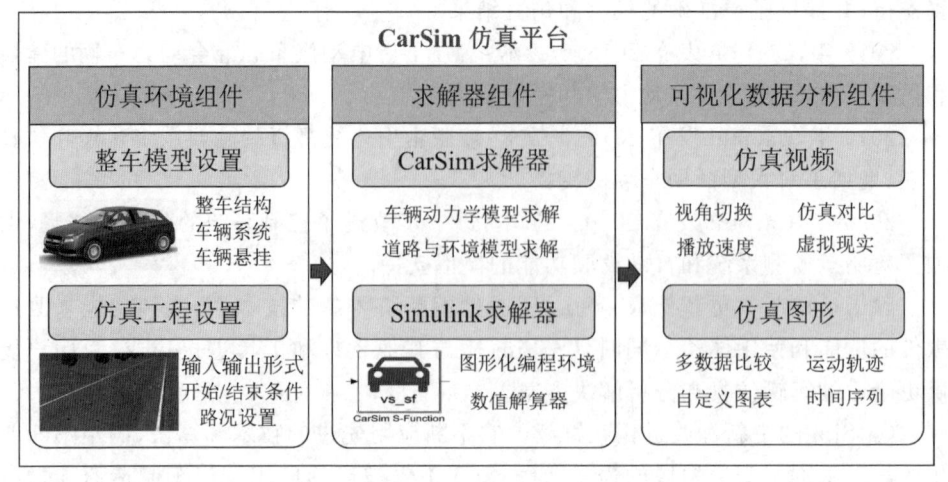

图 3-1 CarSim 软件架构

CarSim 中的求解器分为 CarSim 求解器和 Simulink 求解器。在自身求解器中,会对仿真中的车辆模型及道路模型进行求解,进而模拟车辆在仿真路况上的行驶情况。而在 Simulink 求解器中,CarSim 先将数据发送至 Simulink,然后在 Simulink 中设置车辆控制输入,进行车辆控制。CarSim 根据 Simulink 的输入在自身求解器中进行求解并得到输出数据。这两个求解器可在一定程度上处理复杂的动态数据,达到模拟真车驾驶的目的。

可视化数据分析界面分为视频和数据图。视频具有一般视频播放器的功能,包括快进、快退、暂停、切换视角和实时录制等,可以全方位地观察分析仿真车辆的行驶状态。而数据图可以根据仿真视频的播放实时生成数据,方便更进一步地观察车辆在某一时刻的行驶状态。

3.1.3 CarSim 工作界面

CarSim 提供了直观、易用的工作界面,使用户能够轻松地创建模型、设置参数、运行仿真等操作。以下是 CarSim 工作界面的主要组成[1]。

1. 主工具栏

主工具栏包括文件操作(新建、打开、保存等)、模型显示(缩放、旋转、平移等)、仿真运行(开始、暂停、重置等)、数据输出(图表、文件导出等)等常用命令,如图 3-2 所示。下面围绕三维模型窗口、物理性能参数设置界面、驾驶控制和场景设置界面、结果输出界面展开详细介绍。

2. 三维模型窗口

该窗口显示车辆模型及其在仿真过程中的运动状况。用户可以通过鼠标或键盘控制视角更好地观察车辆的行驶情况,如图 3-3 所示。

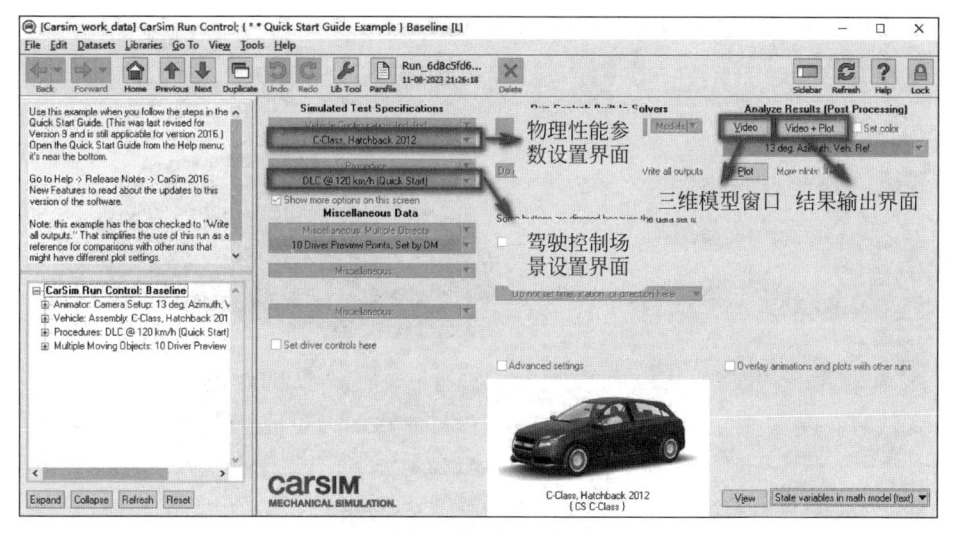

图 3-2　CarSim 主工具栏

图 3-3　三维模型展示窗口

3. 物理性能参数设置界面

用户可以在该界面中设置车辆的各种物理参数,如车重、车辆惯性矩阵、车轮半径等。这些参数的设置对车辆的行驶性能和操控性能模拟结果影响很大,其界面如图 3-4 所示。

4. 驾驶控制和场景设置界面

用户可以在该界面中设置车辆的驾驶控制模式,如人工驾驶、自动驾驶等。还可以选取各种场景进行仿真,如不同路况、行驶速度等。其界面如图 3-5 所示。

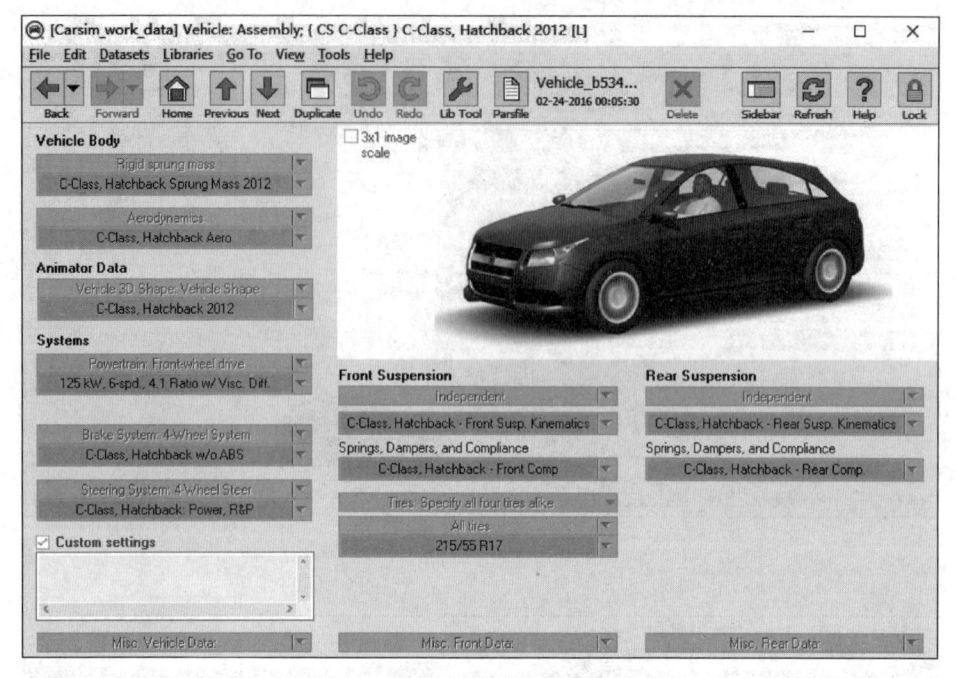

图 3-4　车辆物理性能参数设置界面

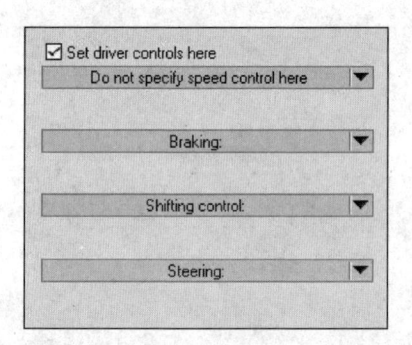

图 3-5　驾驶控制和场景设置界面

5. 结果输出界面

仿真结束后,用户可以通过该界面中的图表、数据表格、视频等形式查看模拟结果,以便对车辆的行驶性能和操控性能进行评估。其界面如图 3-6 所示。

总之,CarSim 提供了一系列易于使用的工具和界面,使用户能够方便地创建车辆模型、设置各种参数、仿真运行及分析结果。这些功能为汽车制造商、供应商和研究机构提供实用的工具和平台,以更好地评估和优化车辆的性能与驾驶体验。

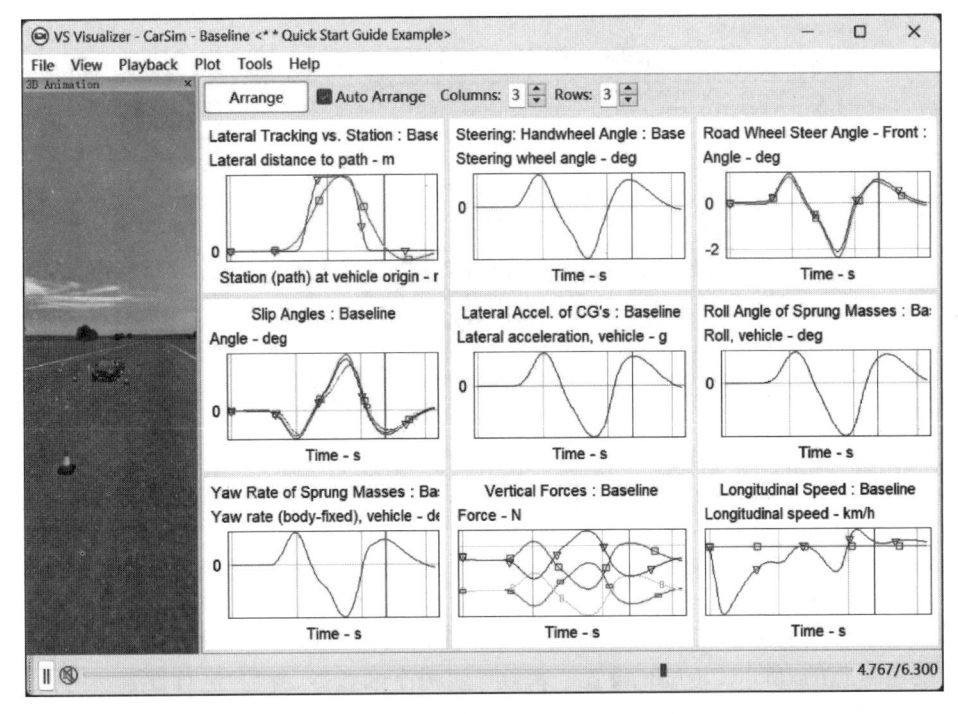

图 3-6　结果输出界面

3.2　CarSim 基础操作

在对 CarSim 进行操作前,需要先知道如何创建一个新的数据空间,以保证自己的操作在数据空间中进行。CarSim 中的三个主要概念需要操作者弄清楚,即数据库(database)、数据集(dataset)和函数库(libraries)[3]。

1. 数据库

在 CarSim 中,数据库是一个用于存储和管理车辆动力学仿真数据的系统。它是一个关键组件,用于保存车辆测试、模拟和分析的结果,并支持模型参数的调整和优化。

数据库选择界面如图 3-7 所示,这里有两个数据库可以选择,分别是 CarSim2016 CarSim_work data 和 CarSim2016 CarSim_data。

任选一个数据库进入主界面,可以看到大量数据集和函数库,它们一起组成 CarSim 的主界面。

2. 数据集

数据集包括大量车辆参数、工况测试、道路等设置信息,并可在特定的界面上编辑。每个数据集被单独保存为一个 Parsfile 文件。数据集包括众多函数库,用

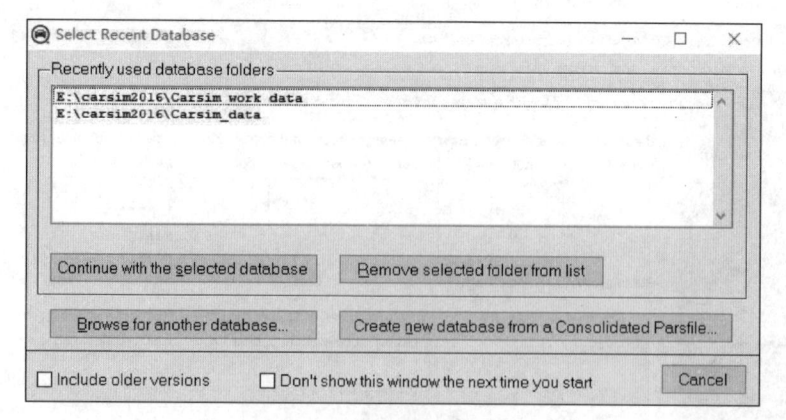

图 3-7 数据库选择界面

户通过选取特定的函数库构建不同的数据集,最终由这些数据集定义 CarSim 的仿真(工况、参数)设置。

3. 函数库

在对车辆的参数进行设置时,由于车辆中的一些参数不是固定值,而是随着一些变量变化的,所以 CarSim 设置了函数库以对车辆数据(参数)进行设置。

总而言之,数据库包括众多数据集,数据集包括众多函数库,用户通过选取特定的函数库构建不同的数据集,最终由这些数据集定义 CarSim 的仿真(工况、参数)设置。

3.2.1 驾驶员控制

在 CarSim 中,驾驶员控制是指模拟驾驶员对车辆的操控行为。CarSim 中的驾驶员控制包括方向盘转角、油门和刹车操作等,通过这些控制输入模拟驾驶员对车辆的实际操控。这些输入可以根据不同的驾驶情景和测试需求进行调整,以评估车辆在现实驾驶情况下的动态响应和性能表现。通过模拟驾驶员控制,CarSim 可以更真实地反映车辆在不同驾驶条件下的行为,为工程师和研发人员提供有价值的数据与信息。

如图 3-8 所示,驾驶员控制界面分为 4 个部分,分别为驱动控制、制动形式、挡位变换和转向控制。

驱动控制有几种模式可供选择,分别为初始速度+节气门开度、节气门开度、目标速度、不指定速度控制。其中,初始速度+节气门开度和节气门开度这两种模式通过油门对车辆的速度进行控制,而目标速度只需要输入一个速度值,车辆就会往目标速度趋近并最终保持目标车速行驶;不指定速度控制是指不在 CarSim 中对车辆速度进行调整,一般会开放接口用于外部控制,如 Simulink 等。

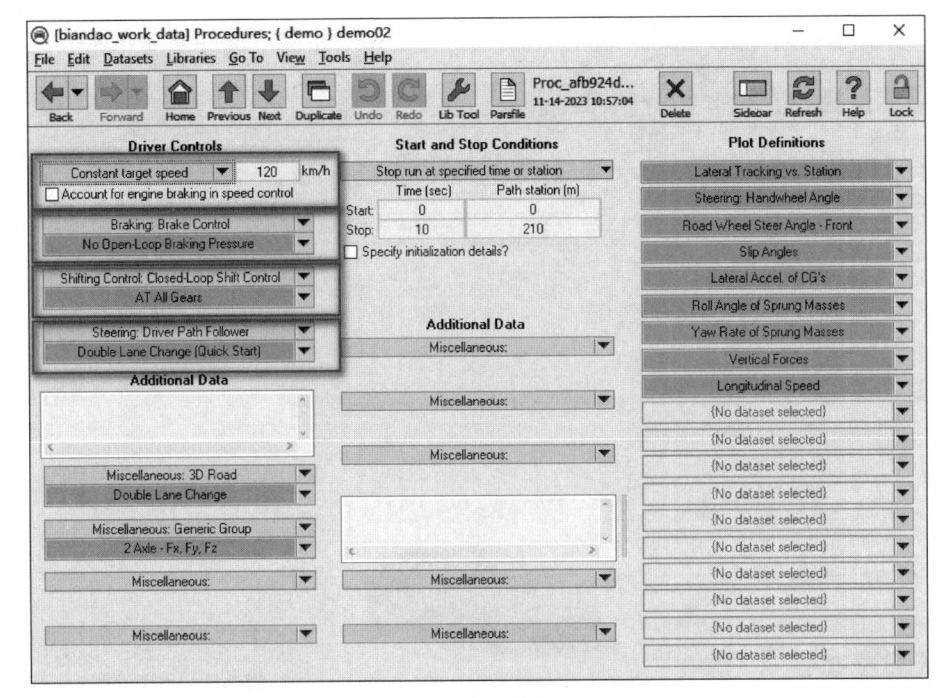

图 3-8　驾驶员控制界面

3.2.2　开始与结束条件

在 CarSim 仿真中，为更好地与现实的实验进行比照，设置了开始与结束的条件，如图 3-8 界面的中间部分所示。条件设置包括规定时间停止、规定时间或地点停止、永久运行、仅设置初始时间和地点、不指定时间地点和方向。从给出的条件可以看出设置的参数类型，规定时间停止仅设置开始和停止的时间，使仿真在规定时间内运行；规定时间或地点停止不仅可以设置开始和停止的时间，还可以设置开始和停止的地点，比如设置在 200m 处停止仿真，则仿真会在车辆行驶 200m 后终止，此时就算运行时间不到规定的时间，仿真也会停止，这样操作者既得到了想要的数据，也节省了时间；不指定时间地点和方向的设置与驾驶员控制中的驱动控制的不规定速度类似。

3.2.3　曲线图像

作为一个专业的仿真软件，CarSim 同样具有数据可视化功能，其界面如图 3-9 所示。

这里以 CarSim 中自带的"* Quick Start Guide Example"仿真为例，其中方框中即曲线图像设置。曲线图像分为两部分：一部分是影像（Video），另一部分是绘图（Plot）。我们先对"Video"进行介绍，首先单击"Run Math Model"，将车辆数据运行出来，然后单击"Video"，可以看到图 3-10 所示的界面。

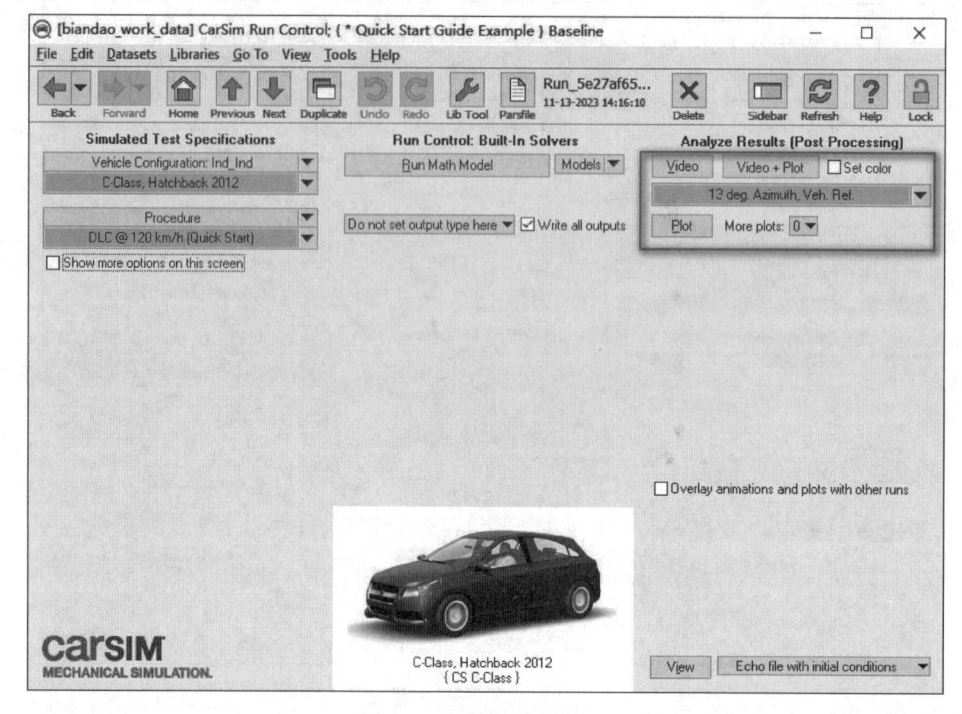

图 3-9 可视化功能界面

图 3-10 Video 界面

可以看到车辆按照示例中的轨迹行驶。打开"Video"后,为方便查看,可以将视频慢放。在打开的"Video"上方的"View"菜单中打开"Advanced Playback Controls"和"Time Multiplier",可以在视频下方出现,如图 3-11 所示。

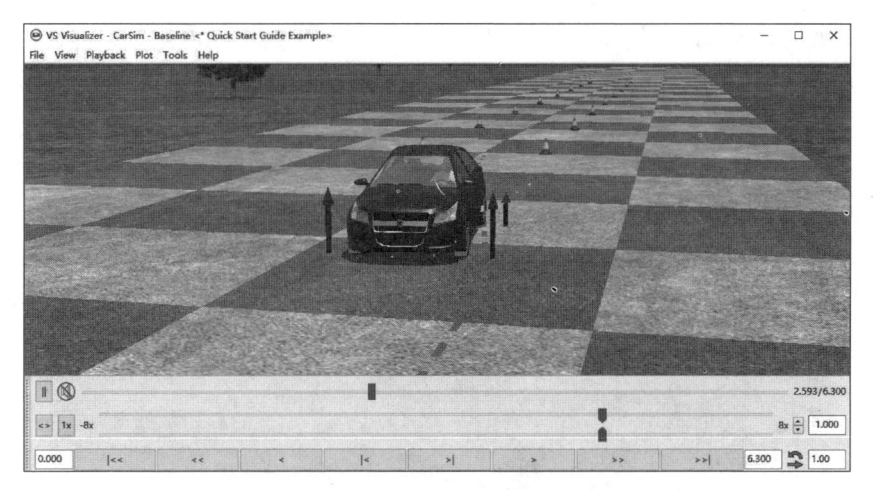

图 3-11　播放速度调节界面

从图 3-11 中可以看出,可以对视频进行慢放、快放、步进、步退等操作,这有利于仔细观察仿真效果。

除此之外,CarSim 还支持将两个仿真进行对比。即可以将两个不同的仿真放到同一个视频中进行对比,如图 3-12 中方框所示,选择"Overlay animations and plots with other runs"并选择另一个仿真进行对比。这里选择的另一个仿真与当前仿真一致,只在速度上做了一些改变,将速度由 120km/h 改为了 110km/h。为方便对比,将当前仿真车辆的颜色变更。

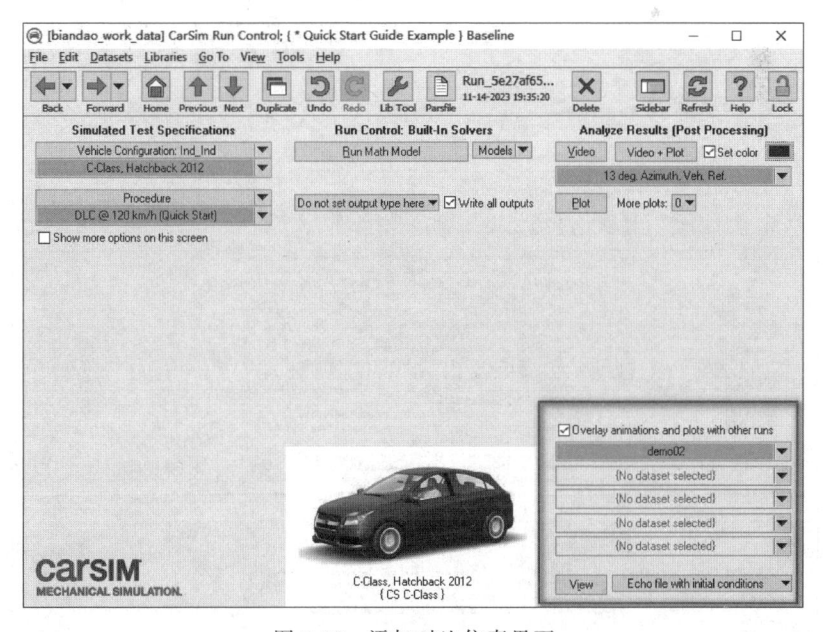

图 3-12　添加对比仿真界面

再次单击运行"Video",如图 3-13 所示,由于对比车辆(后车)的速度为 110km/h,小于当前车辆(前车)的速度 120km/h,所以在仿真视频显示中对比车辆在当前车辆的后方行驶。

图 3-13 仿真对比运行界面

单击"View"按钮,可以显示所有车辆的参数数据,其界面如图 3-14 所示。

图 3-14 车辆的参数数据界面

CarSim 在此文档中设置了数据对比功能，同时打开两个仿真的"View"界面（需要注意的是，对比时，两个文件的数据类型必须是一致的，以下对比的都是"Echo file with initial conditions"的数据），在菜单栏的"Tools"中找到"Compare File"选项，选择当前文件和要对比的文件，出现图 3-15 所示的界面。

图 3-15　车辆参数对比界面

CarSim 会在两个文件中内容不同的地方进行高亮处理。此外，左上角的"First""Last""Next""Prev"4 个按钮分别是寻找"第一个""最后一个""下一个""上一个"的不同之处，通过这个功能能快速找出两个仿真的不同之处，也方便进行下一步调整。

关于"Plots"部分，以 CarSim 中自带的仿真为例，其界面如图 3-16 所示。

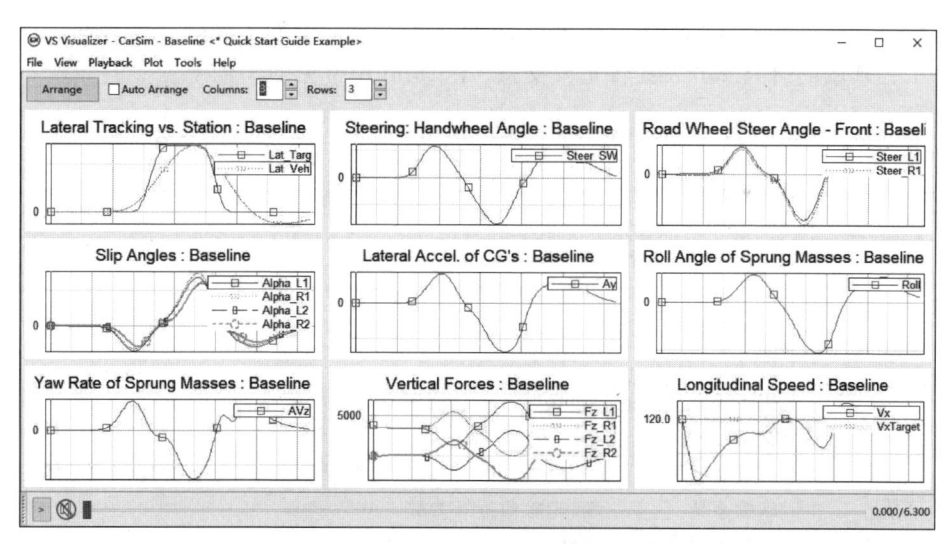

图 3-16　Plots 界面

可以对"Columns"和"Rows"进行修改，以调整图的排放位置。另外，"Help"中有关于"Plot"的快捷键设置，可以查看相关快捷键，实现对图像的快速查看和调整。

3.2.4　车辆观察视角

CarSim 中的车辆观察视角是指在仿真环境中以不同的视角观察和监控车辆行驶的方式。通过车辆观察视角，用户可以选择不同的视角观察车辆的运动、姿态和动态特征，从而更全面地了解车辆的行为和性能。CarSim 提供了多种观察视角，如车辆前方、后方、侧方、俯视等，用户可以根据需要自由切换视角，甚至可以模拟驾驶员的视角感受真实的驾驶体验。通过车辆观察视角，用户可以准确评估车辆的操控性能、稳定性和安全性，并进行相关的分析和优化，为车辆设计和开发提供有力支持。

关于"View"的车辆观察视角设置，可以在"Help"的"View"设置中学习相关的视角调整，配合对视频播放速度的快慢设置，更全面地查看车辆仿真情况。

3.3 车辆配置

CarSim 的车辆配置是一个关键组成部分，它定义了模拟环境中车辆的特性和行为。车辆配置通常包括车辆的物理属性、动力系统、悬架系统、轮胎特性及控制系统等信息。在物理属性方面，配置文件包括车辆的质量、惯性矩阵、气动特性等，这些参数对车辆的运动学和动力学模拟至关重要。动力系统部分描述了车辆的发动机特性、传动系统、变速箱类型等，以便模拟车辆的加速、减速和换挡行为。悬架系统定义了车辆的悬架几何，如弹簧刚度、阻尼特性等，决定着车辆的悬架动态和路感等。通过调整这些配置参数，可以精确地模拟不同类型车辆的行驶特性，为汽车工程领域的研究和开发提供重要支持。CarSim 中常见的车辆配置参数如表 3-1 所示。

表 3-1 常见的车辆配置参数

车辆配置	说 明
动力系统	包括发动机、变速器和传动系统等。可以配置发动机的功率、扭矩曲线、燃油消耗等参数，以及变速器的齿轮比和换挡逻辑等
悬架系统	用于控制车辆的平稳性和操纵性。可以配置悬架系统的几何参数，如弹簧刚度、阻尼系数、悬架结构类型等
制动系统	用于控制车辆的制动性能。可以配置制动器的特性，如制动盘直径、刹车片材料、分配前后刹车力等
轮胎模型	通过选择不同的轮胎模型，可以模拟不同类型轮胎的性能。可以配置轮胎的摩擦系数、侧偏刚度、轮胎质量等参数
车身结构	包括车身的质量、惯性矩阵和气动特性等。可以配置车身的基本参数，如长度、宽度、高度等，以及车身的空气阻力系数和升力系数等
控制系统	用于模拟车辆的主动安全系统和稳定控制系统。可以设定 ABS、ESP、牵引力控制系统等功能的参数和逻辑

3.3.1 车身、车辆外观及轮胎参数配置

如图 3-17 所示，进入 CarSim 主界面后，方框内第一行是车辆的配置，可以自定义轮胎、传感器、负载等；方框内第二行可以选择车辆类型，如 SUV、皮卡、卡车、

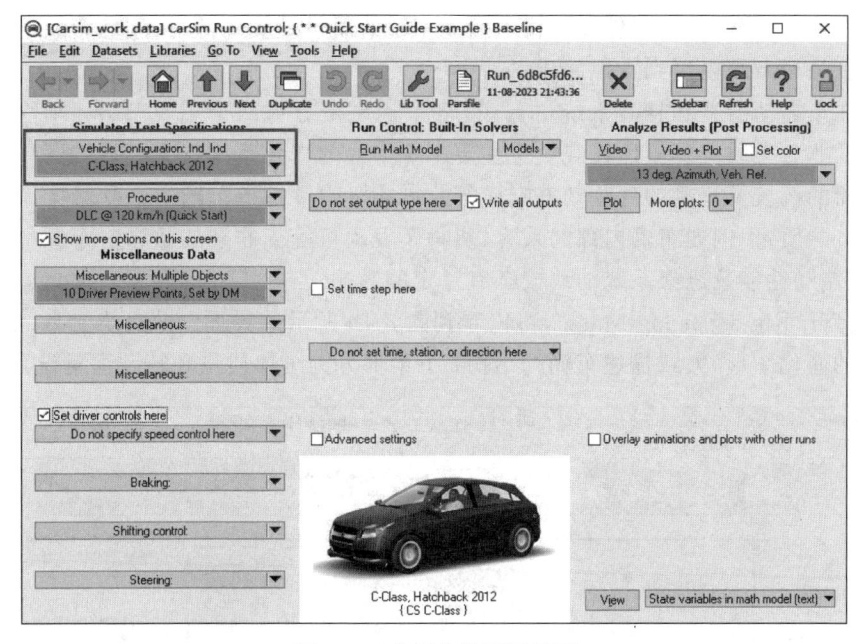

拖拉机等。这里以初始车辆配置中的 C 类车(掀背式汽车)为例,对其车身参数进行介绍。

图 3-17 车辆参数配置界面

单击方框中的"C-Class,Hatchback 2012"部分,进入所选的汽车类型,可以看到图 3-18 所示界面。图中包括对车身、系统及悬架的设置。本节重点介绍对车身的设置,即图中"Vehicle Body"部分的设置。

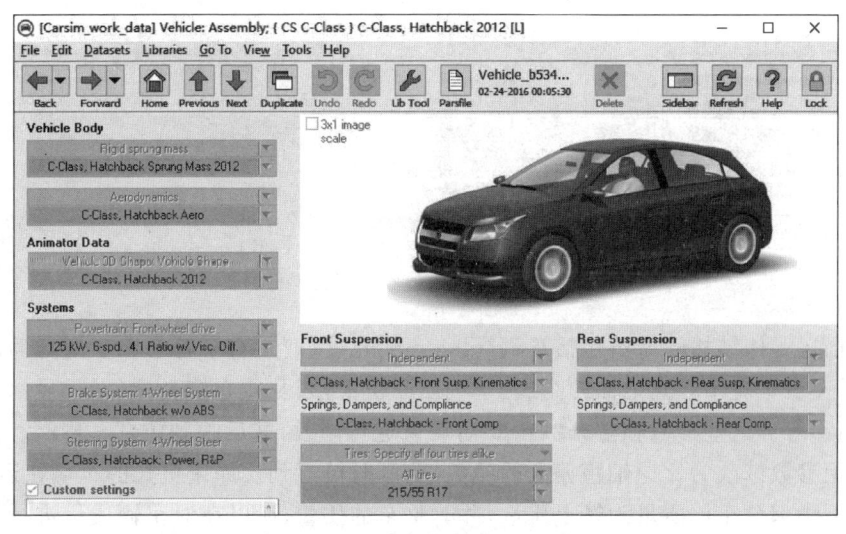

图 3-18 车辆参数配置界面

1. 刚性簧载质量配置

刚性簧载质量(rigid sprung mass)是指车辆上悬架系统支撑部分的质量。它包括车辆的车身、车轮组件及相关的传动系统的质量。换句话说,刚性簧载质量是指车辆悬架系统中受到支撑的质量。

在车辆动力学和悬架系统仿真中,将车辆质量分为两个主要部分:刚性簧载质量和非悬架质量。刚性簧载质量主要影响车辆的悬架系统行为,包括悬架刚度、减震器的调校及车辆的驾驶动态响应等;非悬架质量是指车辆中不受悬架系统支撑部分的质量,例如车辆内部的乘客、货物及发动机等。非悬架质量对车辆的加速性能、制动性能及悬架系统的调校都有一定的影响。

打开"Rigid Sprung Mass",可以看到图 3-19 所示的界面:界面的上半部分是车辆的简化图形,大致描述车辆的结构;下半部分为车体质量和转动惯量设置。

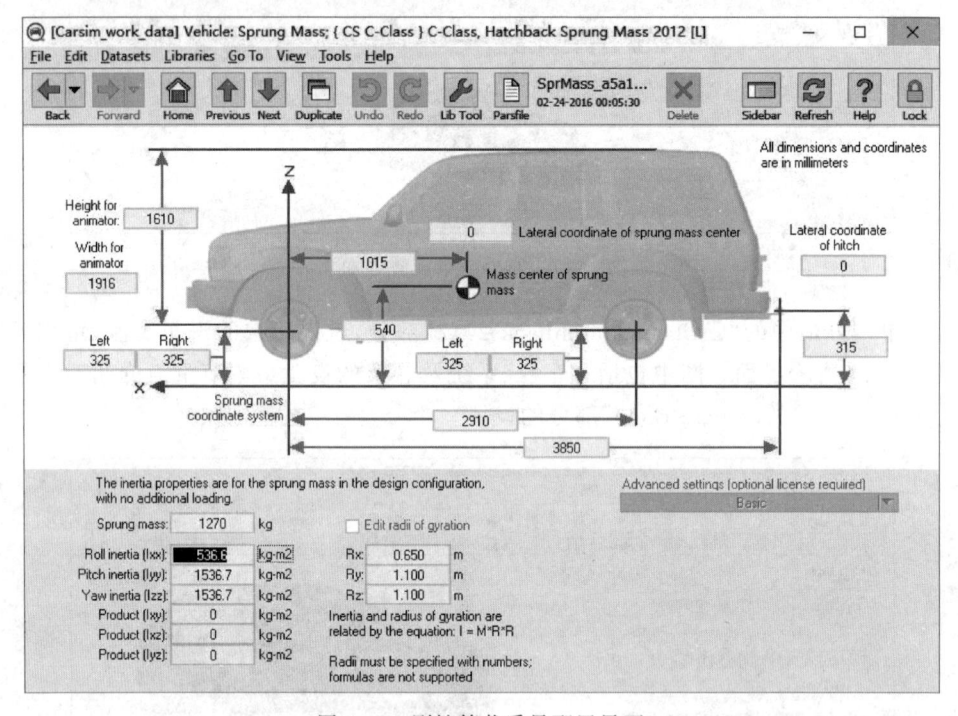

图 3-19 刚性簧载质量配置界面

描述车体结构的参数包括车辆高度、车辆宽度、前左右车轮的中心离地面的高度、后左右车轮中心离地面的高度、车辆质心位置,以及质心侧坐标(用于显示驾驶员位置)等。这些参数在解开"Lock"后均可进行修改,并反映到仿真车辆上。例如将轴距参数修改为比原轴距偏大的参数,仿真时可看到比原来更长的车辆在运动。

下半部分车体质量为簧上质量,并非整车的质量,所以在对车辆质量进行设置时,应注意两者的区别,才能进行正确的设置。

2. 空气动力学

在"Vehicle Body"的第二个部分,即"Aerodynamics"部分,可以选择不同车辆类型的空气动力学模型,也可以忽略车辆的空气动力学,单击"Aero"部分,可以进入空气动力学设置界面,如图 3-20 所示。

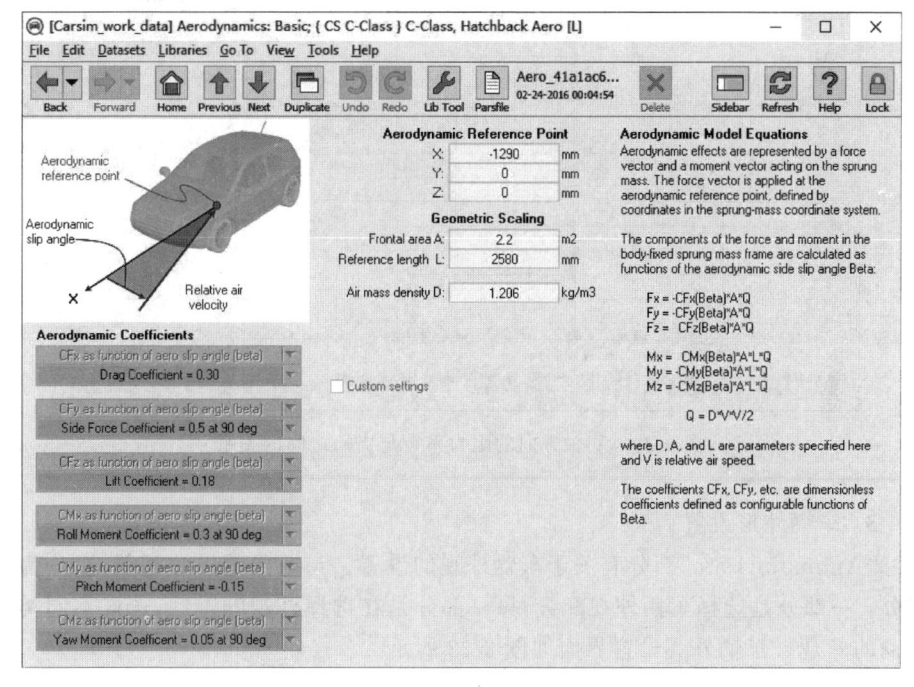

图 3-20　空气动力学设置界面

图 3-20 中"Aerodynamic reference point"所指向的点表示空气阻力的作用点,可以通过中间"Aerodynamic Reference Point"部分进行设置,以得到想要的空气阻力作用点,其坐标的定义方法界面中也给出了相应的解释。

"Aerodynamic slip angle"区域表示空气阻力与 X 轴形成的夹角。CarSim 将车辆受到的空气阻力简化到一个点上,并将空气阻力分解为三个方向的力,即 X、Y、Z 轴方向的力。这三个力的计算方法可在 CarSim 空气动力学模型界面的右侧显示出来,直观明了。

图 3-20 中"Aerodynamic Coefficients"模块包括阻力系数、侧向力系数、升力系数、俯仰力矩系数、空气质量密度等。也可以对这些参数进行修改,以得到理想的风力扰动。

考虑到风的方向不同,相应方向上的力的系数也有所不同,CarSim 提供了空气阻力与 X 轴所成的夹角以及各方向阻力系数的关系图。这里以 X 轴方向的阻力系数与夹角之间的关系图(图 3-21)为例,图 3-21 右侧的参数可以修改,如果认为 CarSim 提供的图形不准确,可以添加和修改数据,以得到满意的空气阻力系数。

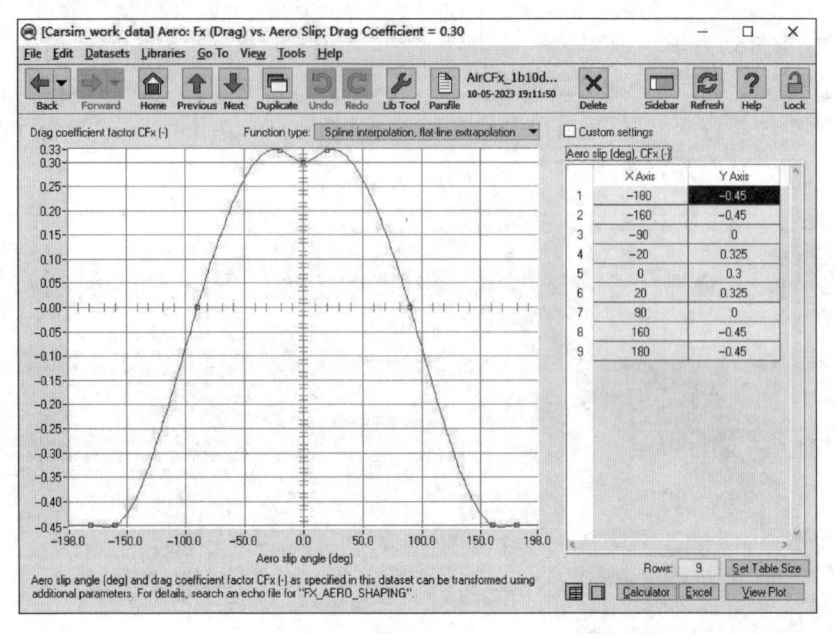

图 3-21　X 轴方向的阻力系数与夹角之间的关系

3. 车辆外形设置

"Animator Data"部分有关于车辆外观的设置。与前面的设置相似,它分为两部分：一部分是选择车辆外观配置,另一部分是在选择外观配置后,选取不同类型车辆的外观。车辆外观设置界面如图 3-22 所示。

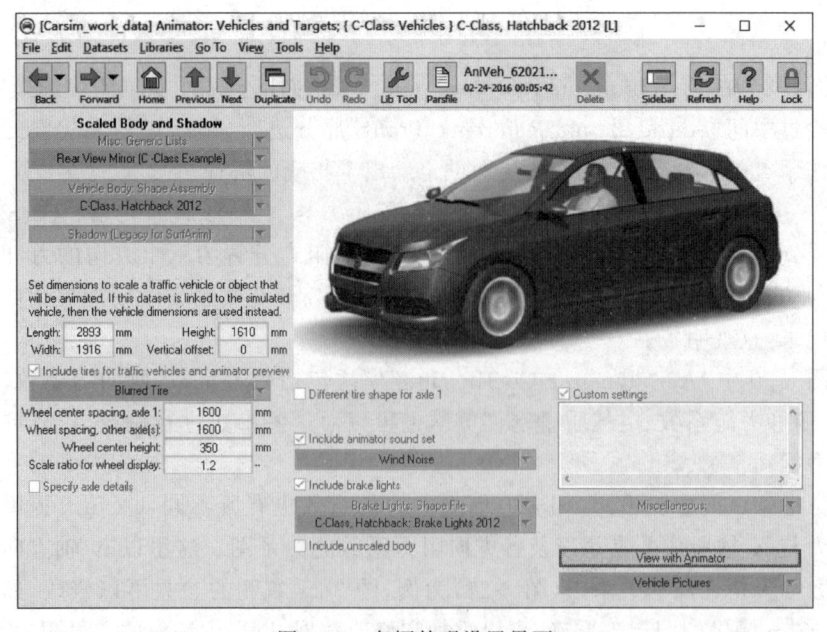

图 3-22　车辆外观设置界面

此界面的第一部分（"Misc：Generic Lists"）可以选择一些车辆的组件，如刹车片、传感器等。此部分下方的方框则对应选择相关组件中的设置，例如图中选择的是车辆通用组件中的后视镜模块。

界面中的第二部分是关于车身外观的，同样可以选择外观配置后选择不同类型车辆的外观，如皮卡、SUV等。

此外，除了选择车辆组件及车型外，从当前界面中还可以看到车辆的长、宽、高等信息。此处也是可以修改的。

注意前面也提到了车辆的长宽高，并且可以修改，如果两处的信息修改不同，最终仿真时需按照CarSim的运行机制运行。即在CarSim中，由于CarSim要将车辆中的功能按照一定功能进行模块化，将一些相关的信息放在一起，以方便修改和查看，但是车辆本身是一个复杂的机器结构，在按照功能进行模块化时，难免会出现交叉信息，比如车辆的长宽高与所受风力有关，也与车辆的外形有关，所以会在两个页面出现相同的信息。考虑到这一点，CarSim具有一定的覆盖机制，后面出现的信息会覆盖前面出现的信息，其运行顺序为从上到下，从左到右，这样就解决了信息冲突问题。此外，CarSim的"Lib Tool"可以解决难以辨识参数是否被覆盖的问题，如图3-23所示。

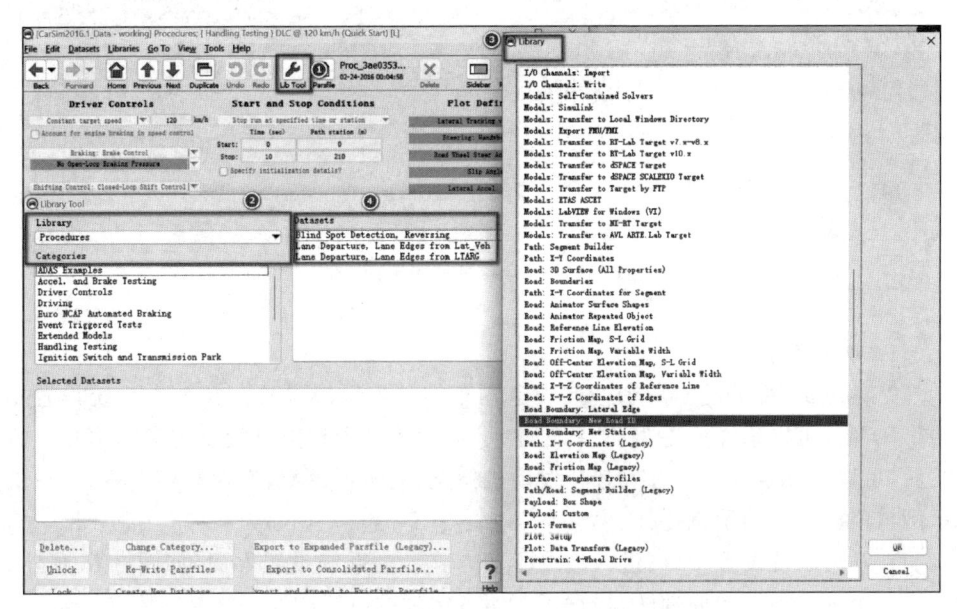

图3-23 Lib Tool界面

上图标出了需要查看相关页面的步骤：①打开"Lib Tool"，出现"Library"界面；②～③打开"Library"选项，出现许多关于车辆的设置，其中包括上面介绍的车体外观、轮胎等参数设置；④打开"Datasets"即所选"Library"下的车辆参数设置。其余相关设置界面的查找与之类似。

3.3.2 系统

在 CarSim 软件中,对于整车系统来说,又包括许多子系统设置,如动力系统、制动系统、转向系统、轮胎系统等,这一节将对这些子系统进行介绍。图 3-24 中的"Systems"部分是车辆系统部分。

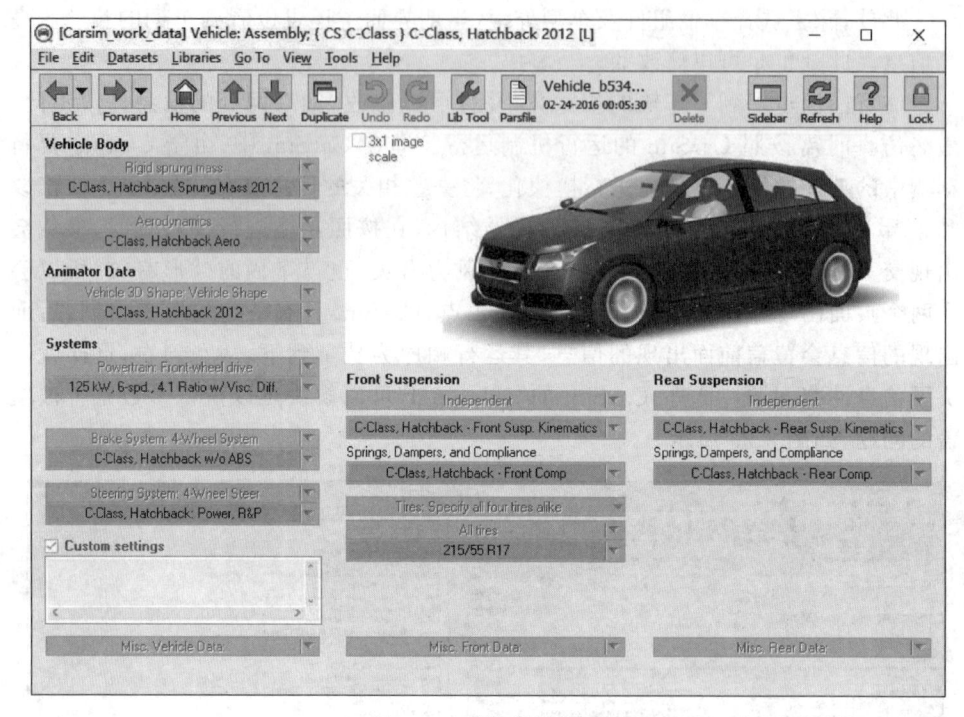

图 3-24 系统设置界面

1. 动力系统

"Systems"部分的第一个框代表这辆车的动力系统设置。在动力系统设置中的第一部分可以选择前轮驱动、后轮驱动、四轮驱动等动力系统。选定动力提供方式后,可以为选定的驱动方式选择发动机模型、变矩器模型、变速器模型等,这里的示例与前面小节的示例一样。

在动力系统设置中,可进入选取驱动方式动力系统设置界面,如图 3-25 所示,这是一个动力系统的原理图,描述了车辆各组件的运行顺序。

可以看出,这是一个发动机功率为 125kW、6 速变速器(6-speed transmission)、4.1 变速比的车辆动力系统,在此界面中可以对一项发动机的相关参数进行修改,以得到更符合实验要求的发动机。

其中,6 速变速器指的是一种具有 6 个前进挡位的传动系统。不同的挡位比例可以使发动机的转速和车辆的速度得到更好的匹配,从而提供更高的加速性能、

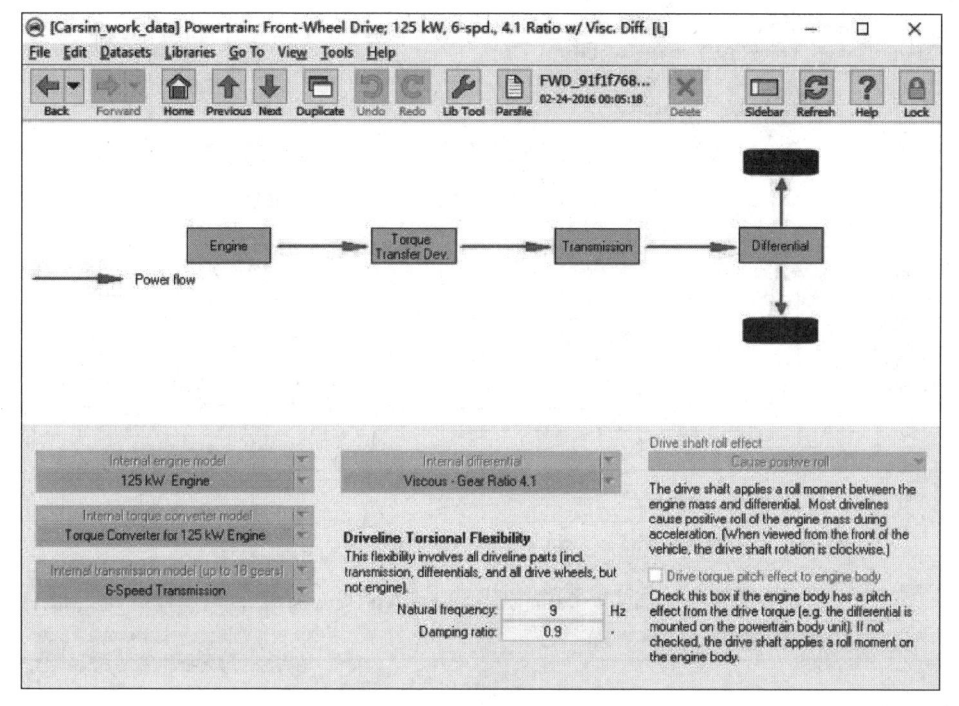

图 3-25 动力系统设置界面

更高的燃油效率和更平顺的行驶体验。通常较多的挡位意味着更细腻的换挡控制和更大的速度范围选择。6 速变速器在现代汽车中比较常见，尤其是在高性能车型和某些经济型车型中广泛应用。变速比表示每个齿轮之间传递动力时的转速比例关系。具体来说，这个数字表示驱动轴与驱动轮之间的传动比例。

为方便查看这些数据之间的关系，CarSim 提供了这些模型的图表形式，单击上图中的"125kW Engine"就会看到如图 3-26 的界面。

此图是根据车辆厂家提供的 Map 图进行绘制的，反映的是节气门开度与发动机转速之间的关系。有了这些数据关系，就可以计算加速时间、最大牵引力、燃油率等车辆性能数据。

为方便查看，CarSim 给出了一些车辆性能图表，如燃油消耗率。在图 3-26 左下角的"Fuel Rate"中选择相应配置后，再单击进入燃油率界面。如图 3-27 所示，燃油率界面反映了发动机转速与燃油率的关系，图中多条曲线代表不同节气门开度下的发动机转速与燃油率的关系。与前文一样，表中的数据可以进行修改，修改后的数据也会显示到线图中。

界面右下角的"View 3D Map"中有 3D 视图，可以更直观地看出发动机转速、节气门开度与燃油率之间的关系，单击后得到它们的 3D 坐标视图，如图 3-28 所示。

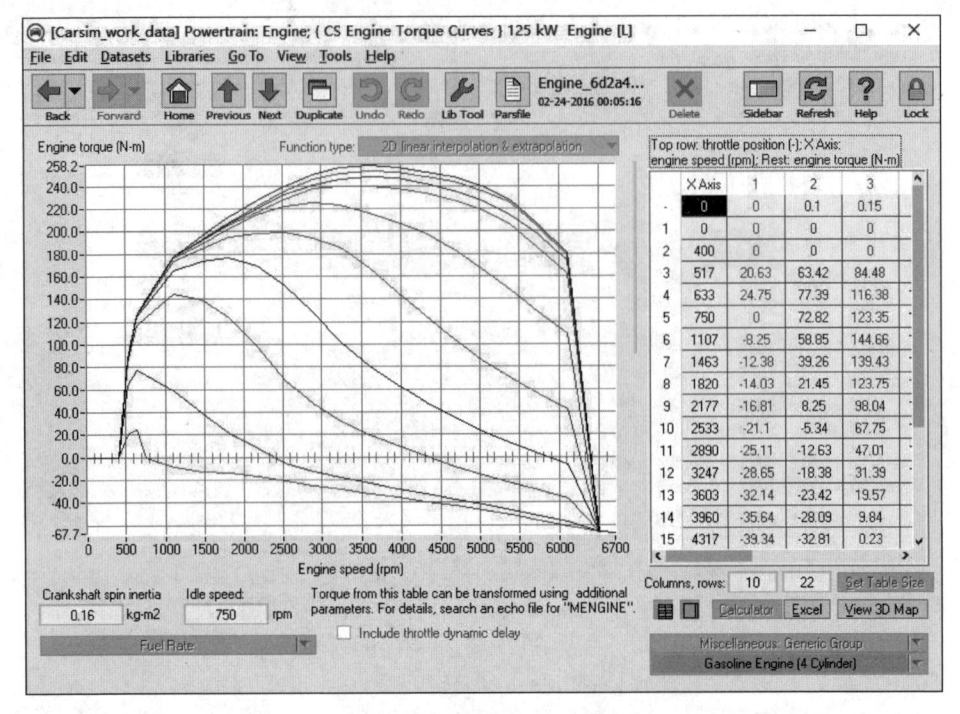

图 3-26 发动机 Map 图

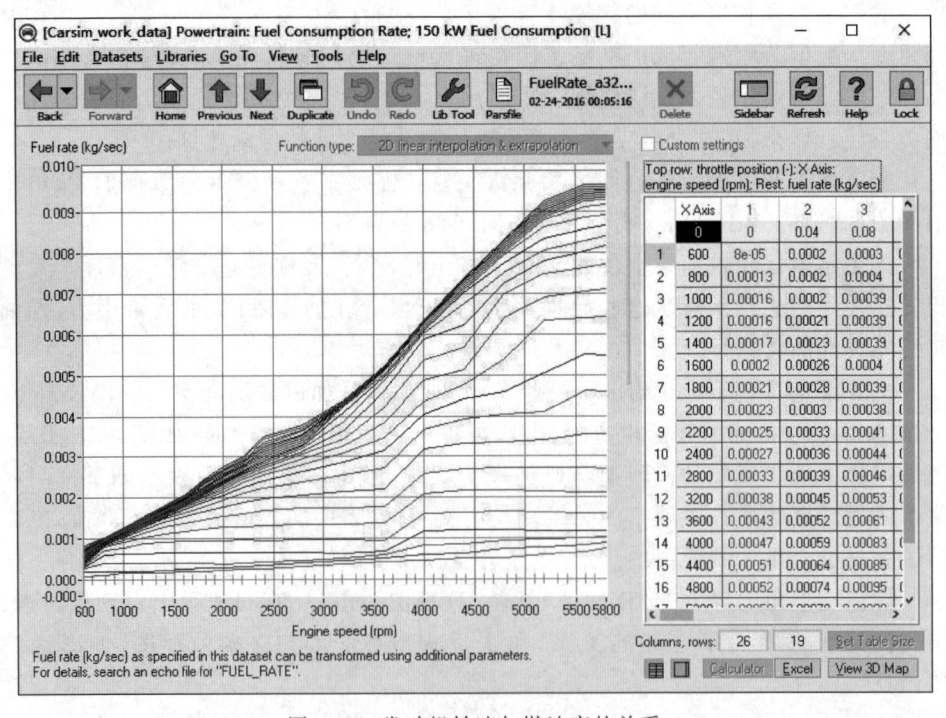

图 3-27 发动机转速与燃油率的关系

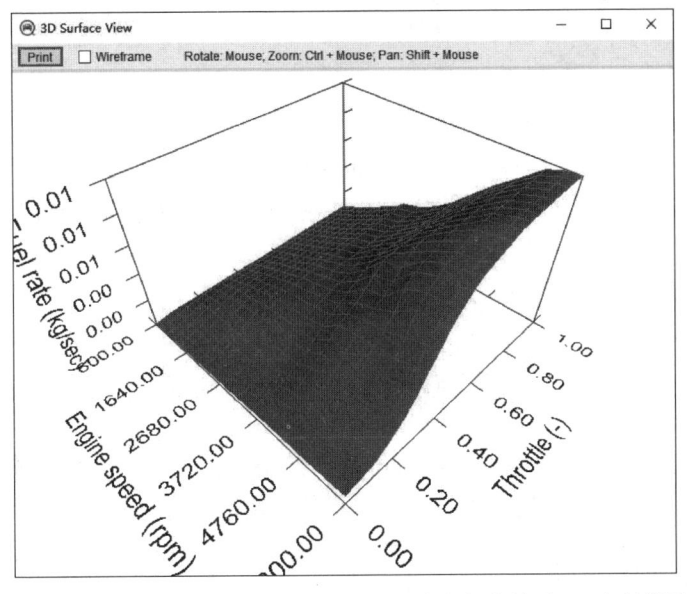

图 3-28　发动机转速、节气门开度与燃油率之间的关系 3D 坐标视图

可以从图中直观地看出在哪个点处燃油率是最高的,通过对燃油进行分析与处理,解决车辆行驶中的最优油耗问题。

上面的原理图是动力系统为前驱时的示意图,为了简单明了地看出车辆动力系统的输入输出关系,CarSim 只展示与驱动相关的组件。如果想进一步了解车辆的驱动方式,可以选择其他驱动方式,这里以四驱为例,其系统界面如图 3-29 所示。

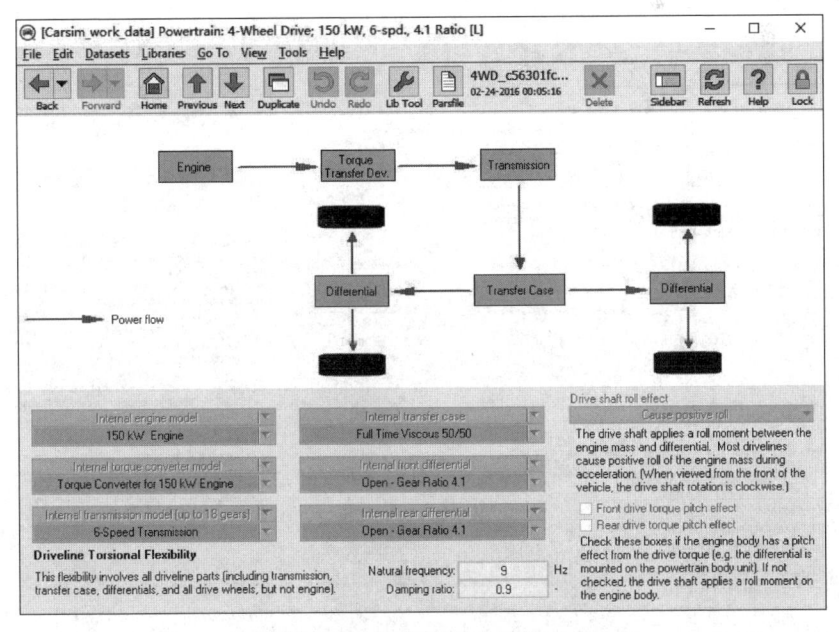

图 3-29　四驱动力系统界面

CarSim 对于每个组件都有解释,可以对每个组件的数据进行修改,但是修改时需要掌握一定的车辆知识。

2. 制动系统

"Systems"部分的"Brake System"就是 CarSim 中的制动系统。与前面类似,设置制动部分需要先选择制动配置,本例中制动配置包括"Four-Wheel System"和"Four-Wheel System with Boost and Thermal Effects"两种,即四轮制动系统与具有增压和热效应的四轮系统。

(1) 四轮制动系统:一种汽车或其他车辆使用的制动系统,能够同时对车辆的四个车轮进行制动操作。与传统的双轮制动系统相比,四轮制动系统具有更好的制动性能和安全性。

(2) 具有增压和热效应的四轮制动系统:增压系统可以使发动机产生更大的马力和扭矩,通过增加进气压力提高发动机的效率和动力输出,从而提升车辆的加速性能和动力性,热效应是指在机械系统中因发热而产生的影响,即刹车产生的热量,这可能影响刹车性能和制动距离。此系统就是考虑了这两种子系统的复杂制动系统。

选择"Four-Wheel System"并选择应用的车辆类型,示例中为"C-Class. Hatchback w/o ABS",其中"C-Class. Hatchback"表示所选的车型,"w/o ABS"表示该车辆不带有 ABS 制动("w/ ABS"表示带有 ABS 制动)。单击进入制动系统设置界面,如图 3-30 所示。

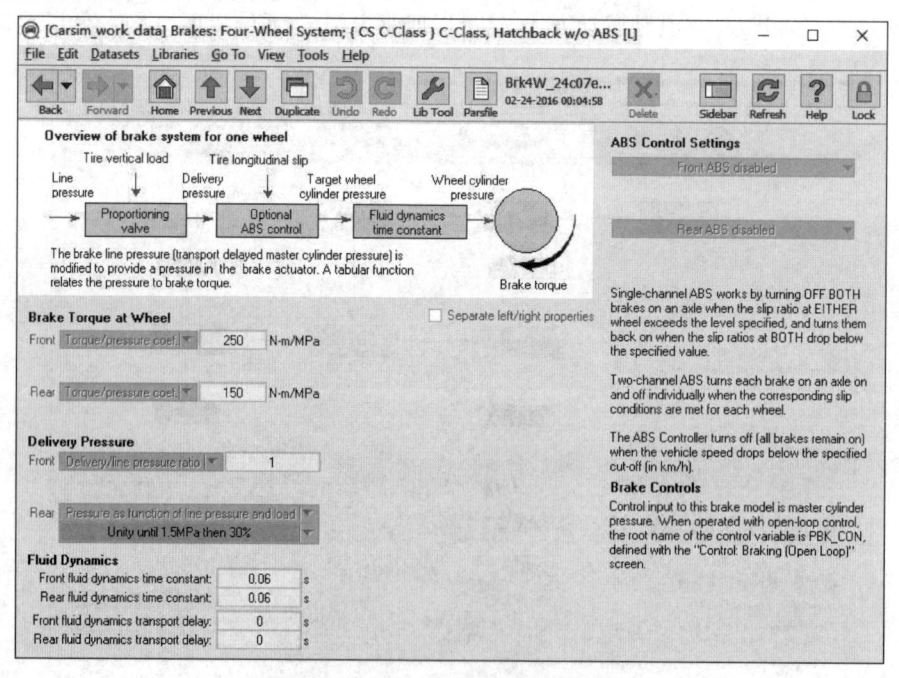

图 3-30 制动系统设置界面

可以看出,其制动原理为:制动系统的两个输入分别为轮胎的垂直载荷和线性压力,将两者输入比例阀,比例阀输出一个压力传至 ABS 制动系统,ABS 制动系统结合轮胎的纵向滑移给出目标轮缸压力,经过流体动力学时间常数,最终得到制动力矩。

原理图下方是关于制动力矩、输送压力等的参数设置。这里将车辆的参数分为前轮和后轮,如果想对车辆四个轮胎的制动参数分别设置,可以单击原理图下方的"Separate left/right properties"框,对四个车轮分别进行设置,其界面如图 3-31 所示。

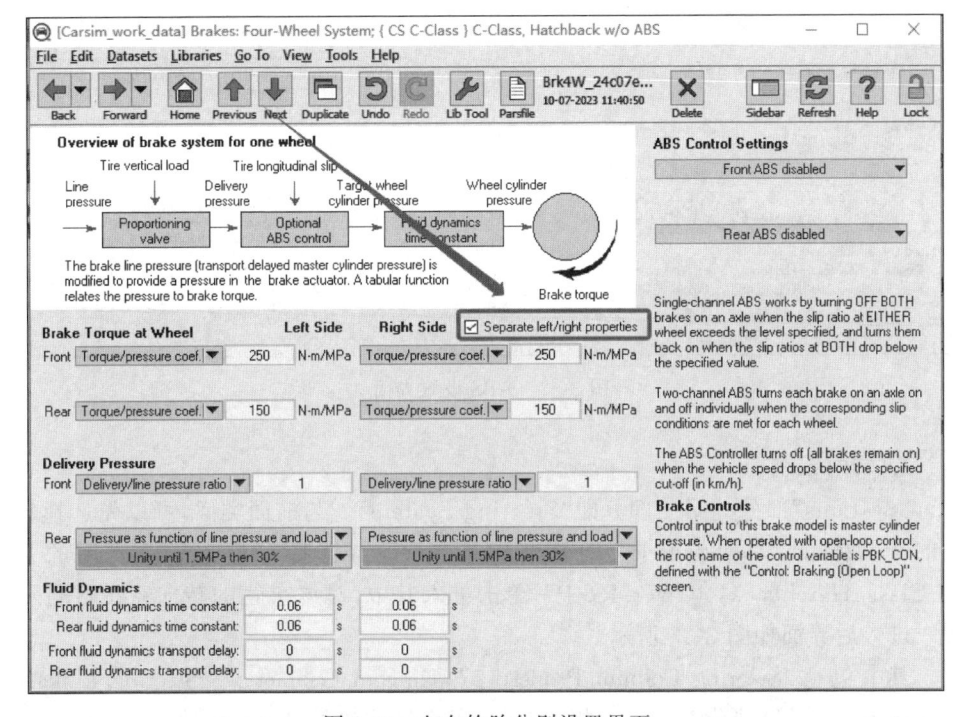

图 3-31 左右轮胎分别设置界面

界面最下方是关于流体动力时间常数的设置。在 CarSim 中,流体动力时间常数(fluid dynamics time constant)是指液压系统的响应速度或时间常数。该参数用于描述液压系统中流体的压力和流量响应的时间特性。一般设为默认值,不予改动。

界面右边有关于 ABS 的设置,由于示例中没有 ABS,所以此处显示"ABS disabled"。如图 3-32 所示,也可以对 ABS 进行修改,主要修改的变量有 3 个,分别为"Slip OFF""Slip ON""Cut-off speed"。"Slip OFF"为滑移关闭变量,里面设置的数值为规定滑移率,若轮胎滑移率超过规定的水平,则关闭车轴上的刹车。"Slip ON"为滑移打开变量,若轮胎滑移率低于规定的水平,则打开车轴上的刹车。"Cut-off speed"中设置的变量为规定车速,即当车辆速度小于 2km/h 时,关闭 ABS。

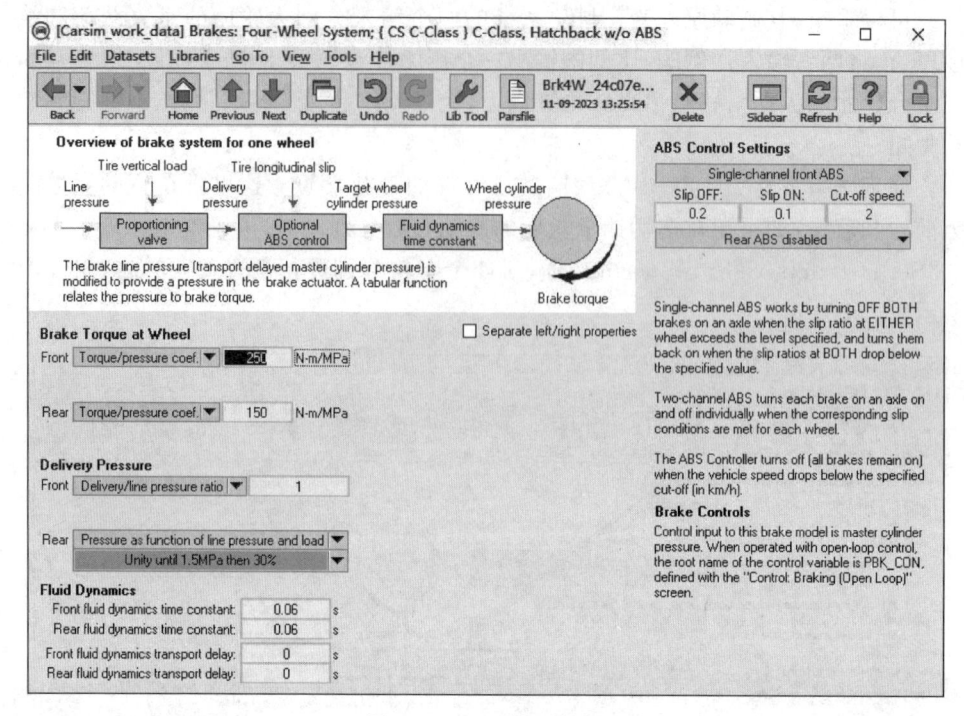

图 3-32　ABS 设置界面

3. 转向系统

"Systems"部分的第三部分即"Steering System"。与前面类似,可以先选择转向的配置功能,如四轮转向、四轮转向遗留等,再选择车型。本例使用的是"C-Class.Hatchback：Power.R&P",单击进入其中,对该车辆的转向系统进行设置。进入后界面如图 3-33 所示。

其中包括"Steering Column Properties""Kingpin Geometry""Steering Linkage Kinematics"等,每部分都对应一相关参数,每个参数都可以进行修改。

"Steering Column Properties"部分是转动惯量和磁滞系数相关的变量,如果没有专业数据,一般建议不要随意修改。"Kingpin Geometry"部分包括的参数在下方的图示中有所标注,可以根据图示理解这部分的参数意义。"Front steering type：power rack and pinion"部分设置转向类型,以及转向类型涉及的参数,图中选择的是齿轮式,故可以设置的变量为齿轮比。"Steering Linkage Kinematics"部分为转向齿轮的特性,进入其中可以查看其特性图,如图 3-34 所示,图中展示的是轮胎转向与转向齿轮之间的关系,其横坐标为齿条位移,纵坐标为车轮相对于地面的转向角。

"Speed-Sensitive Ground-Friction Steer Torque"部分对车辆仿真的影响不大,如果不是有针对性的仿真实验,一般不修改。

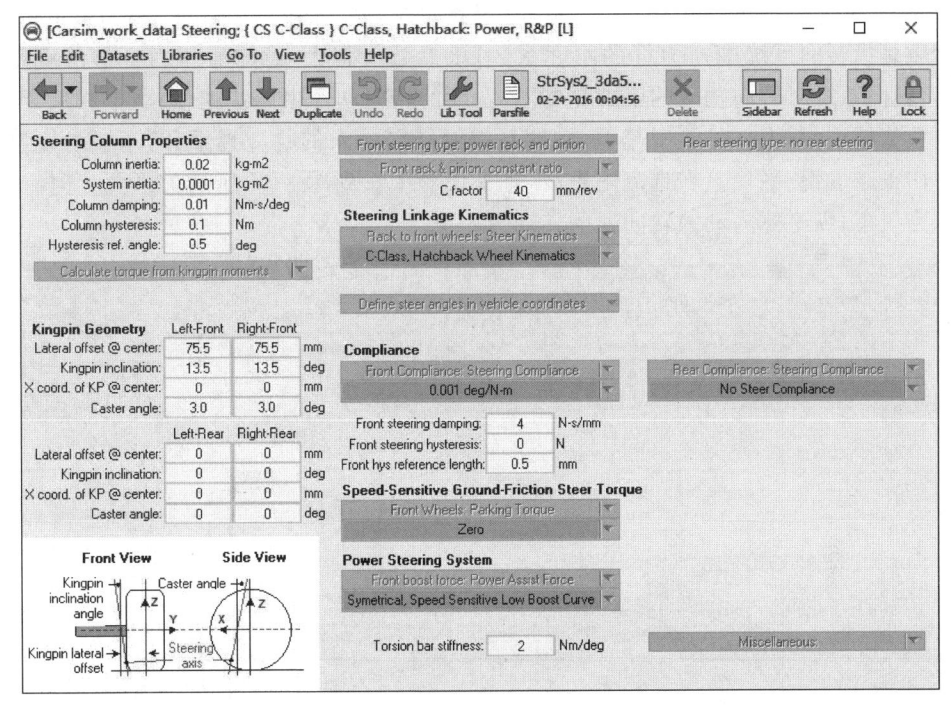

图 3-33 转向系统设置界面

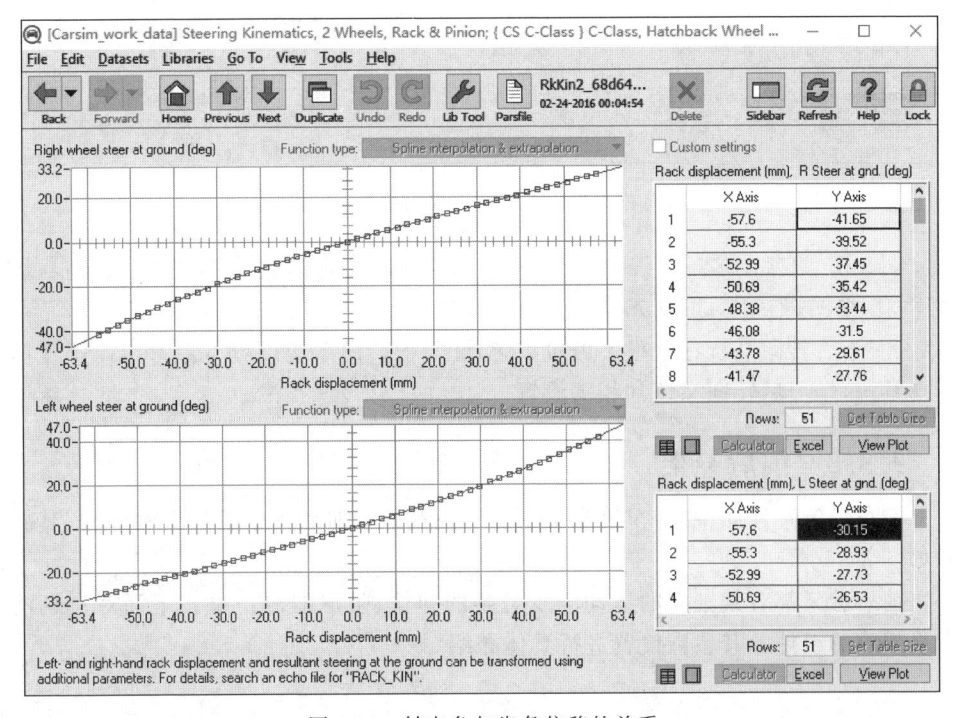

图 3-34 转向角与齿条位移的关系

"Power Steering System"部分为动力转向系统,最底部的"Torsion bar stiffness:"参数是指转向系统中扭力杆的刚度系数,该参数值越大,意味着扭力杆的刚度越高,转向系统对转向输入的响应越剧烈,车辆的转向动作也越快速、灵敏。相反,该参数值越小,扭力杆的刚度越低,转向系统对转向输入的响应越柔和,车辆的转向动作也越缓慢、平稳。在选完配置后,进入设置中看到图 3-35 所示关系图,其横坐标为扭矩,纵坐标为动力转向器的转动力。

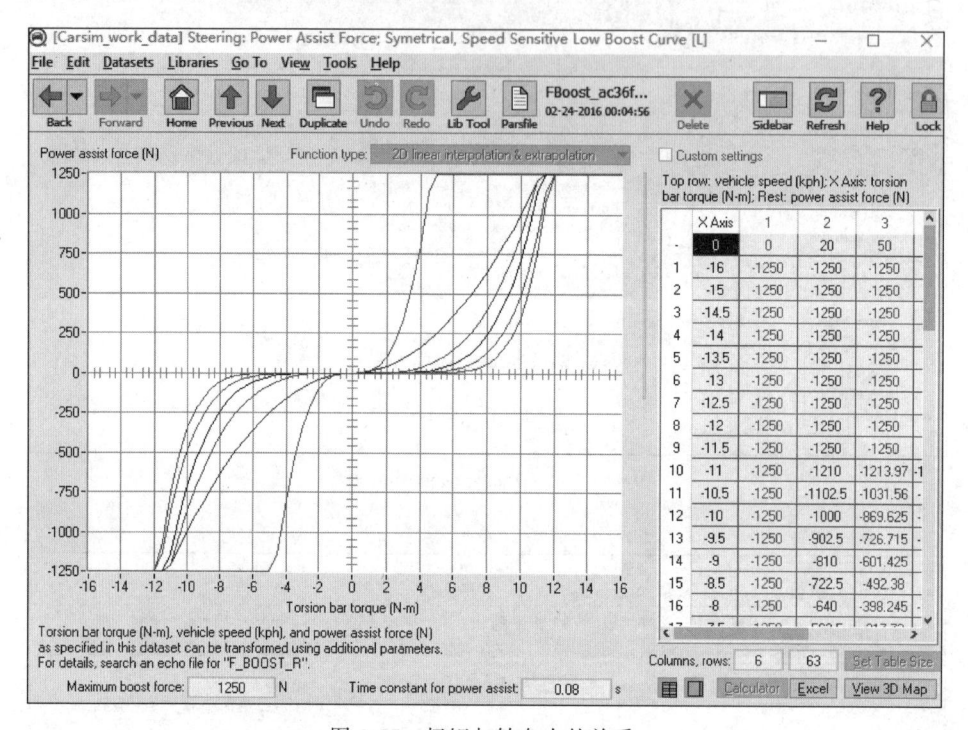

图 3-35 扭矩与转向力的关系

图 3-35 中存在多条曲线,对应不同车速下的扭矩与转向力的关系,CarSim 提供了 3D 视图,如图 3-36 所示。

此外,后转向系统在这里不做过多解释,与前转向系统设置类似。可以类比前转向系统,学习后转向系统的相关设置。

3.3.3 前后悬架

在车辆配置界面中,对车辆悬架系统的设置分为前悬架和后悬架两部分,其界面如图 3-37 所示。

前后悬架都有其独立的运动学及悬架的弹簧、阻尼器等组件。下面对车辆前后悬架中的组件及其参数设置进行具体介绍。

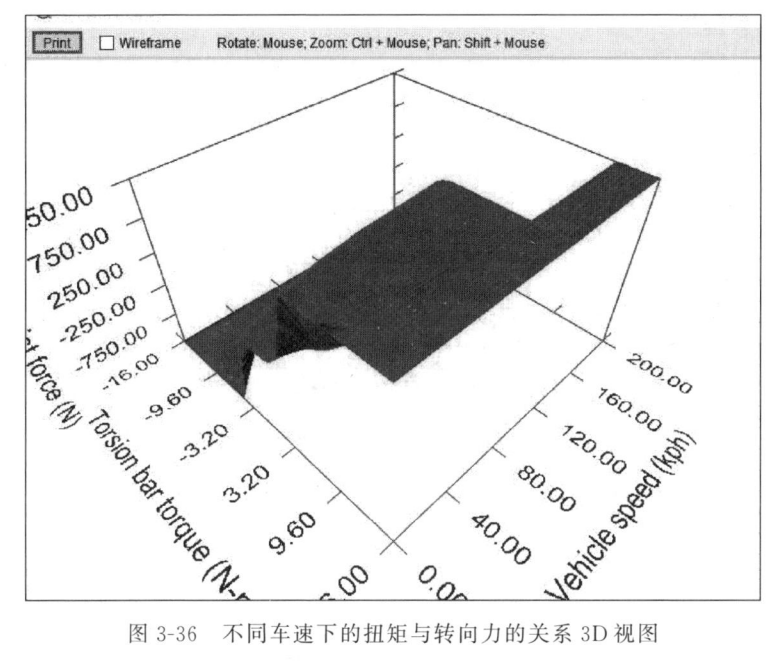

图 3-36　不同车速下的扭矩与转向力的关系 3D 视图

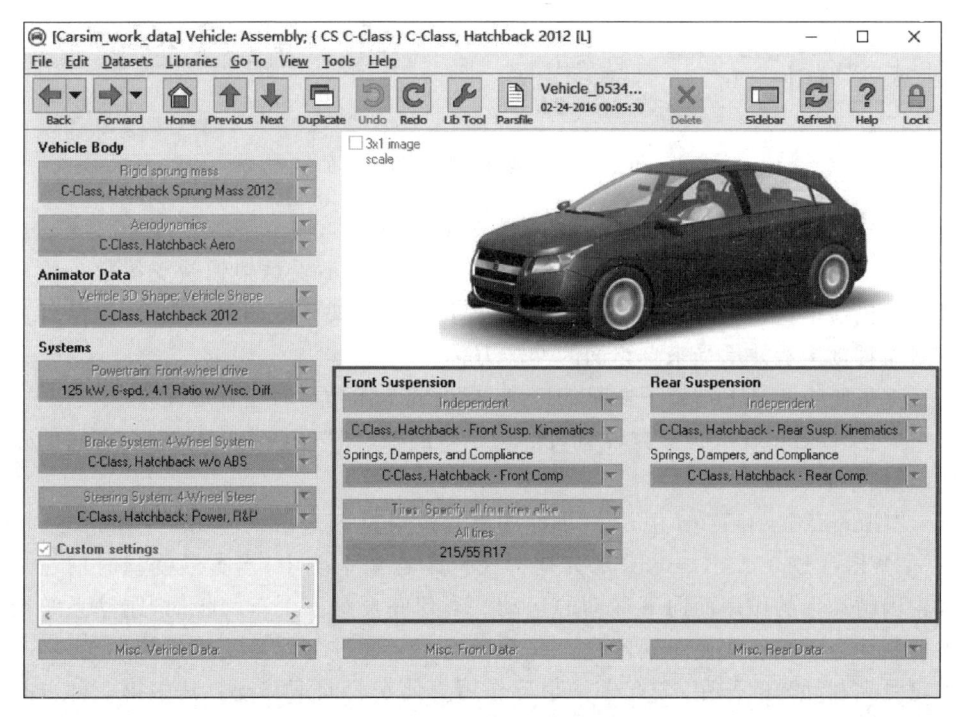

图 3-37　车辆悬架系统的设置界面

1. 前悬架

在"Front Suspension"部分的第一部分,选择相应的配置,单击进入车辆前悬架的运动学,得到图 3-38 所示的界面。

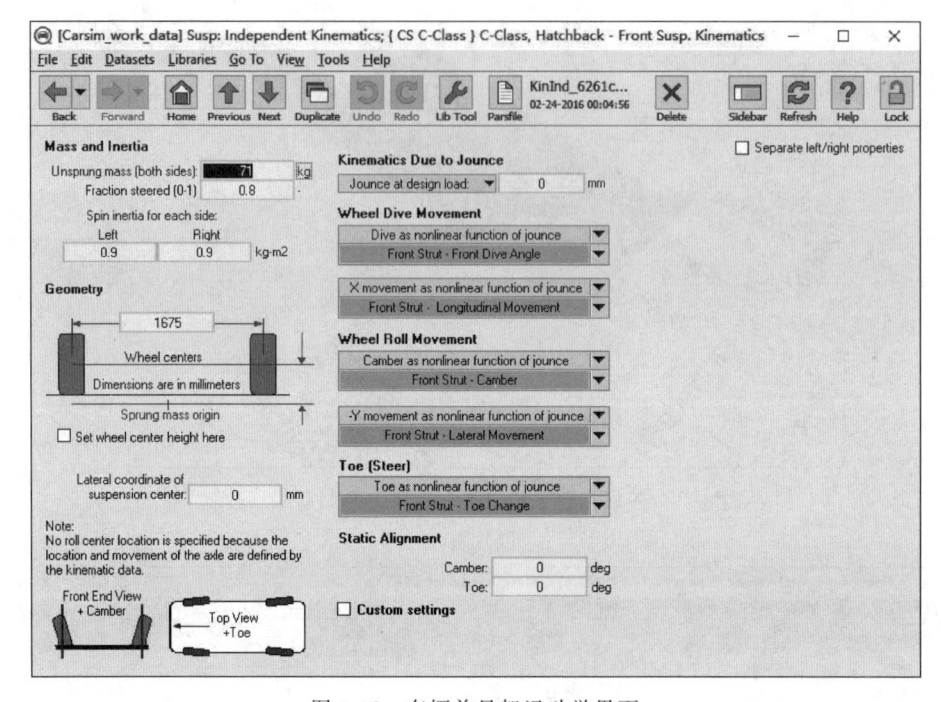

图 3-38 车辆前悬架运动学界面

首先设置簧下质量、杠杆比及转动惯量的参数。

簧下质量(unsprung mass)是指汽车悬架系统中不受悬架弹簧支撑部分的质量。它包括车轮、刹车系统、悬架臂、悬架连接件等悬架系统的组成部分,这些部分与路面直接接触并承受来自路面的冲击力。

这里要注意簧上与簧下质量的区别,在设置车体质量时应合理设置。

关于"Geometry"的参数设置,图 3-38 中的"1675"是两个车轮轮心之间的距离,悬架中心设置为 0。

"Kinematics Due to Jounce"下面的参数设置为 0,表示车辆处于平衡状态。

"Wheel Dive Movement"部分是指在汽车悬架系统中,当车辆制动时前轮或后轮因制动力的作用而向下移动的运动。当驾驶员踩下刹车踏板时,制动系统会施加制动力以减速或使车辆停止。这个制动力会通过悬架系统传递至车轮,因为车轮受到制动力的作用,会产生一个反作用力使车轮向下移动。其中第一部分是关于车辆下潜的参数曲线,进入可以看到图 3-39 所示的界面,图中曲线表示悬架跳动距离与车辆下潜角度之间的关系。另外,第二部分描述车辆受到颠簸时悬架的跳动距离,进入可以看到图 3-40 所示的界面。

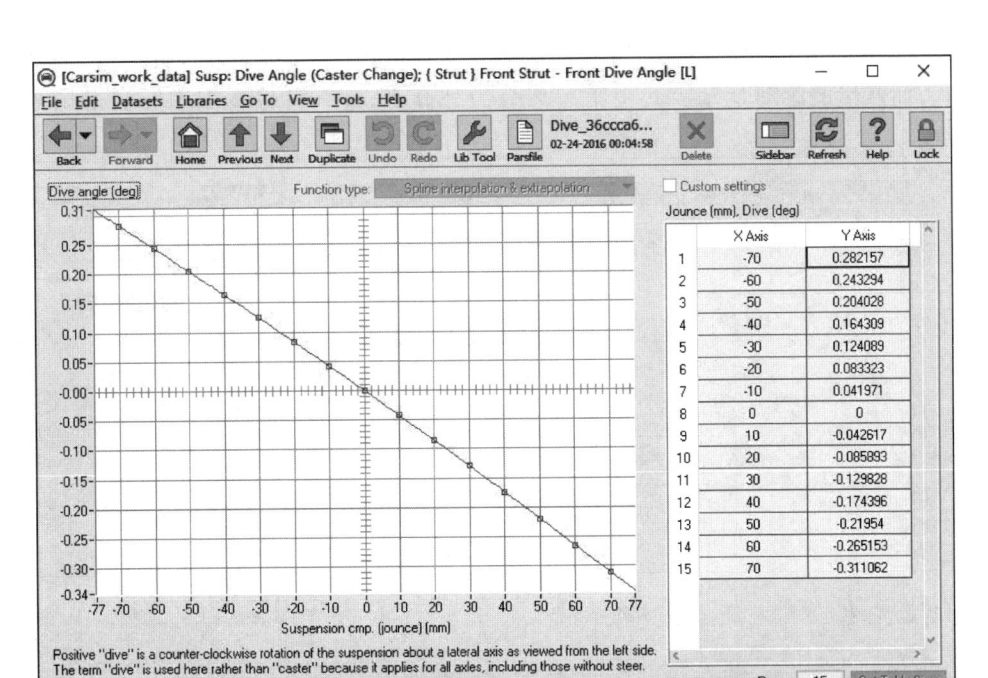

图 3-39 悬架跳动距离与车辆下潜角度之间的关系

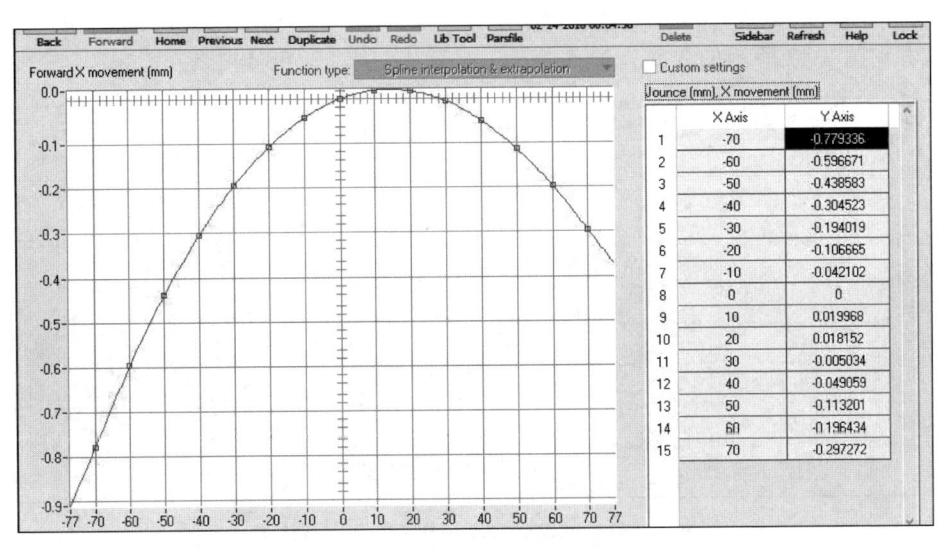

图 3-40 路面颠簸程度与悬架跳动距离的关系

这两部分的内容对仿真的影响不大,一般情况下无须修改其中的参数。如果要针对车辆的悬架系统进行特殊仿真,建议修改的数据建立在大量理论基础之上,以免仿真出错。

"Wheel Roll Movement"部分是指在汽车悬架系统中，车辆转弯时车轮产生侧向力而产生的滚动运动。其中第一部分为外倾力，进入可以看到图 3-41 所示的界面。

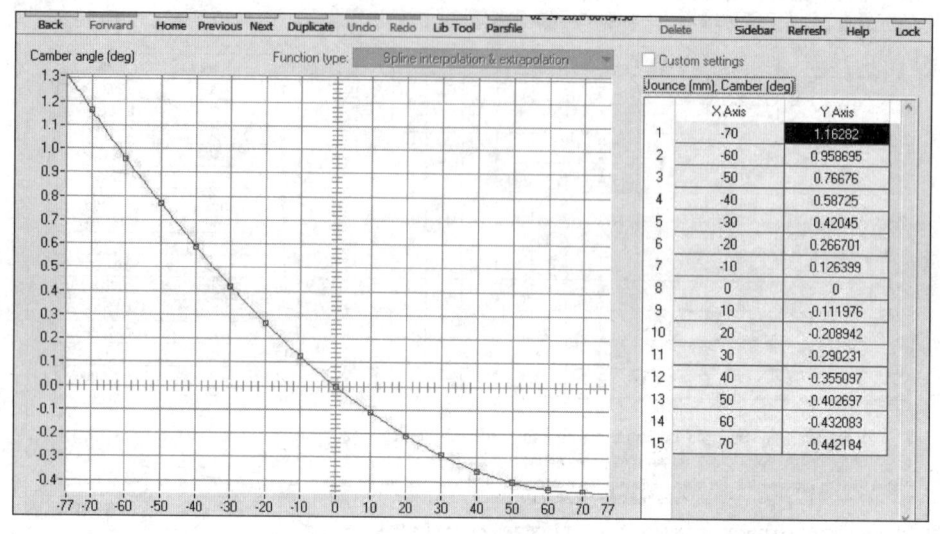

图 3-41　轮胎外倾角与悬架跳动距离之间的关系

图 3-41 展示的是轮胎外倾角与悬架跳动距离之间的关系，外倾角是车轮相对于底盘向外的滚转。第二部分是轮胎的横向运动与悬架跳动距离的关系，进入可以看到图 3-42 所示的界面。

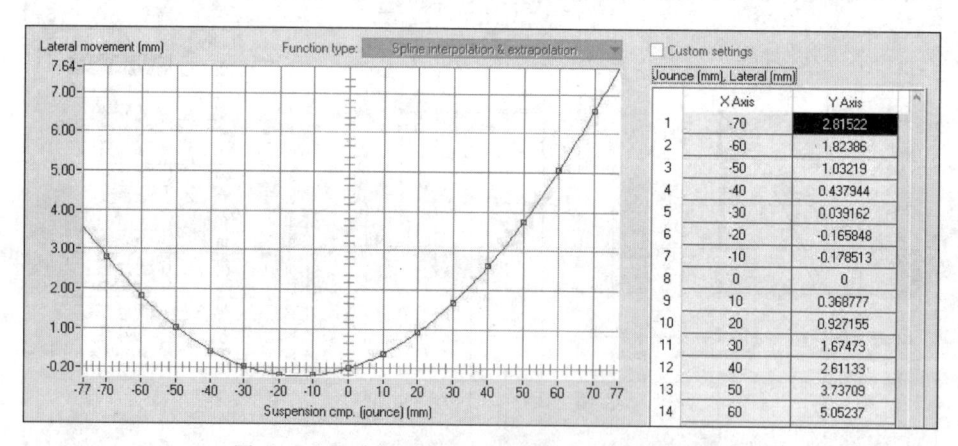

图 3-42　轮胎的横向运动与悬架跳动距离的关系

需要说明的是，当轮胎向内移动时，因悬架压缩而产生的侧向运动是正向的。＋Y 轴坐标变化对右侧为正，－Y 轴坐标变化对左侧为正。

"Toe"(Steer)部分指的是车辆轮胎的前轮转向时，轮胎在前后方向的相对偏转角度。当车辆的前轮转向时，每个轮胎都会在前后方向发生一定程度的偏转。

这种前后方向的偏转角度称为"Toe"(Steer)。正的 Toe 值表示前轮内侧朝向车辆中心线,而负的 Toe 值表示前轮外侧朝向车辆中心线。进入可以看到图 3-43 所示的界面,此图展示的是 Toe 值与悬架跳动距离的关系。

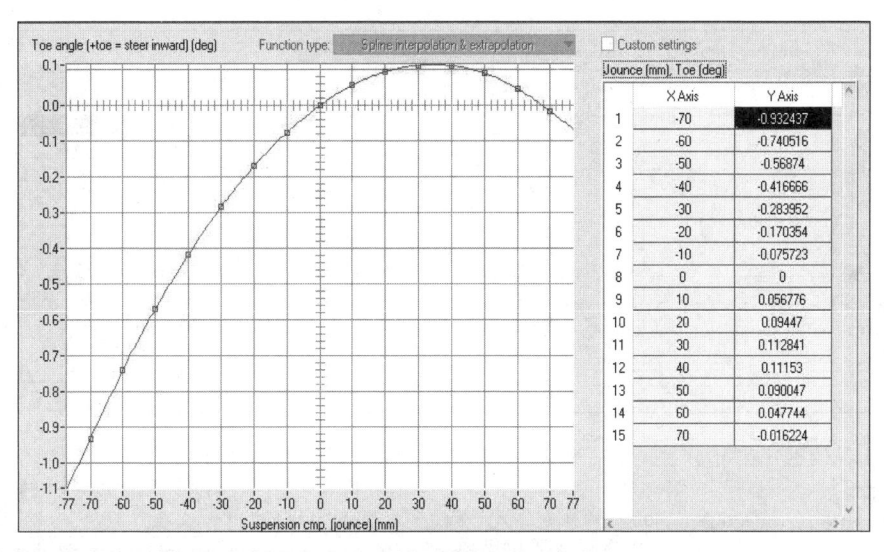

图 3-43 Toe 值与悬架跳动距离的关系

除此之外,还有车辆的弹簧、阻尼器的设置,即前悬架的第二部分,单击进入可以看到图 3-44 所示的界面,此界面包括对弹簧、减震器与滚动力矩的设置。

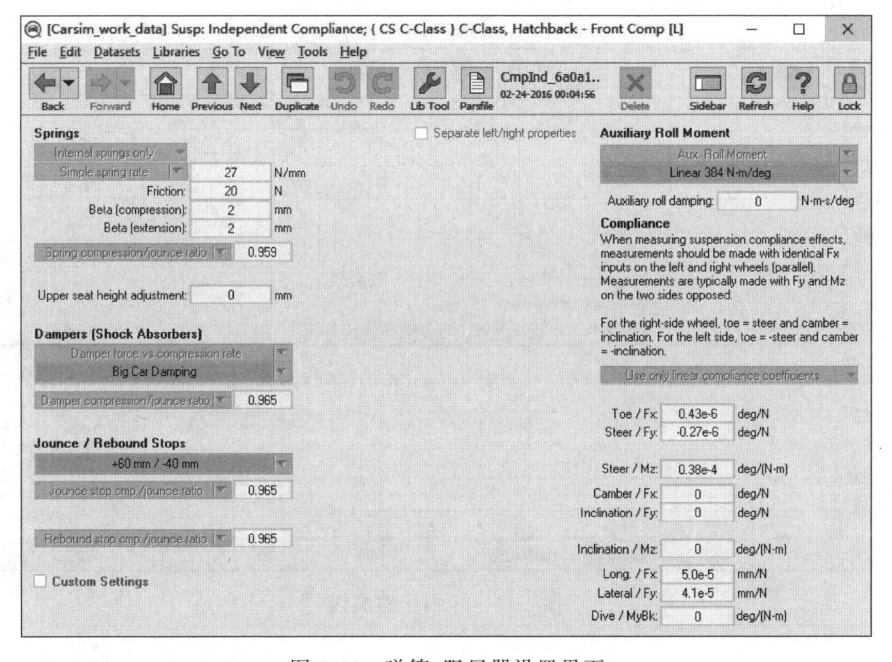

图 3-44 弹簧、阻尼器设置界面

"Springs"中的参数设置是关于弹簧的摩擦力、压缩比等参数的设置。

"Dampers"(Shock Absorbers)部分的设置,体现了减震器的压缩率与冲击力的关系,如图3-45所示。

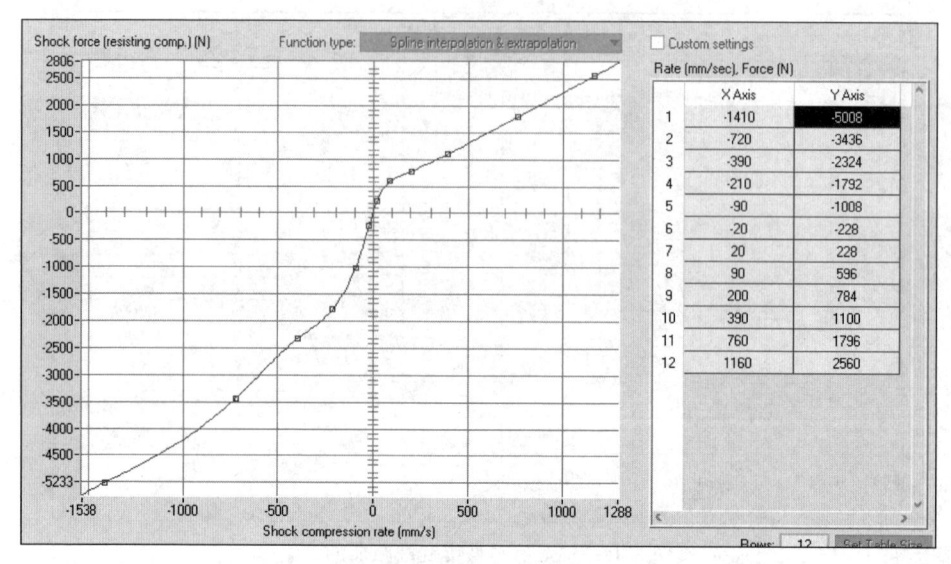

图3-45 减震器的压缩率与冲击力的关系

"Jounce/Rebound Stops"部分相当于一个缓冲块,里面可设置缓冲块的作用区间,止损压缩曲线如图3-46所示。

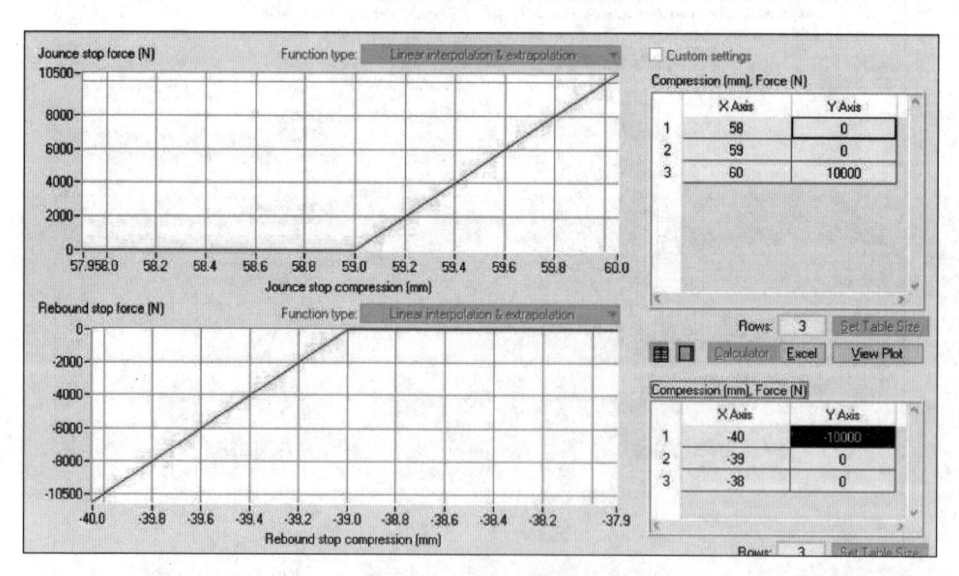

图3-46 止损压缩曲线

当车辆跳跃到 59mm 以上，或者回弹到 −39mm 以下时，缓冲块开始起作用，避免车辆过度振荡而导致车体受损。

界面中其余参数值对于车辆仿真影响不大，这里不做过多介绍，如果读者有兴趣可以自己查阅相关资料了解。

2. 后悬架

后悬架的相关设置与前悬架相似，可以根据前悬架的参数介绍进行对比学习。

3.3.4　其他配置

本节介绍车辆基础配置上的其他配置。随着科技的发展，人们对车辆配置的要求逐渐提高，所以在使用 CarSim 进行车辆仿真实验时，简单的车辆配置并不能满足现在高配置车辆的硬件仿真要求。考虑到这个问题，CarSim 在基础配置上还可添加其他配置，如传感器、车架模型和有效荷载等的配置，其界面如图 3-47 所示。

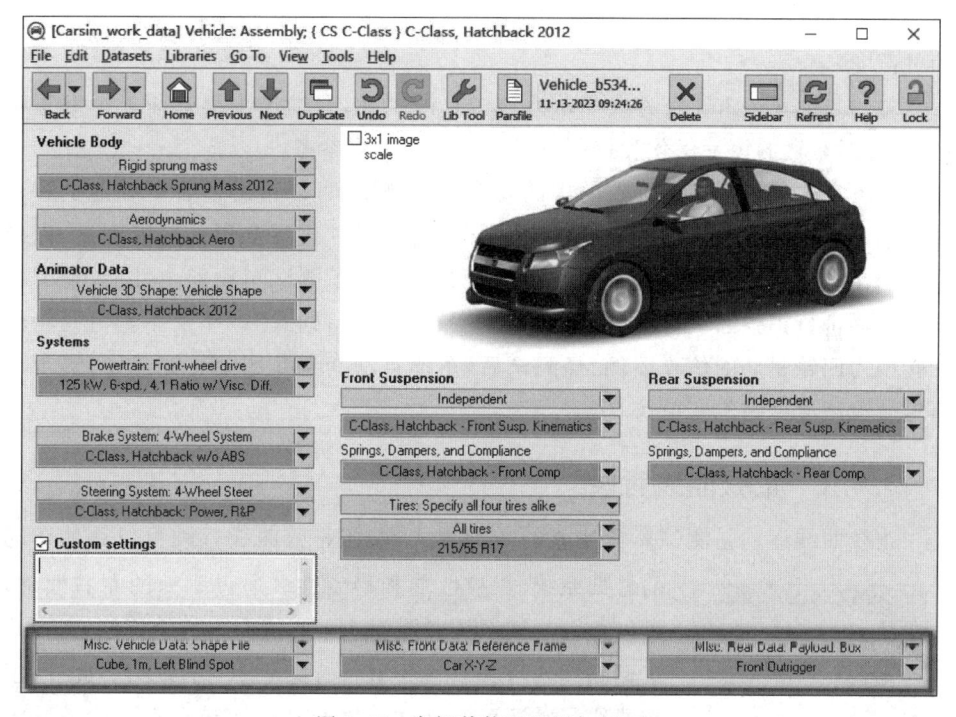

图 3-47　车辆其他配置添加界面

在图 3-47 下方的三部分是关于车辆其他配置的设置，与车辆的基础设置类似。先选择需要添加的配置，再选择配置类型。这里不做过多介绍，有兴趣的读者可以查阅相关资料了解。

3.4 基于 CarSim 的智能车辆仿真与测试实例

当涉及汽车动力学仿真时,CarSim 是一个非常强大的工具。CarSim 可以模拟车辆不同操作条件下的动力学行为,如加速、制动、转向等。这对于汽车设计、控制系统开发和性能评估等都非常有用。

使用 CarSim 进行仿真时,首先要准备车辆的详细参数,包括车辆质量、惯性矩阵、车轮特性、悬架系统特性等。其次,需要定义仿真的工况,比如路面条件、驾驶员操作、环境条件等。再次,将这些信息输入 CarSim,进行仿真计算。最后,通过分析仿真结果,深入了解车辆的性能,比如加速性能、制动性能、悬架响应等,并评估车辆的稳定性和安全性[1]。

在进行仿真时,需要确保输入数据的准确性和真实性,并对模型进行合理的校准和验证。同时,需要考虑并设置合理的边界条件,对仿真结果进行充分的数据采集和分析。最终,仿真结果需要与实际测试数据进行对比和验证,以确保其准确性和可信度。

总的来说,CarSim 作为汽车动力学仿真的工具,有助于工程师深入了解车辆性能,并对车辆的设计优化和控制系统开发提供重要参考。

以下是关于车辆换道场景的中的几个仿真测试,可以帮助读者更好地了解车辆性能和 CarSim 的使用方法。在车辆上路之前,必须进行全面的性能测试,以确保车辆在各种条件下运行正常并符合安全标准。为了测试车辆安全性能,本节测试了车辆进行正弦曲线行驶、带滚转角速度反馈的"鱼钩式"运动及车辆由两轮驱动转换为四轮驱动的仿真案例,经测试后,车辆自动变道并达到一定速度,实现了匝道合流高速公路的变道仿真。

3.4.1 正弦曲线行驶

正弦曲线运动是测试车辆性能的一种方式,按照正弦曲线行驶可以评估车辆的悬架系统、操控性能和稳定性。通过频繁的左右摆动,可以检验悬架系统对路面不平和侧向力的响应能力,评估车辆高速转弯和紧急变道时的稳定性与抓地力。此外,正弦曲线行驶还可以测试车辆的平顺性和悬架系统的减震效果,并评估车辆在动态环境下的舒适性和操控性能。测试可以为车辆的调校和改进提供有价值的数据与反馈,有助于优化车辆性能和驾驶体验。

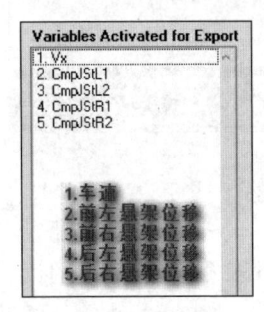

图 3-48 CarSim 车辆输出设置界面

为完成正弦曲线行驶,设置 CarSim 的仿真输入为转向角,速度设为一个定值(30km/h),输出为悬架的位移。

除此之外，为了方便仿真，设置车辆速度为固定车速，仿真时间设为 100s。具体界面如图 3-48 和图 3-49 所示。

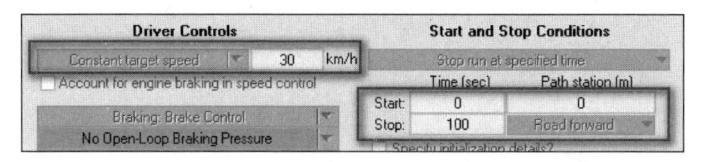

图 3-49　CarSim 车辆速度与仿真时间设置界面

设置完成后，将其送至 Simulink 中，仿真结果如图 3-50 所示。

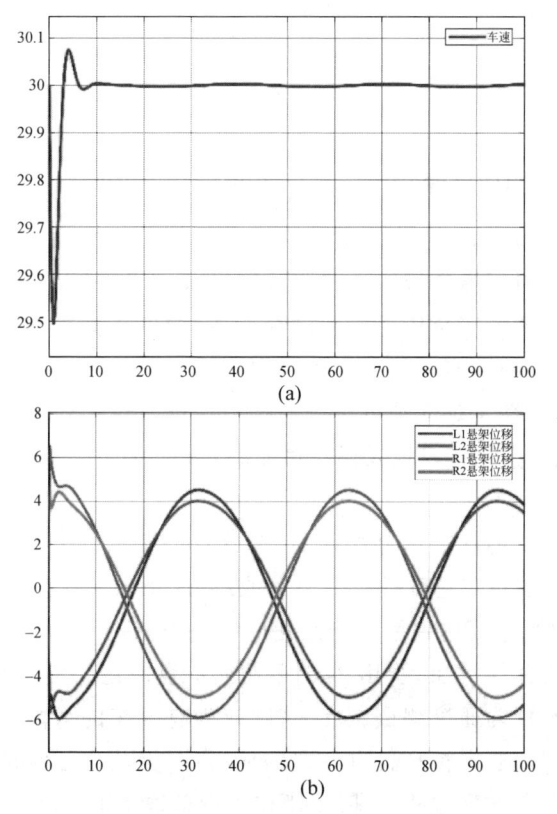

图 3-50　Simulink 仿真结果
(a) 速度；(b) 悬架位移

在 CarSim 的 Plot 中查看车辆的横向位移，如图 3-51 所示。

从图中可以看出，车辆在做正弦运动时，前后悬架都在产生位移(移动单位为 mm)。可以对车辆稳定性测试，使用上述数据对车辆的平稳性进行分析，以达到仿真的目的。

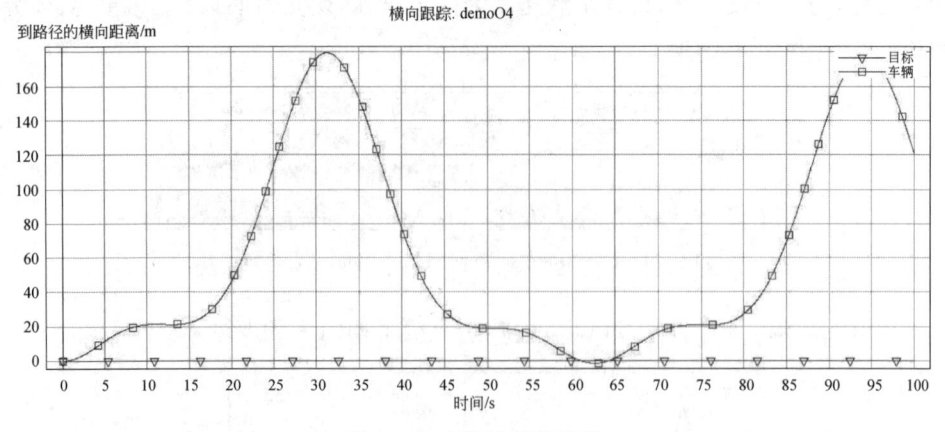

图 3-51 车辆的横向位移

3.4.2 带滚转角速度反馈的鱼钩式运动测试

进行车辆性能检测时,鱼钩式运动测试是一种常用的测试方法之一。它通过在真实道路环境中对车辆进行加速、制动和转弯等动作,模拟日常驾驶情况下的实际操作。通过在车辆上安装传感器和测量设备,记录车辆在不同驾驶情景下的动态行为,并获取相关的性能数据。这些数据可用于评估车辆在不同行驶条件下的操控性能、车辆稳定性及对驾驶员指令的响应速度。鱼钩式运动测试可提供有关车辆动力学特性、悬架系统反应及操控性能的详细信息,为车辆设计和优化提供有力支持。

鱼钩式运动测试的标准十分严谨,鱼钩式运动测试的操作过程为:首先让车辆以 56~80km/h 的规定速度进入试验场地,迅速将转向盘以 720°/s 的速度进行急速左转弯,2s 内当车辆达到最大侧倾角时,再迅速以 720°/s 的速度反向使方向盘进行急速右转弯并保持 3s,再用 2s 时间将转向盘回正。若两个内侧车轮均未离开地面 5.08cm,则视为通过测试。反之,则认为有翻车的可能。由于该测试对方向输入精度和速率的要求较高且有一定的危险性,因此实际测试中的转向动作需借助机器人完成。考虑到这些,一般车辆在进行鱼钩式运动测试前,都要进行仿真实验,所以在 CarSim 中对车辆进行鱼钩式运动测试。

由于所需的控制过程比较复杂,这里介绍一种 Simulink 与 CarSim 联合仿真的办法。首先在 Simulink 中创建一个".mdl"后缀的模型文件,并将其放在设定好的文件夹中,然后在 CarSim 中设置相关参数(如车辆参数、路面状况等),再在主界面的"模型求解部分"设置输入和输出并选择 Simulink 创建的".mdl"文件。下面将在仿真过程中介绍其具体过程。

为实现 Simulink 与 CarSim 的联合仿真，首先创建一个".mdl"文件，如图 3-52 所示。

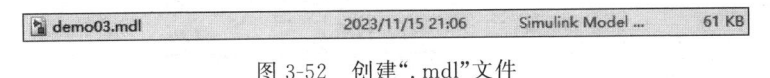

图 3-52 创建".mdl"文件

然后对 CarSim 进行设置。对于车辆设置，选取 CarSim 自带的 C 类掀背车，并采用车辆默认的参数。其他数据参数设置界面如图 3-53 所示。

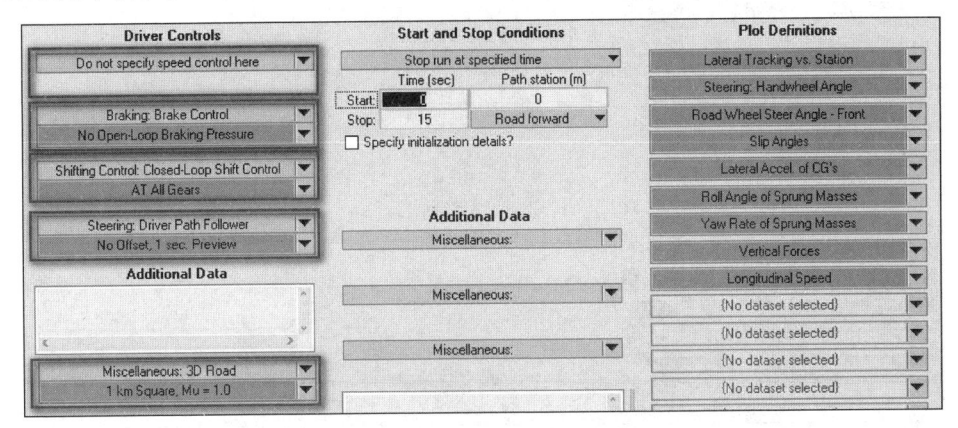

图 3-53 其他数据参数设置界面

第一个方框设置车辆的驱动方式，由于要在 Simulink 中进行算法控制，所以不在 CarSim 中对车速进行设置。第二个方框设置没有制动压力，同样地，将在 Simulink 中进行设置。第三个方框设置车辆为全自动挡。第四个方框设置转向无偏移。第五个方框设置路况为 1km×1km 的方形水泥地。

设置完成后回到主界面，如图 3-54 所示。

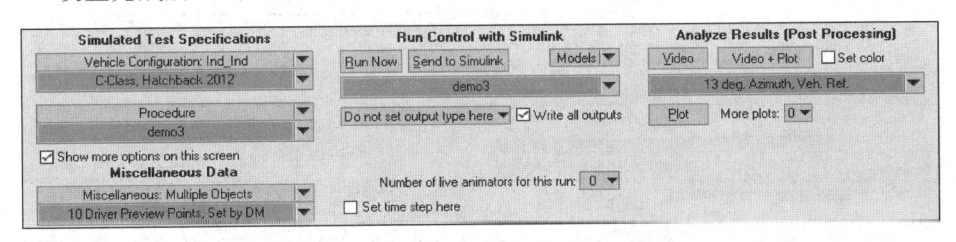

图 3-54 CarSim 主界面

接着单击"Run Control with Simulink"部分的"Models"，并选择"Send to Simulink"，单击"demo3"部分，进入图 3-55 所示界面。

其中第一步先选择相应的 Simulink Model，即一开始创建的 Simulink 的".mdl"文件，再设置步长和频率，一般与 Simulink 保持一致，最后对 CarSim 的输入和输出进行设置。

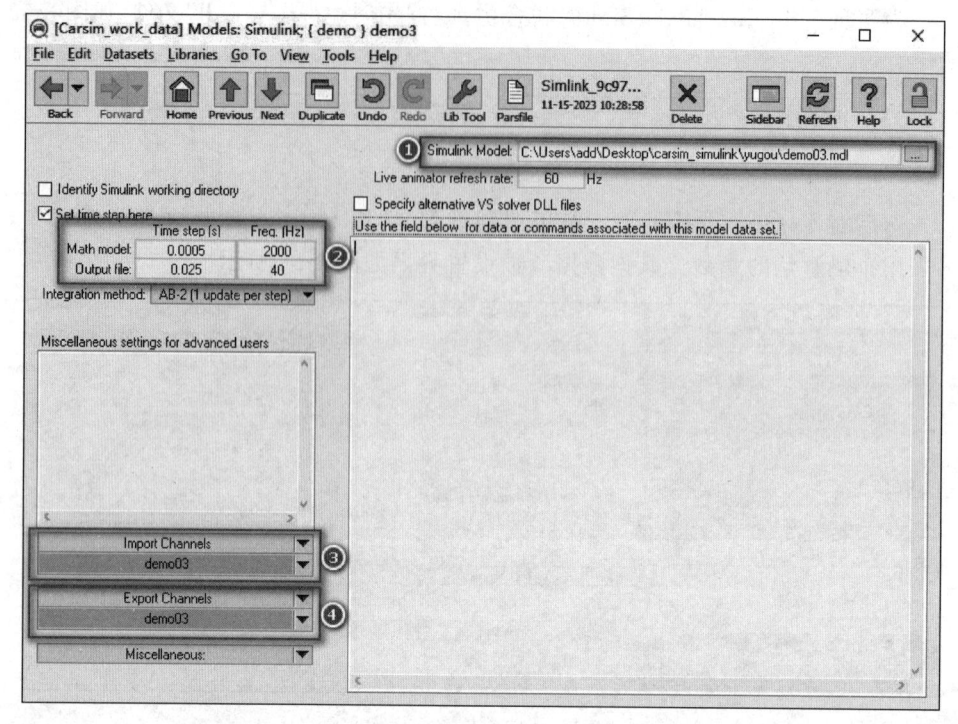

图 3-55　CarSim 与 Simulink 联合仿真设置界面

从上面对鱼钩式运动测试的操作分析可以看出，对于 CarSim 车辆的输入设置包括方向盘转向角、节气门开度和制动压力，输出包括车辆滚动加速度、车辆滚动角和车速。如图 3-56 所示。进入图 3-55 中的③，对输入进行设置。

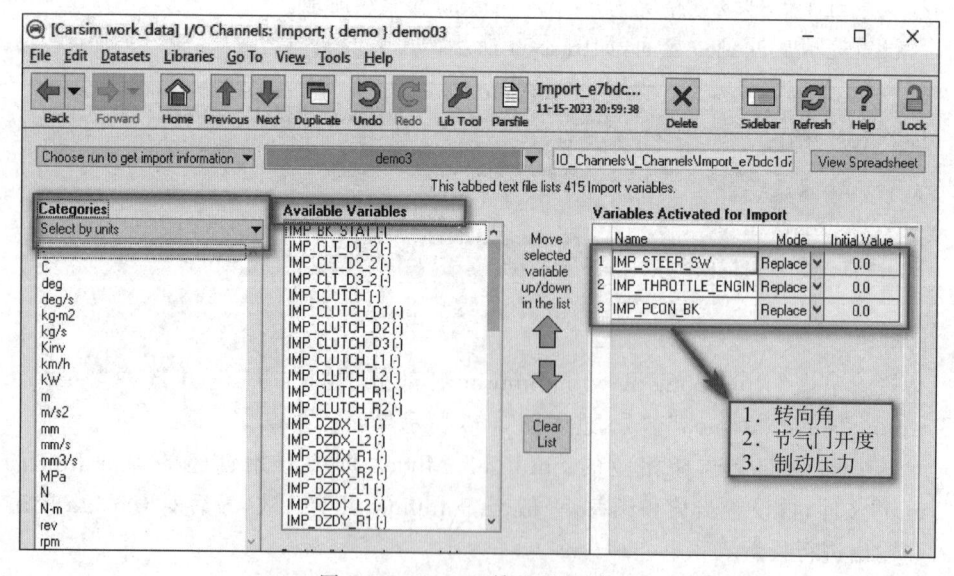

图 3-56　CarSim 输入设置界面

左边的方框将输入的参数分类,分别为"显示所有变量""按组件类型"及"按单位"。这里按单位选择输入参数,在"Available Variables"中选择相关的参数进入"Variables Activated for Import",其中选择的参数从上到下依次为转向角、节气门开度和制动压力。

注意:CarSim 中的参数众多且分类细致,如果对参数的意义有不理解的地方,可以单击图 3-56 右上角的"View Spreadsheet",对相关文件进行查看,里面给出了当前页面的所有参数意义介绍,其界面如图 3-57 所示。图中仅展示其中一部分,有兴趣的读者可以自行查阅。

	A	B	C	D	E
1	keyword	Units	Component	Description	Internal
2	IMP_AV_D3_F	rpm	Powertrai	Front output shaft speed of transfer case	0
3	IMP_AV_D3_R	rpm	Powertrai	Rear output shaft speed of transfer case	0
4	IMP_AV_ENG	rpm	Powertrai	Engine speed (external engine only)	0
5	IMP_AV_TC	rpm	Powertrai	Torque converter speed (external transmiss	0
6	IMP_AV_TRANS	rpm	Powertrai	Transmission output speed (external transf	0
7	IMP_AX_FIELD	m/s2	Environme	Field acceleration in global X direction	0
8	IMP_AY_FIELD	m/s2	Environme	Field acceleration in global Y direction	0
9	IMP_AZ_FIELD	m/s2	Environme	Field acceleration in global Z direction	0
10	IMP_BK_BOOST	mm	Brakes	Brake booster input displacement	VARIABLE
11	IMP_BK_STAT	-	Brakes	Brake apply status: 0 or 1	VARIABLE
12	IMP_CLT_D1_2	-	Powertrai	Clutch control for front differential (sec	0
13	IMP_CLT_D2_2	-	Powertrai	Clutch control for rear differential (seco	0
14	IMP_CLT_D3_2	-	Powertrai	Clutch control for transfer case (second c	0
15	IMP_CLUTCH	-	Powertrai	Clutch control for transmission	VARIABLE
16	IMP_CLUTCH_D1	-	Powertrai	Clutch control for front differential	0
17	IMP_CLUTCH_D2	-	Powertrai	Clutch control for rear differential	0
18	IMP_CLUTCH_D3	-	Powertrai	Clutch control for transfer case	0
19	IMP_CLUTCH_L1	-	Powertrai	Twin clutch control for front left wheel	0
20	IMP_CLUTCH_L2	-	Powertrai	Twin clutch control for rear left wheel	0
21	IMP_CLUTCH_R1	-	Powertrai	Twin clutch control for front right wheel	0
22	IMP_CLUTCH_R2	-	Powertrai	Twin clutch control for rear right wheel	0
23	IMP_CMP_EXT_L1	mm	Suspensi	Additional spring deflection for L1	VARIABLE
24	IMP_CMP_EXT_L2	mm	Suspensi	Additional spring deflection for L2	VARIABLE
25	IMP_CMP_EXT_R1	mm	Suspensi	Additional spring deflection for R1	VARIABLE
26	IMP_CMP_EXT_R2	mm	Suspensi	Additional spring deflection for R2	VARIABLE
27	IMP_DSTEER_CON_L1	deg/s	Steering	Steering gear angular rate for L1 wheel fr	0
28	IMP_DSTEER_CON_L2	deg/s	Steering	Steering gear angular rate for L2 wheel fr	0
29	IMP_DSTEER_CON_R1	deg/s	Steering	Steering gear angular rate for R1 wheel fr	0
30	IMP_DSTEER_CON_R2	deg/s	Steering	Steering gear angular rate for R2 wheel fr	0

图 3-57 参数意义介绍界面

注意:CarSim 中几乎每个单独的界面都有帮助界面,读者要学会自行查询。

然后进入④,对 CarSim 的输出进行设置,其界面如图 3-58 所示。

这是输出界面,与输入界面类似,按单位选择相关的输出参数。

在完成上述设置后,回到"Home",单击"Send to Simulink",将 CarSim 的车辆模型发送至 Simulink。

其中,滚转角速度是车辆横向运动中滚转轴的旋转速度,即车辆围绕其长度轴旋转的速度,通常以角度每秒(degrees per second)或弧度每秒(radians per second)表示。滚转角速度描述车辆绕前后轴线产生的旋转运动速率,即车辆的侧倾速度。它可以反映车辆的操控稳定性和动态响应能力。

发送至 Simulink 后,单击 Simulink 中的"Library Browser",并找到"CarSim S-Function"组件,将其中的"CarSim S-Function"模块拖入 Simulink 仿真,如图 3-59 所示。

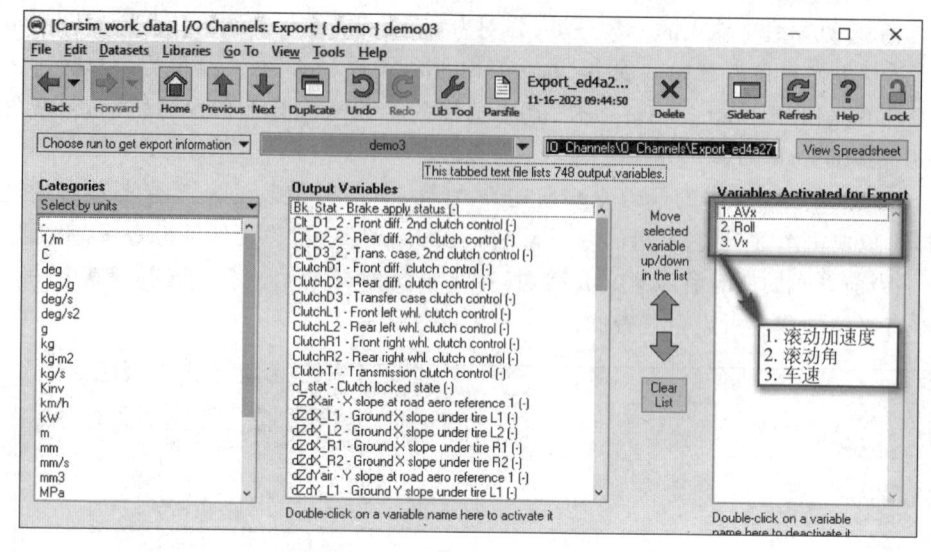

图 3-58　CarSim 输出设置界面

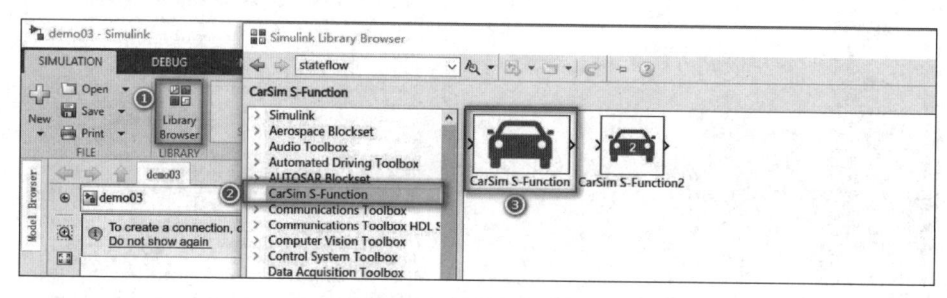

图 3-59　CarSim 模块

因为 CarSim 模块只提供一个输入接口和一个输出接口，所以需要将设置的输入和输出分别用"MUX"和"DEMUX"进行整合与分解，如图 3-60 所示。

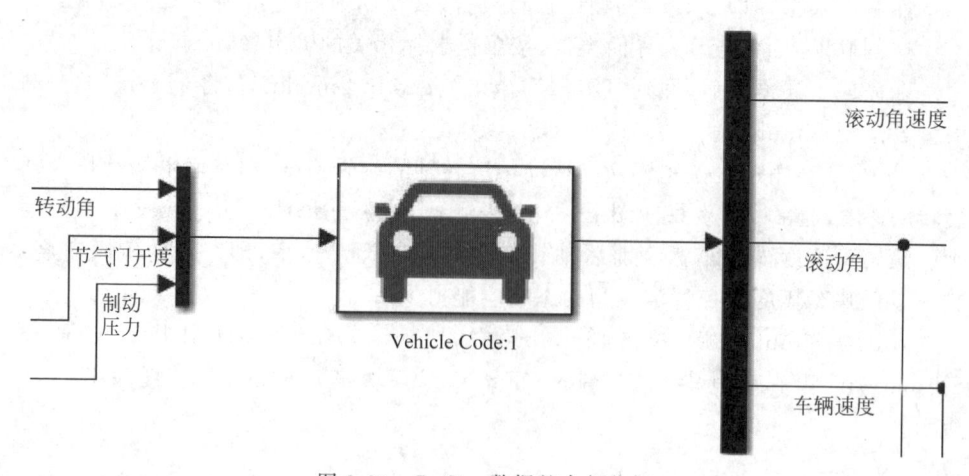

图 3-60　CarSim 数据整合与分解

接着编写相关的控制算法，根据鱼钩式运动测试的操作对方向盘转动角进行控制，并通过观察滚动角的大小，判断车辆的性能。Simulink 仿真效果如图 3-61 所示。

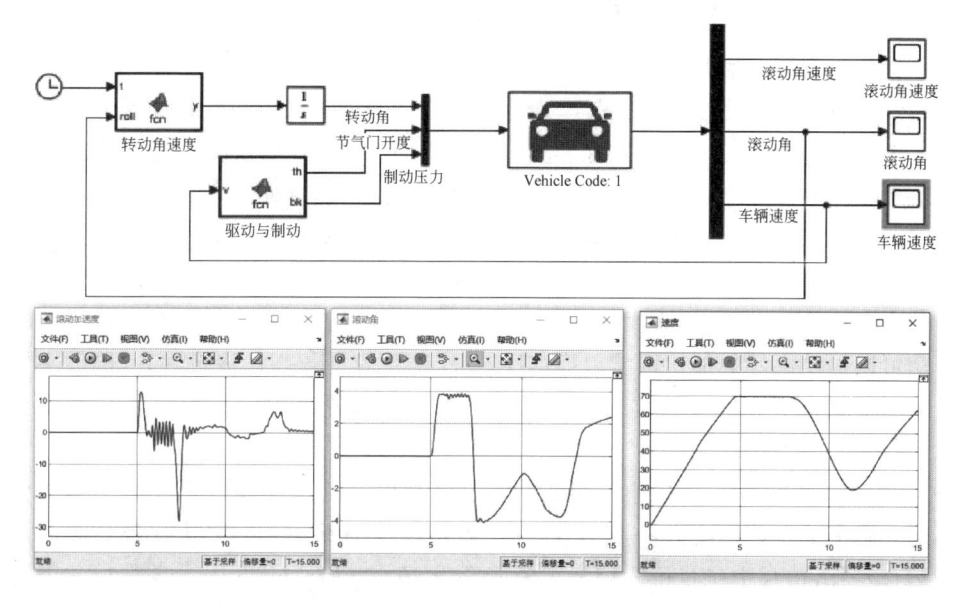

图 3-61　Simulink 仿真效果

可以看出，车辆的滚动角在 ±4 之间，整体来说车辆比较稳定，速度在大部分时间都保持在 70km/h，也达到了要求。最后在 CarSim 中查看车辆的可视化运动，其仿真效果如图 3-62 所示。

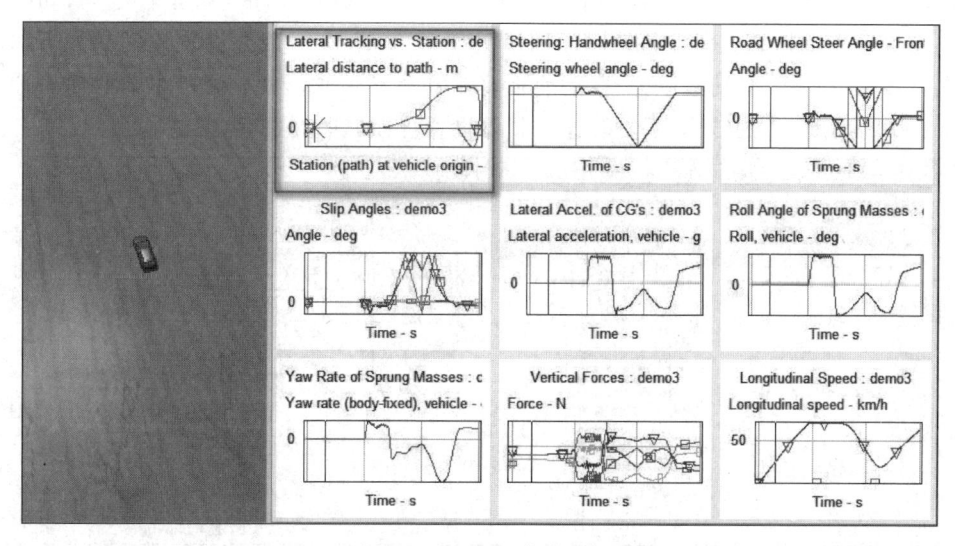

图 3-62　CarSim 仿真效果

图 3-62 方框内的曲线代表车辆的横向轨迹,可以看出车辆基本完成鱼钩式运动。至此车辆的鱼钩式运动测试完成。

3.4.3　两轮驱动转换为四轮驱动

将两轮驱动车辆升级为四轮驱动车辆,其目的在于提升车辆在各种复杂路况下的牵引力和越野性能,包括泥泞、崎岖或多变路面的应对能力,同时增强车辆在恶劣天气或复杂地形中的稳定性和安全性。此外,四轮驱动系统还能改善车辆在弯道驾驶时的操控性能,提高整体驾驶感受和动态表现,并使车辆更适应各种路况环境,无论是城市道路,还是崎岖山路,都能从容自如地行驶,提升车辆的全面性能和适应能力。

在高速公路上,车辆需要快速合流并适应不同的路况,将两轮驱动转换为四轮驱动可以提供更好的加速性能和稳定性,使车辆更容易与高速流量融入,同时在紧急情况下提供更好的操控和安全性能,从而提升驾驶者的信心和整体行车安全水平。

经查阅相关资料,两轮驱动和四轮驱动切换时车速不能超过 80km/h,考虑到高速公路上的车速不能太慢,车道合流处车速应不小于 40km/h,为保证仿真尽可能贴合实际,仿真中应尽可能控制车辆速度为 40~80km/h。

为尽量减少 CarSim 中车辆参数的修改,选择一辆自带四轮驱动的车辆对其进行控制,这里选择"E-Class, Sedan"车型,这是一辆四轮驱动的车辆。在四轮驱动模型中,变速器输出扭矩通过分动箱分配到前后驱动轴。

可以通过控制分动箱分配到前后驱动轴的扭矩,控制车辆的驱动方式(两轮或四轮),通过观察前后驱动轴的输出力矩观察车辆的驱动策略切换是否成功,同时还应保证车辆在切换驱动策略时的速度为 40~80km/h。因此设置车辆的如下输入:节气门开度、制动板压力、驱动前轴转矩和驱动后轴转矩;设置车辆的输出如下:车辆速度、前轴转速、后轴转速。具体设置界面如图 3-63 和图 3-64 所示。

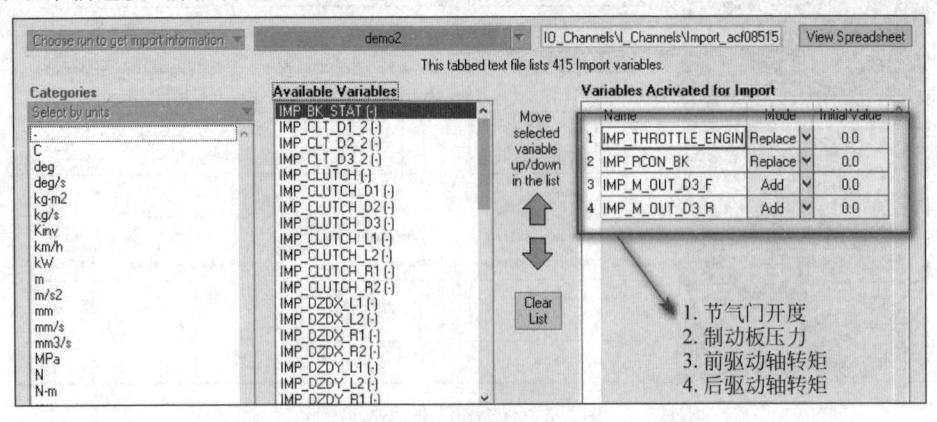

图 3-63　CarSim 车辆输入设置界面

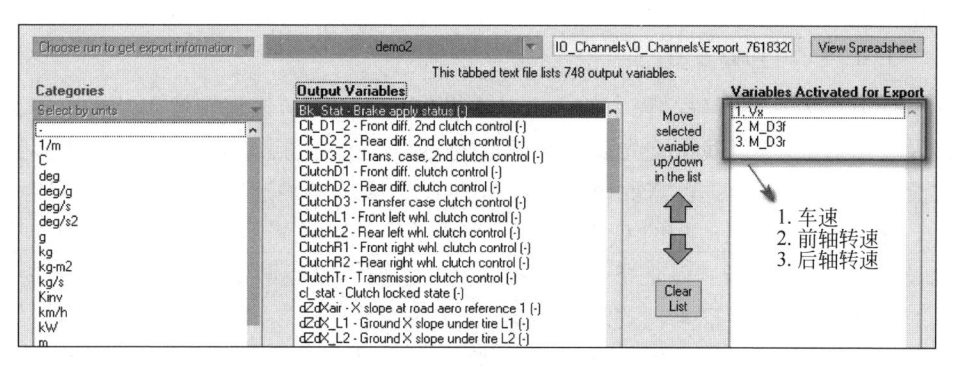

图 3-64 CarSim 车辆输出设置界面

设置仿真时长为 30s，并在 15s 时将两轮驱动切换为四轮驱动，全程速度保持 60km/h。Simulink 仿真效果如图 3-65 所示。

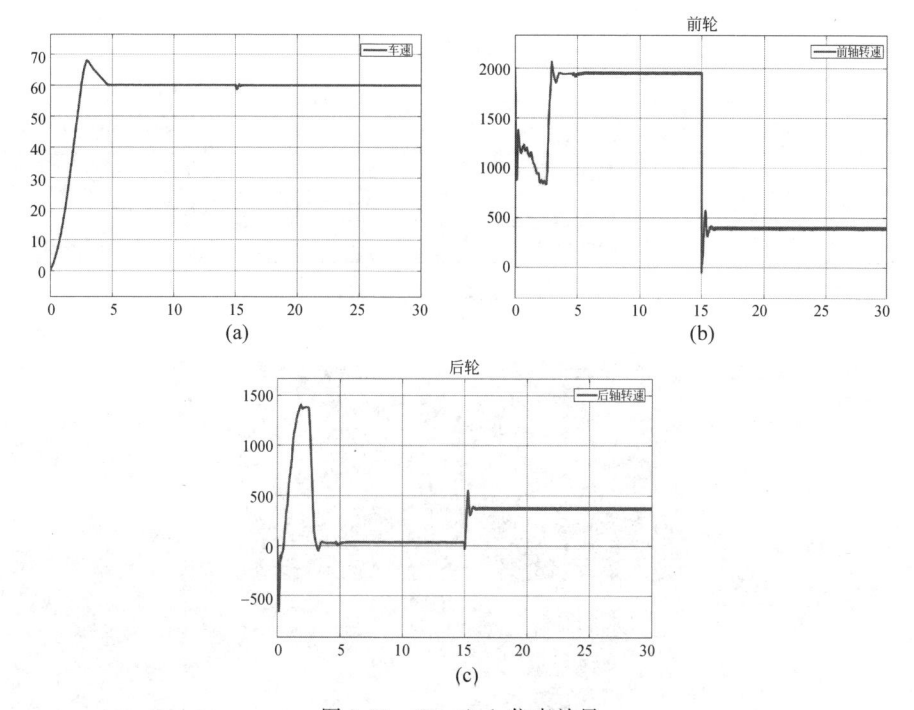

图 3-65 Simulink 仿真效果
（a）速度；（b）前轴转速；（c）后轴转速

从图 3-65 中可以看出，车辆刚起步时后轮转矩起到一定的作用，在 5～15s 时，车速达到 60km/h，这是仅采用前轮驱动，可以看出前轴的转速很快，而后轴的转速几乎为零，说明此时确实是使用的两轮驱动；15s 时，变两轮驱动为四轮驱动，车速出现些许变化，这属于正常现象，此后前后轴的转速相同，说明此时驱动切换成功。

3.4.4 自动变道

变道作为车辆行驶过程中的一个基本操作行为,超车、换道转弯以及避障等都涉及变道行为,所以我们首先要对车辆的变道行为进行仿真。同市面上的大多数仿真软件一样,在仿真前需要确定仿真车辆类型,设定车辆速度,仿真场景搭建等。

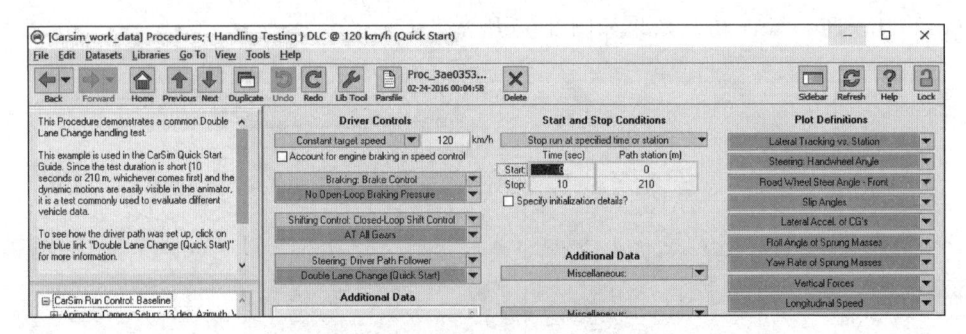

这里选择 CarSim 中的 C 类掀背车,其中的车辆参数采用默认参数,车辆的速度设为 120km/h,仿真停止条件为时间到达 10s 或车辆行驶 210m,并对相关场景进行搭建,为方便观察车辆的运动状况,首先在"plot"中导出车辆的横向跟踪、转向角度、转向角等数据进行绘图,其界面如图 3-66 所示。然后是关于道路的建模,在图 3-66 中的"Miscellaneous:3D Road"部分对道路进行建模,其界面如图 3-67 所示。

图 3-66 车辆仿真设置界面

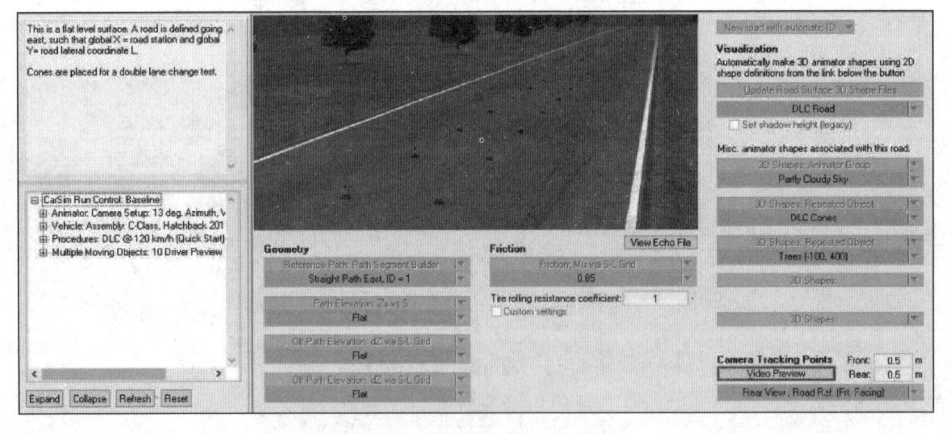

图 3-67 道路场景设置界面

在设置道路场景时,可以选取 CarSim 自带的道路元素,然后对其进行修改,这样可以节省大量的时间,其中"DLC Road"部分是对具体道路元素进行调整,如图 3-68 所示。

对场景中的"草丛""道路""道路中心线"进行调整,以完成车辆变道场景的搭

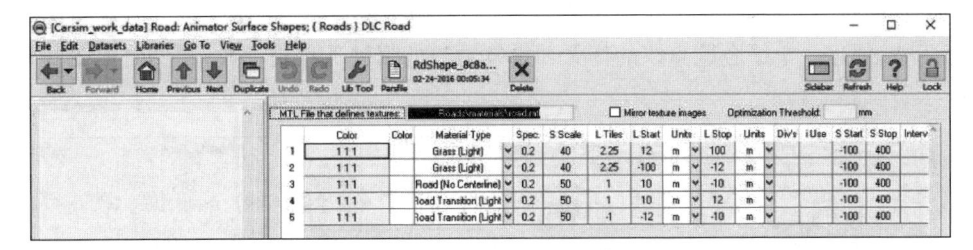

图 3-68 道路元素设置界面

建。图 3-69 为变道仿真效果,可以看到车辆的自动变道行为。图 3-70 为从仿真中导出的变道仿真图表。

图 3-69 变道仿真效果

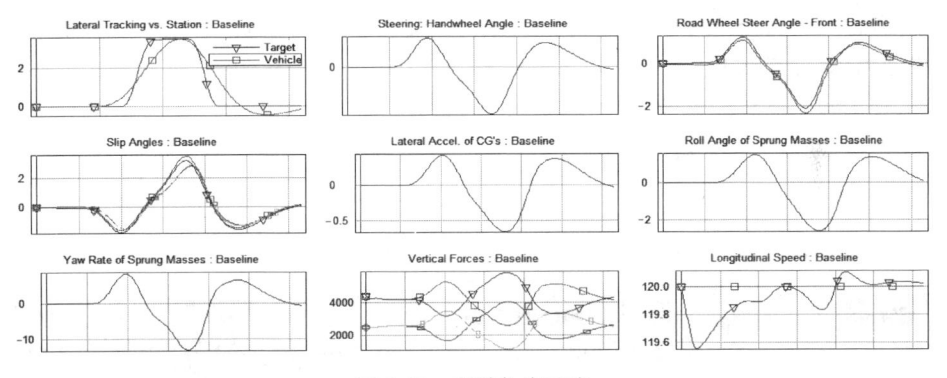

图 3-70 变道仿真图表

3.4.5 达到某一恒速

变道完成后需要车辆保持一定的车速,即恒速运动。恒速运动是指车辆在一时间段内按照某一恒定速度行驶的状态。恒定速度测试的意义在于评估车辆在特定速度下的燃油经济性、性能表现和稳定性,为消费者选择车辆提供参考。

为了达到恒速,需要控制车辆的油门和刹车,这样就确定了 CarSim 车辆模型的输入(节气门开度和制动压力)和输出(车辆速度)。明确目标后对 CarSim 进行相关配置[4]。

首先选择 C 类掀背车作为仿真车辆,对车辆中的参数不予改动,然后对路况进行调整,创建一个适合跑直线的场景并设置适当的驾驶员控制参数,其界面如图 3-71 所示。

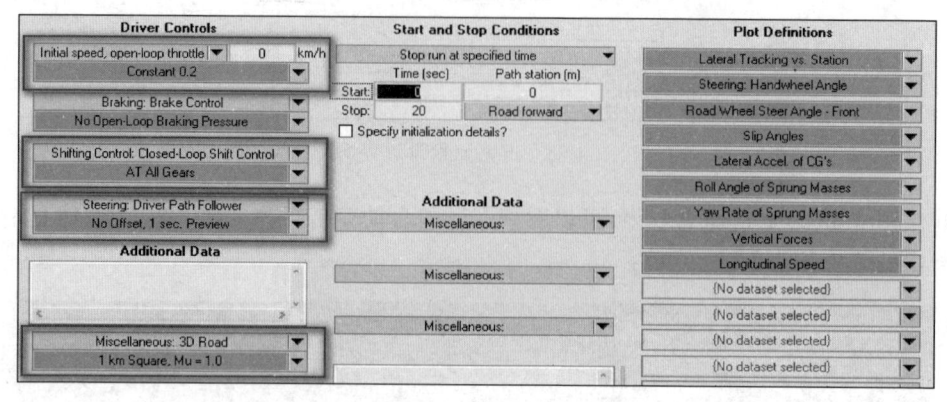

图 3-71 驾驶员参数设置界面

图中 4 个方框为本次改动的重点,分别是对车辆的加速方式、自动挡、轮胎驾驶跟随路径及路况 4 个部分进行设置,具体如下:将固定车速改为油门控制并将控制系数改为 0.2,将初始速度改为 0;将车辆改为自动挡车辆;取消车辆偏移量;将路况改为 1km 的水泥地。除此之外,为实现更好的仿真效果,可将仿真停止条件改为时间运行至 20s。由于采用 matlab/Simulink 进行仿真,所以不对界面右边的图形数据进行修改。

对车辆完成相应修改后,对 CarSim 的输入、输出进行调整。与 3.4.2 节类似,输入选择节气门开度和制动压力,输出选择车辆纵向速度,其界面如图 3-72 和图 3-73 所示。

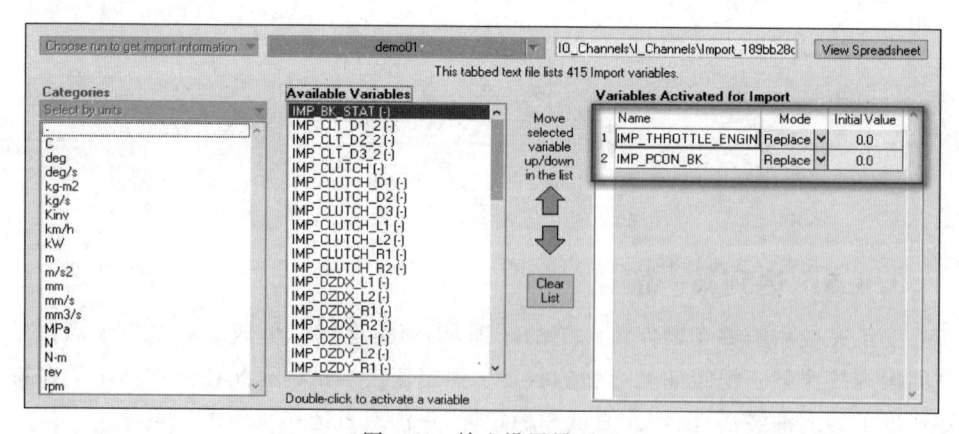

图 3-72 输入设置界面

在对模型设置完成后,选择相应的 Simulink 模型地址,进行"Send to Simulink"操作后,在 Simulink 中搭建控制模型,如图 3-74 所示。

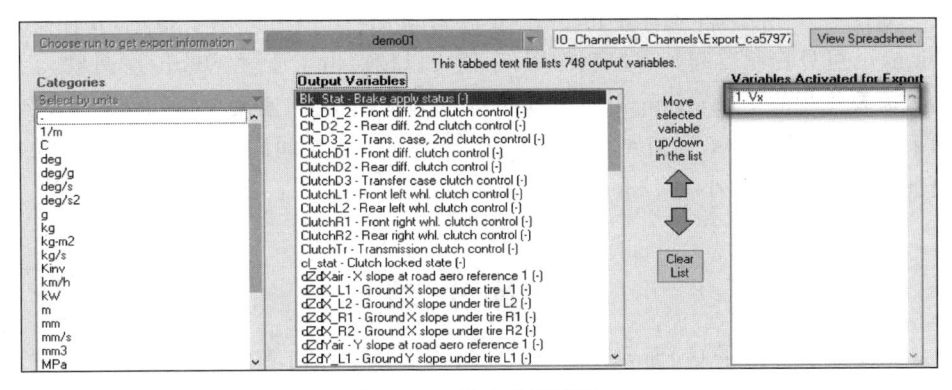

图 3-73　输出设置界面

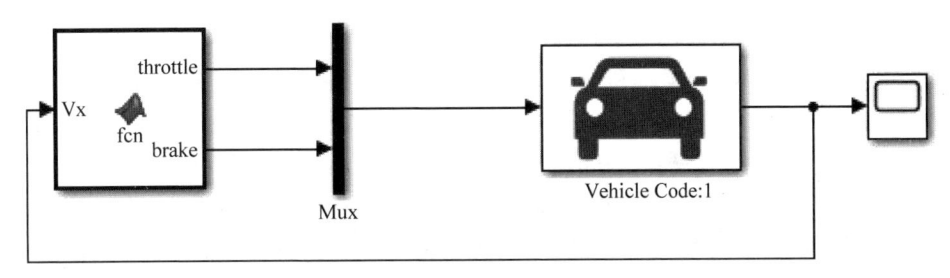

图 3-74　Simulink 控制模型

然后编写"MATLAB function",结合 CarSim 反馈的车辆速度,对节气门开度和制动压力进行调节,并使用"scope"模块查看 CarSim 模块的输出速度,以检查控制是否有效。仿真效果如图 3-75 所示。

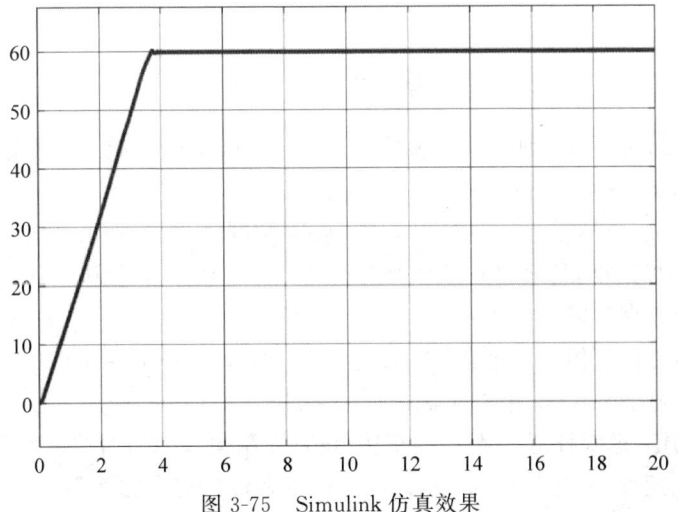

图 3-75　Simulink 仿真效果

如图 3-75 所示,车辆速度由 0km/h 达到 60km/h 后开始趋于稳定,并保持在 60km/h,可见控制器起到了控制作用,车辆可以按照恒定速度(60km/h)行驶。

需要注意的是,CarSim 为使仿真更贴合实际,车辆的速度单位均选择 km/h,如果将其转换为 m/s,则需要在 CarSim 输出与 Scope 之间添加一个"Gain"增益模块进行换算,增益大小为 1/3.6。

本 章 小 结

本章系统介绍了 CarSim 智能车辆仿真与测试平台的基本功能和应用,通过对 CarSim 的操作流程、车辆配置和实际测试案例进行深入解析,使读者全面掌握该平台的使用方法。

本章首先对 CarSim 进行了概述,介绍了其核心功能、工作界面及操作特点。这部分内容为读者提供了基础认知,使其能够迅速上手并熟悉软件的基本操作。其次详细介绍了 CarSim 的基础操作,包括驾驶员控制、仿真开始与结束条件设置、曲线图像配置、车辆观察视角的调整。通过这些内容,读者可以理解如何在 CarSim 中进行有效的仿真操作,从而实现对不同驾驶场景的模拟。再次,深入探讨了车辆配置的各方面,包括车辆外观、轮胎参数、系统及前后悬架等配置。通过具体的配置步骤,读者可以学习如何根据不同的仿真需求进行车辆参数的调整,确保仿真结果的准确性和真实性。最后,通过多个基于 CarSim 的智能车辆仿真与测试实例,展示了该平台在实际应用中的广泛性与灵活性。例如,通过正弦曲线行驶、带滚转角速度反馈的鱼钩式运动测试、高速公路车辆合流等场景,读者可以学会使用 CarSim 模拟复杂的驾驶行为,并进行系统性能的测试与验证。

课 后 习 题

1. 车辆加速测试:创建一个场景,选择 CarSim 车辆模型并设置输入、输出,使其在 Simulink 的指令控制下达到一定的速度。

任务描述:选择任意一辆 C 类车辆,设置控制输入为油门/刹车控制,输出为位置、速度和加速度,仿真终止条件为时间达到 30s 或路程达到 1000m。并设置一条 5000m 的长直道以完成仿真。

2. 车辆急转弯仿真:创建车辆转弯场景,选择 CarSim 中的 C 类车辆并设置输入输出,并在 Simulink 中对车辆进行控制。

任务描述:选择任意一辆 C 类车辆,设置控制输入为油门控制和方向盘控制,输出为位置、速度、和悬架位移,仿真终止条件为转弯完成或车辆悬架位移达到一定程度。仿真场景为一个转弯半径为 50m 的弯道。

3. 车辆加速比较:创建直道场景,选择两辆车进行比较,两辆车设置相同的输入、输出,并在 Simulink 中进行控制,观察运动效果。

任务描述:选择性能有差距的两辆车,设置输入为油门控制,输出为位置、速度和加速度,仿真终止条件为车速达到一定值(指两辆车间有明显的间距)。仿真场景为直道。

4. 车辆坡道行驶能力测试:创建仿真场景,设置车辆输入输出,并在 Simulink 中对车辆进行相应的控制。

任务描述:选择任意一辆 C 类车辆,设置车辆输入为油门控制,输出为车辆 X 轴方向位置、Z 轴方向位置、车辆速度和加速度,仿真终止条件为时间达到 30s 或路程达到 1000m。仿真场景应包括上坡和下坡两种情况。分别观察上、下坡时,车辆在相同输入下的行驶情况。

5. 车辆制动距离测试:创建仿真场景,设置车辆输入输出,并在 Simulink 中对车辆进行相应的控制。

任务描述:选择任意一辆 C 类车辆,设置车辆输入为初始速度和刹车控制,输出为位置、速度和制动距离,仿真终止条件为车辆完全停止。初始速度设置为 100km/h。

参 考 文 献

[1] 李茂月.车辆 CarSim 仿真及应用实例[M].北京:冶金工业出版社,2020.
[2] 北京五一视界数字孪生科技股份有限公司.汽车自动驾驶仿真测试蓝皮书[M].北京:电子工业出版社,2020.
[3] Mechanical Simulation Corporation. Introduction to CarSim[DB/OL]. [2024-07-30]. https://www.carsim.com/downloads/pdf/CarSim_Introduction.pdf.
[4] 孙鹏飞.汽车自适应巡航系统(ACC)起停控制研究[D].长春:吉林大学,2018.

第4章

PreScan智能车辆仿真与测试

本章介绍 PreScan 智能车辆仿真与测试的各方面，通过详细的步骤和实例帮助读者深入理解其功能与应用。PreScan 作为西门子公司旗下的汽车驾驶仿真软件，在开发高级驾驶辅助系统（advanced driving assistance system，ADAS）和智能汽车系统方面发挥着重要作用。本章内容分为以下几节。

- **概述**：简要介绍 PreScan 的基本概念和核心功能，特别是在 ADAS 和智能汽车系统开发中的应用，为后续章节的详细介绍奠定基础。
- **PreScan 工作界面与安装指南**：详细介绍 PreScan 的工作界面，包括 5 个主要模块的功能和界面布局。同时详细介绍软件的安装过程，从选择安装路径到配置附加内容的完整步骤。
- **主要模块功能与使用方法**：深入探讨 PreScan 的主要模块，如驾驶场景模块、基础设施模块、传感器模块等，每个模块都详细说明其功能和使用方法，为读者提供操作指南。
- **基础操作与场景设计**：在基础操作部分，强调场景设计的重要性，并详细介绍创建和编辑场景的步骤，以及开发流程的各环节。
- **驾驶辅助系统实现步骤**：针对驾驶辅助系统，提供车道偏离预警辅助、碰撞预警辅助、胎压预警辅助等系统的实现步骤，展示 PreScan 在实际应用中的强大功能。
- **仿真与测试实例**：通过一系列仿真与测试实例，包括视觉检测、毫米波雷达目标检测、融合检测、激光雷达检测、车辆自动避障等，展示 PreScan 在自动驾驶领域的广泛应用，并通过实际操作和结果分析，帮助读者更好地理解和掌握 PreScan 的使用技巧。

通过本章的学习，读者将全面掌握 PreScan 的使用方法及其在智能车辆仿真与测试中的应用，为推动自动驾驶技术的研究和应用奠定坚实基础。

4.1 概述

4.1.1 PreScan 简介

PreScan 是西门子公司旗下的汽车驾驶仿真软件产品,是以物理模型为基础,开发先进驾驶辅助系统和智能汽车系统的仿真平台。支持摄像头、雷达、激光雷达、GPS,以及 V2V/V2I 等多种应用功能的开发应用[1],支持模型在环、实时软件在环、硬件在环等多种使用模式。

PreScan 作为先进的虚拟仿真平台,广泛应用于汽车行业和智能交通系统的开发与测试领域。它提供了一个高度可定制的虚拟环境,用于模拟车辆、传感器和交通场景,以评估车辆性能、测试驾驶辅助系统并进行自动驾驶算法的开发。

PreScan 的主要特点包括以下方面。

1)虚拟仿真环境

PreScan 提供了一个真实且高度可定制的虚拟仿真环境,可以模拟各种不同的道路、城市和高速公路场景。这些场景可以根据用户的需求进行定制,包括道路几何、路况、天气条件和交通流量等,使开发人员能够在安全、可控的环境中进行测试和验证。

2)车辆动力学模型

PreScan 具有准确的车辆动力学模型,能够模拟车辆的运动和操控特性。这些模型基于物理原理和实测数据,可以模拟车辆的加速、制动、转向和悬架系统等行为,使开发人员可以评估车辆性能和驾驶体验,优化车辆控制系统。

3)传感器模拟

PreScan 支持多种传感器模拟,包括摄像头、激光雷达、毫米波雷达和超声波传感器等。这些传感器可以模拟车辆周围环境的感知能力,进行高精度的障碍物检测和跟踪。开发人员可以使用这些传感器数据测试和验证驾驶辅助系统与自动驾驶算法的性能。

4)实时仿真

PreScan 采用实时仿真技术,以高帧率进行仿真,实现低延迟的交互和准确的数据反馈。这使开发人员可以在虚拟环境中进行实时交互和调试,加快开发和测试的效率。

5)开放性和可扩展性

PreScan 是一个开放的平台,支持用户根据自己的需求进行扩展和定制。用户可以开发自己的车辆模型、传感器模型和控制算法,与 PreScan 平台进行集成。这使 PreScan 成为一个灵活而强大的开发工具,适用于各种应用场景和研究领域。

总之,PreScan 是一个功能强大的虚拟仿真平台,可为汽车行业和智能交通系统的开发与测试提供一个安全、高效、可定制的环境。通过使用 PreScan,开发人员能够加速产品开发周期,提高产品质量和性能,为未来的智能交通技术作出贡献。

4.1.2　PreScan 基本架构

PreScan 软件由 4 个模块组成:PreScan GUI、PreScan Viewer、PreScan Sim 和 PreScan Process Manager。其软件架构如图 4-1 所示。每个模块都承担着特定的任务,共同构成一个高效、灵活的仿真环境。

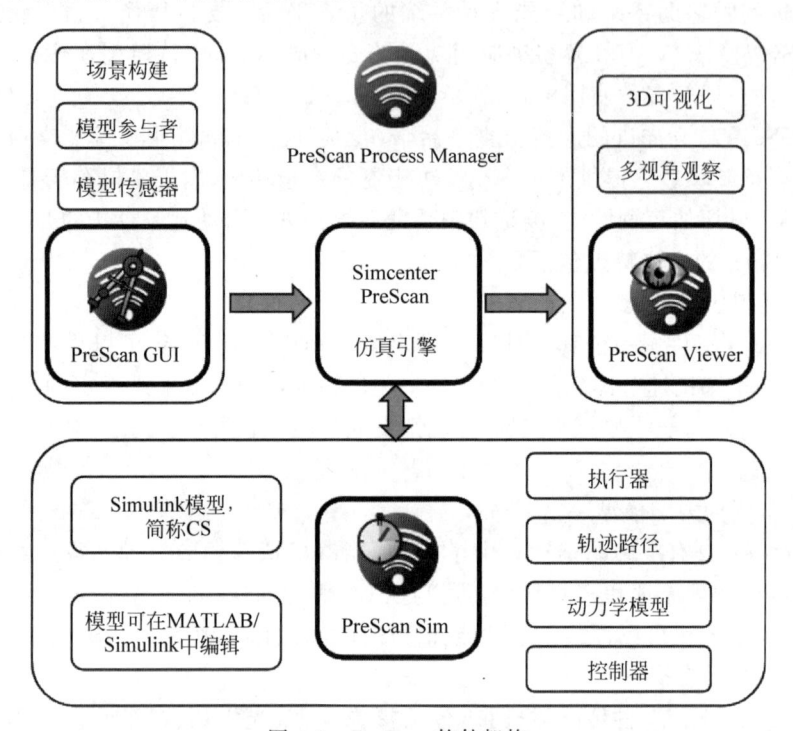

图 4-1　PreScan 软件架构

PreScan Process Manager 是 PreScan 软件中的一个关键模块,它的主要作用是管理和协调 PreScan 仿真环境中的所有进程和模块,可以控制 PreScan GUI、PreScan Viewer 和 PreScan Sim 的运行。

PreScan GUI 是 PreScan 的图形用户界面(GUI),是用户与软件交互的主要界面。它包括工具栏、库元素、创建区域、实验树和属性编辑器等组件,使用户能够轻松地设计场景、配置参数和启动仿真,主要包含以下 3 个方面。

1) 场景构建

PreScan 允许用户构建高度详细的虚拟环境,包括道路、交通信号、车辆、行人等元素。用户可以通过直观的图形界面进行场景设计,定义道路网络、交通流量和环境条件,从而模拟真实世界的复杂交通情况。

2) 模型参与者

在仿真场景中,车辆、行人和其他交通参与者是必不可少的。PreScan 提供了丰富的模型库,用户可以从中选择并设置各种参与者的属性,如速度、加速度、行为模式等,以实现高度逼真的交通动态模拟。

3) 模型传感器

为了模拟车辆的感知系统,PreScan 支持多种传感器模型,包括摄像头、雷达、激光雷达等。用户可以根据需要配置传感器参数,如视场角、分辨率和检测范围,以实现对车辆周围环境的精确感知。

PreScan Viewer 提供了仿真结果的可视化展示。用户通过它可以查看车辆运动轨迹、传感器数据和其他关键信息,从而对仿真过程进行监控和分析,主要包含以下两个方面。

1) 3D 可视化

PreScan 的 3D 可视化功能提供了多视角观察仿真场景的能力。用户可以从驾驶员视角、鸟瞰图或其他自定义视角观察车辆运行情况,有助于更好地理解和分析仿真结果。

2) 多视角观察

在 PreScan GUI 里面添加不同的视角,可通过 PreScan Viewer 对这些不同的视角进行显示。

PreScan Sim 是 PreScan 的仿真执行器,可根据用户定义的参数和场景设置执行仿真。其可与 MATLAB/Simulink 紧密集成,允许用户在 Simulink 环境中开发和测试控制算法。这种集成提供了强大的算法开发和测试能力,使 PreScan 这个仿真工具也成为一个算法开发平台。

通过这些模块的协同工作,PreScan 提供了一个从场景构建到仿真测试的完整解决方案,极大地提高了自动驾驶技术的研发效率。

4.1.3　PreScan 工作界面

PreScan 有很多版本,本文以 PreScan2019.2 版本为例。PreScan 主要由 5 个模块组成:GUI 界面模块、工程工作区模块、3D 可视化查看器模块、模拟引擎模块和进程管理器模块。

1. GUI 界面模块

GUI 界面模块主要用于 PreScan 仿真场景的预处理,通常包括所有实体(道路、树木、建筑物、汽车、行人等)的定义,以及各相应控制器、动力学模型、传感器模型和其他信息设计,使汽车根据预设轨迹行驶。GUI 界面模块主要包括 5 部分:工具和菜单栏(Tool and Menu Bar)、库元素(Library Elements)、创建区域(Build Area)、实验树状分支(Experiment Tree)和属性编辑器(Property Editor),如图 4-2 所示。

2. 工程工作区模块

工程工作区模块又称编译表,由专门的 MATLAB/Simulink 会话组成,是 PreScan 模拟核心的从属,并具有来自各种 PreScan 模块的所有连接,是处理算法

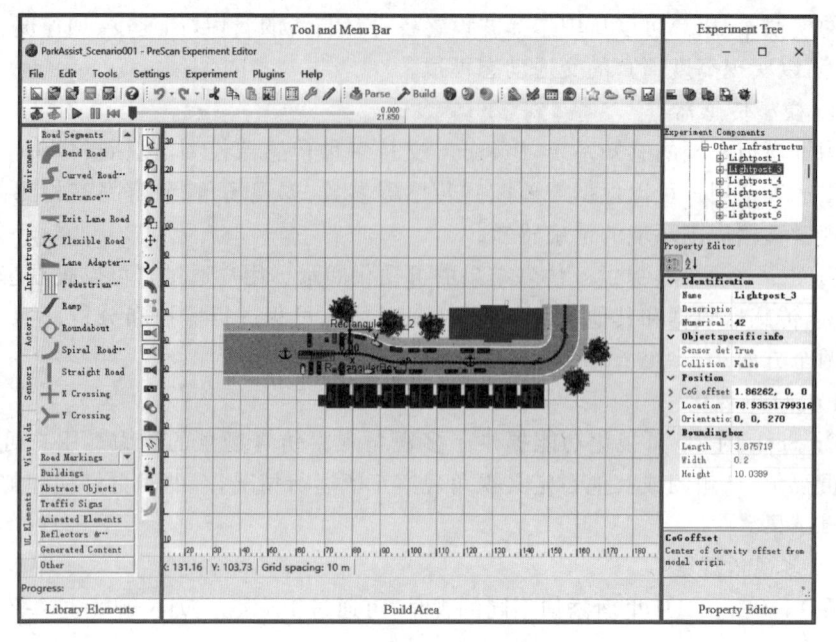

图 4-2　GUI 界面模块

的主要界面。许多控制和决策算法已经在 MATLAB/Simulink 中可用,并能轻松地导入和使用,因此可进行任何转换。工程工作区模块由实验车辆、轨迹、动力学、控制器 4 部分组成,如图 4-3 所示,还包括工具和菜单栏（Tool and Menu Bar）、操作区（Operating Area）和状态栏（Status Bar）。

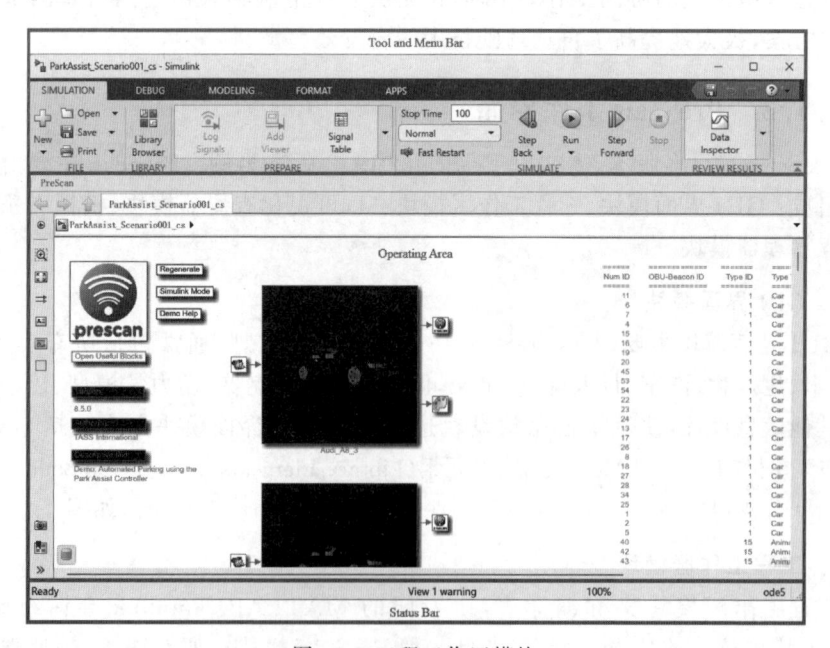

图 4-3　工程工作区模块

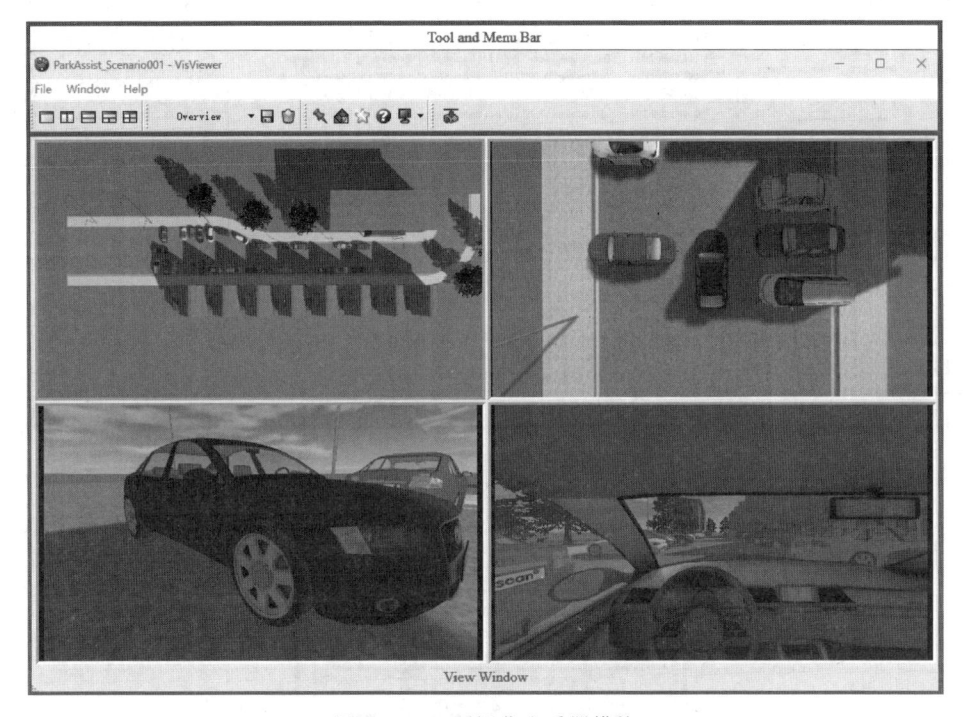

3. 3D可视化查看器模块

3D可视化查看器模块包括工具和菜单栏(Tool and Menu Bar)和视图窗口(View Window),如图4-4所示。3D可视化查看器为开发人员的实验提供多个视角,比如,可以驾驶员观察视角查看车辆运行。其他选项包括预定义的视角,如顶视图、向北或向南观看。其导航控制非常直观,并提供了图片和视频生成功能。

图 4-4 3D可视化查看器模块

4. 模拟引擎模块

模拟引擎模块(或调度程序)是PreScan的真正核心,如图4-5所示。其对用户来说是不可见的模块。该模块用于模拟各种传感器并跟踪计算场景实体的位置,是PreScan与MATLAB/Simulink会话连接的关键。

5. 进程管理器模块

进程管理器模块(Process Manager)包括标题栏(Title Bar)、进程管理窗口(Process Manage Window)和状态栏(Status Bar)。对用户来说也是不可见的模块,如图4-6所示。进程管理器模块负责监控PreScan主要模块,包括用户不可见的模拟引擎,同步并安排GUI、MATLAB、VisServer及安装的ControlDesk各模块之间的信息流。通过进程管理器模块,用户可以启动PreScan的不同组件。

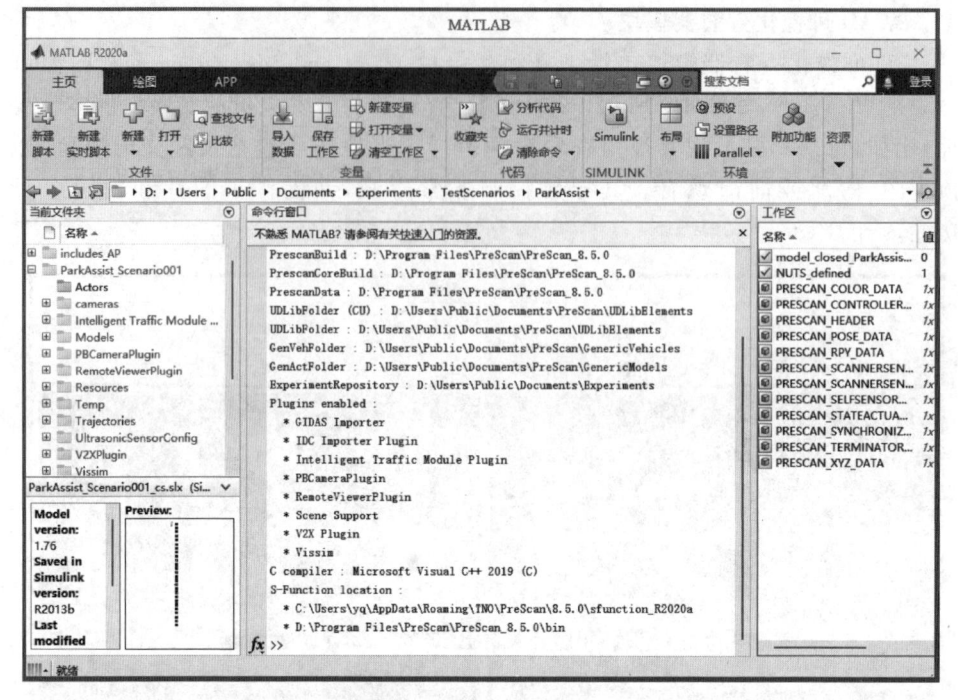

图 4-5　模拟引擎模块

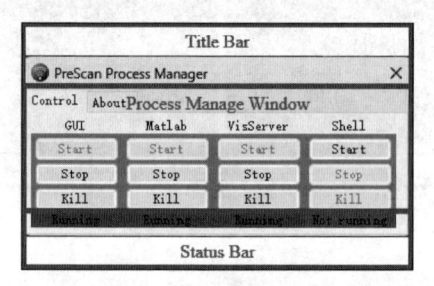

图 4-6　进程管理器模块

4.1.4　PreScan 安装

以管理员身份运行 PreScan 的安装文件,安装过程如下。

(1) 欢迎界面,如图 4-7 所示。

(2) 选择主程序安装路径,如图 4-8 所示。

(3) 选择附加内容,默认全选,如图 4-9 所示。

(4) 用户自定义选择库安装路径,如图 4-10 所示。

(5) 用户自定义选择通用模块安装路径,如图 4-11 所示。

(6) 是否安装 MATLAB 选项,如图 4-12 所示。

第4章　PreScan智能车辆仿真与测试

图 4-7　欢迎界面

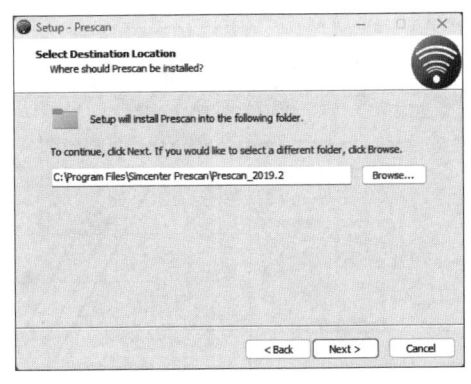

图 4-8　选择主程序安装路径

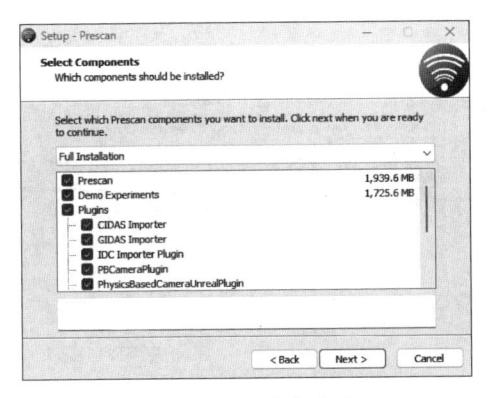

图 4-9　选择附加内容

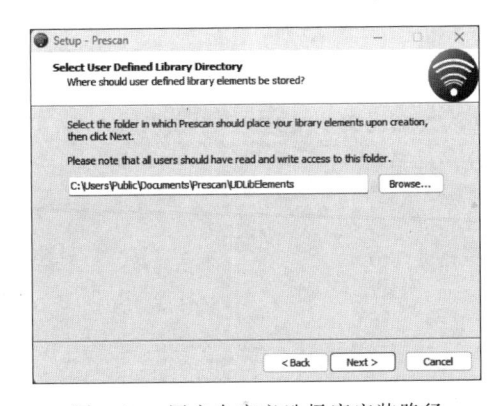

图 4-10　用户自定义选择库安装路径

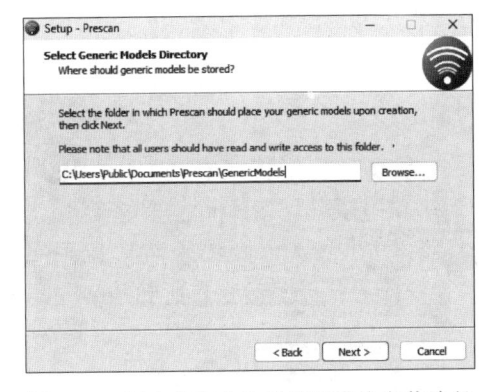

图 4-11　用户自定义选择通用模块安装路径

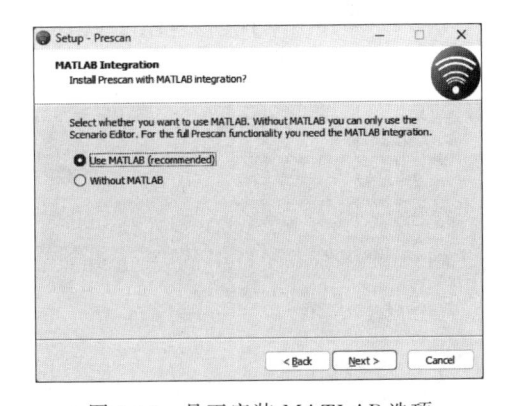

图 4-12　是否安装 MATLAB 选项

(7) 选择 MATLAB 安装路径,如图 4-13 所示。
(8) 选择实验目录路径,如图 4-14 所示。
(9) 是否选择场景提取,如图 4-15 所示。
(10) 增加许可服务器,如图 4-16 所示。

图 4-13　选择 MATLAB 安装路径

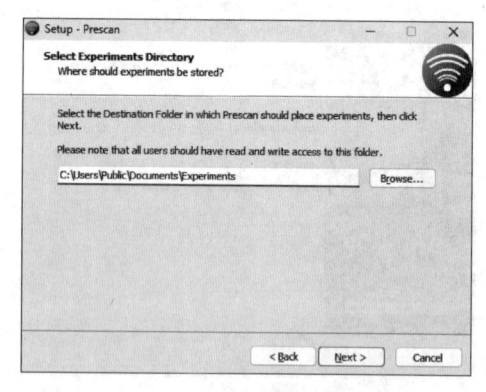

图 4-14　选择实验目录路径

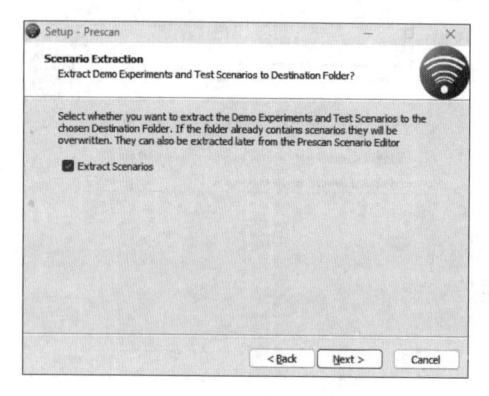

图 4-15　是否选择场景提取

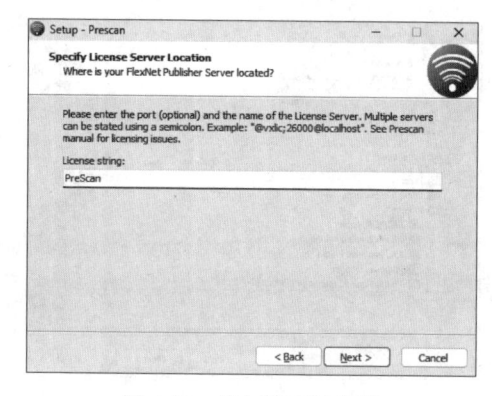

图 4-16　增加许可服务器

(11) 选择附属任务，如图 4-17 所示。

(12) 安装设置确认，如图 4-18 所示。

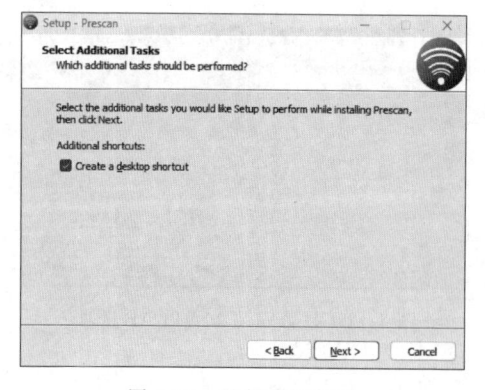

图 4-17　选择附属任务

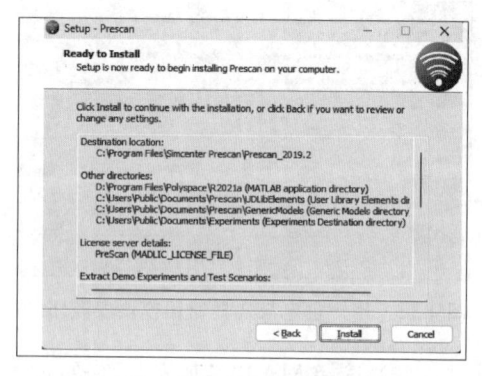

图 4-18　安装设置确认

(13) 安装进度显示，如图 4-19 所示。

(14) 安装完成，如图 4-20 所示。

图 4-19　安装进度显示　　　　　　　　图 4-20　安装完成

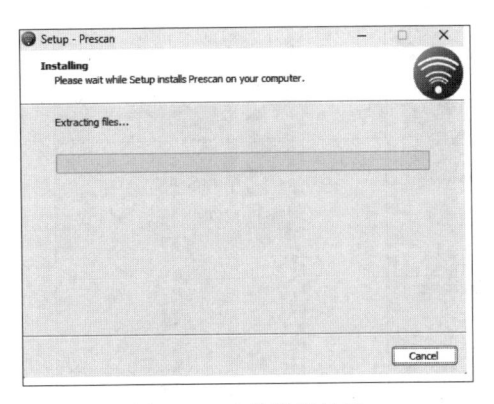

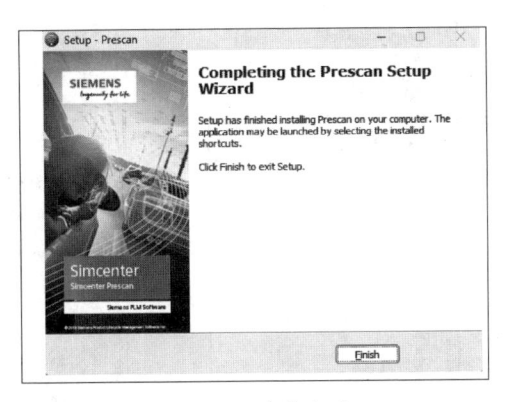

4.2　PreScan 主要模块简介

PreScan 的主要模块如下所示。

1. 驾驶场景模块

驾驶场景模块用于创建和模拟各种驾驶场景。它提供了一个全面的工具集，用于定义道路网络、道路类型（如城市道路、高速公路等）、交通流量、天气条件等。如图 4-21 所示，①表示底层，②表示自然元素，③表示灰尘斑点。用户可以在虚拟环境中设置和调整这些参数，以模拟不同的驾驶情况和道路条件。该模块还可生成各种场景下的路面几何、路标和交通信号灯等。

2. 基础设施模块

基础设施模块用于创建和编辑虚拟道路和基础设施。它提供了一个直观的界面，允许用户添加和配置交通信号灯、路标、路障、行人、建筑物等元素。如图 4-22 所示，①表示路段，②表示道路标记，③表示建筑物，④表示抽象对象，⑤表示交通标志，⑥表示仿真元素（交通信号灯、路牌），⑦表示反射器和 Botts 点（反光护板），⑧表示生成的内容（墙、护栏、标志线），⑨表示其他。用户可以自定义这些基础设施的位置、外观和行为，以模拟真实世界中的道路环境。该模块还支持导入现有的地理信息系统（geographic information system，GIS）数据，以快速创建虚拟道路网络。

3. 传感器模块

传感器模块用于模拟车辆使用的各种传感器。它支持多种类型的传感器，包括摄像头、激光雷达、毫米波雷达、超声波传感器等。如图 4-23 所示，①表示理想化的传感器，②表示详细的传感器，③表示地面情况解析，④表示传感器支架，⑤表示基于物理基础的传感器。用户可以自定义配置传感器的属性，如分辨率、感知范围、采样频率等。该模块可以生成传感器接收的虚拟数据，如图像、点云等，以模拟真实车辆感知的环境信息。

图 4-21 驾驶场景模块图　　图 4-22 基础设施模块图　　图 4-23 传感器模块图

4. 车辆模块

车辆模块用于创建、编辑和配置车辆模型。PreScan 的车辆库中包含各种类型的车辆模型,如轿车、卡车、自行车等。如图 4-24 所示,①表示汽车与轿车,②表示卡车和公共汽车,③表示拖车,④表示虚拟目标车,⑤表示行人,⑥表示校准元件(圆锥体、圆柱体)。用户可以根据需要选择合适的车辆模型。通过车辆模块,用户可以设置车辆的物理特性、动力学特性和控制算法,以准确地模拟车辆的行驶行为。此外,车辆模块还允许用户配置和调整车辆上的传感器,如雷达、摄像头、激光雷达等,以实现感知和决策能力。通过车辆模块,用户可以对车辆进行全面定制和优化,以满足特定的仿真需求和测试目标。

5. 轨迹设置模块

轨迹设置模块用于定义车辆的预定轨迹或路径。用户可以通过该模块设置车辆的目标轨迹,包括车辆的位置、速度、加速度等信息。该模块支持各种轨迹定义方式,如直线轨迹、曲线轨迹、样条轨迹等。用户还可以设置轨迹的起始点、终点和路径规划算法,如图 4-25 所示。该模块有助于用户模拟车辆在不同场景下的行驶轨迹,评估自动驾驶系统的路径规划和控制算法。

6. 可视化模块

可视化模块提供对虚拟驾驶场景和车辆模拟的可视化展示。它可以三维图形的形式显示虚拟环境、车辆和其他对象，有助于用户观察和分析模拟结果。如图 4-26 所示，图中①表示视角，用户可以根据需求添加不同观察视角。

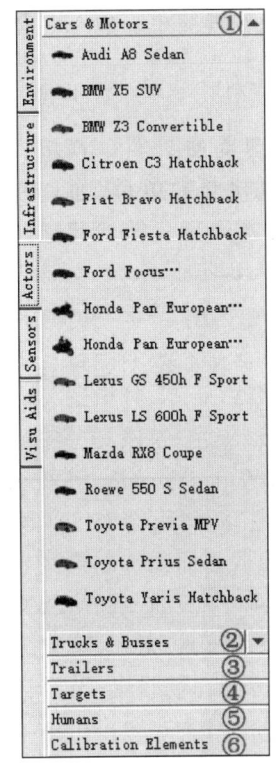

图 4-24 车辆模块图　　图 4-25 轨迹设置模块图　　图 4-26 可视化模块图

7. 其他实用模块

其他实用模块可能包括一些额外的功能和工具，用于辅助模拟和测试过程。这些模块具有数据记录和分析、性能评估、仿真参数配置等实用功能，以支持自动驾驶系统的开发和验证。

4.3　PreScan 基础操作

4.3.1　场景设计

这一小节将介绍如何进行 PreScan 中的场景设计。场景设计是使用 PreScan 进行虚拟仿真的重要一环，它涉及创建仿真环境、定义道路网络、添加建筑物、放置车辆等操作[2]。下面是一些具体的内容。

1. 场景设计的重要性

在进行虚拟仿真时,场景设计是至关重要的。一种合理的场景设计可以提供真实的仿真环境,为测试和验证各种自动驾驶系统的功能与性能奠定基础。

2. 创建和编辑场景

PreScan 提供了直观、易用的界面,使创建和编辑场景变得简单。以下是创建和编辑场景的步骤。

1)创建新场景

在 PreScan 的主界面上创建一个新的场景并命名,其界面如图 4-27 所示。然后选择地形类型,如混凝土、草地、人行道等,并指定场景尺寸和单位,如长度和宽度。

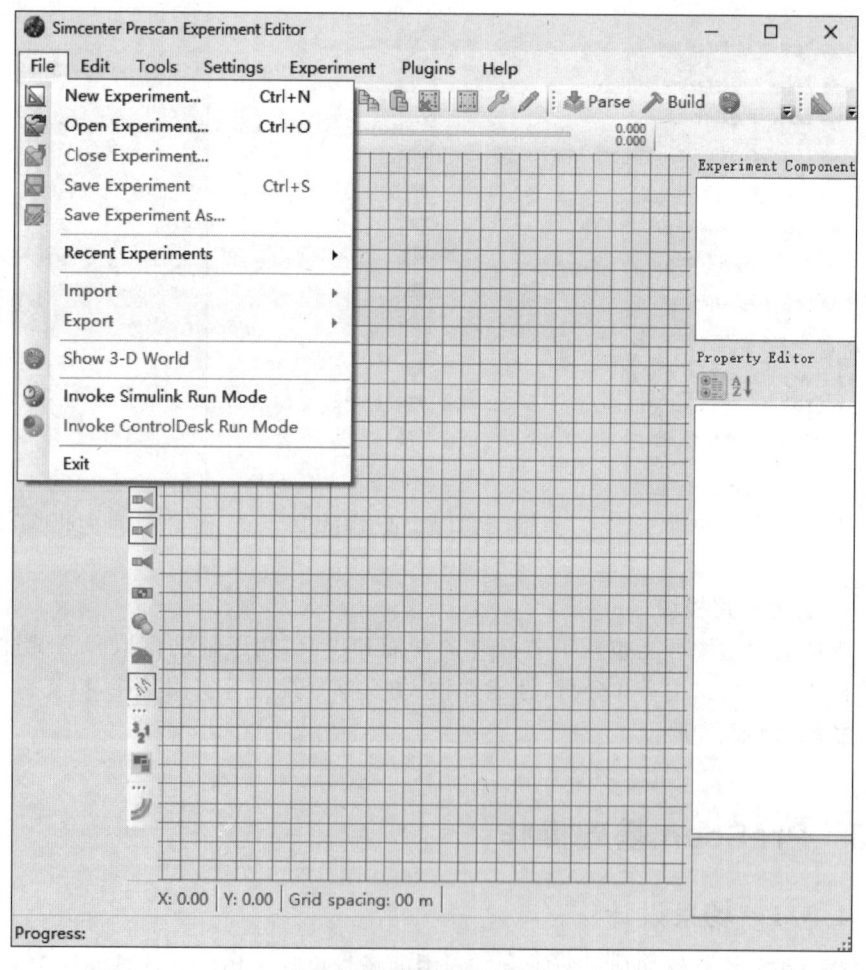

图 4-27 创建新场景界面

2）定义新场景

使用道路编辑工具在场景中创建道路网络。在道路编辑工具中，可以选择绘制直线、弯道、十字路口等形状的道路，调整道路的曲度、宽度、坡度等参数，其界面如图 4-28 所示，以模拟真实世界的道路。

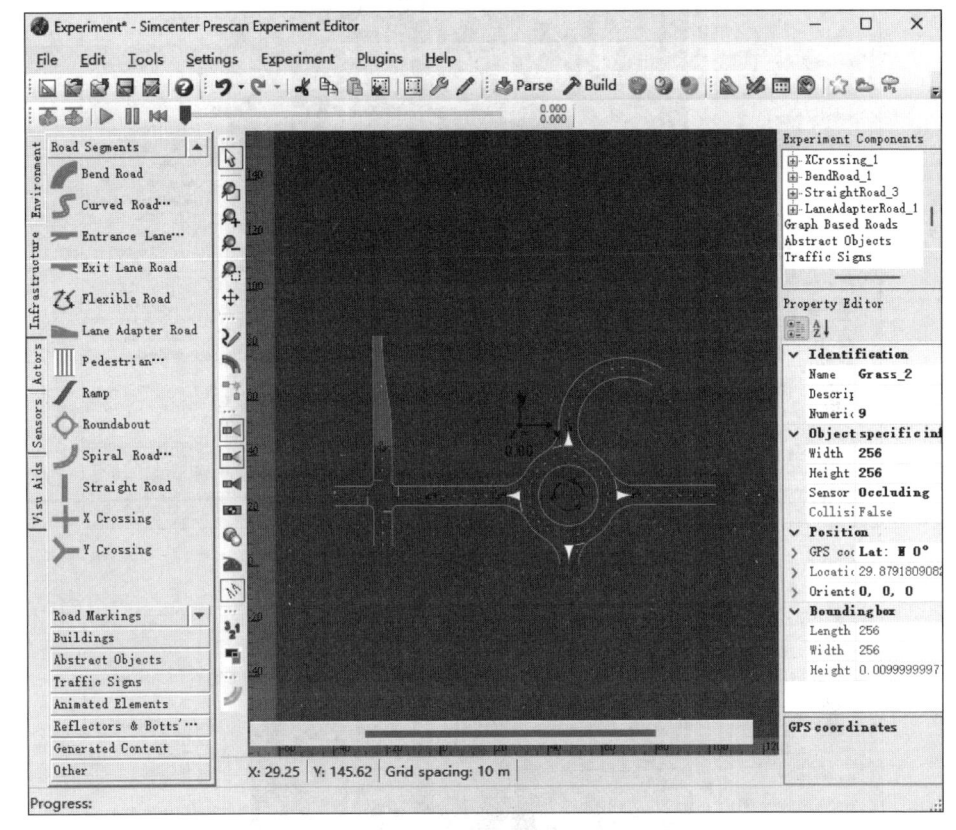

图 4-28　道路编辑界面

3）添加建筑物和其他元素

PreScan 提供了建筑物和其他元素的库，可以从中选择需要的元素添加到场景中。在场景编辑模式下，可以选择建筑物、树木等元素，并将其拖放至场景中合适的位置，还可以调整建筑物的大小、旋转角度和材质等属性，如图 4-29 所示，以使其更符合实际情况。

4）添加并放置车辆

在场景中放置车辆是进行仿真测试的关键步骤。在 PreScan 的车辆库中，可以选择各种类型的车辆，并将其放置在场景中的合适位置，调整车辆的初始状态、速度和方向等参数，如图 4-30 所示，以模拟真实驾驶条件。

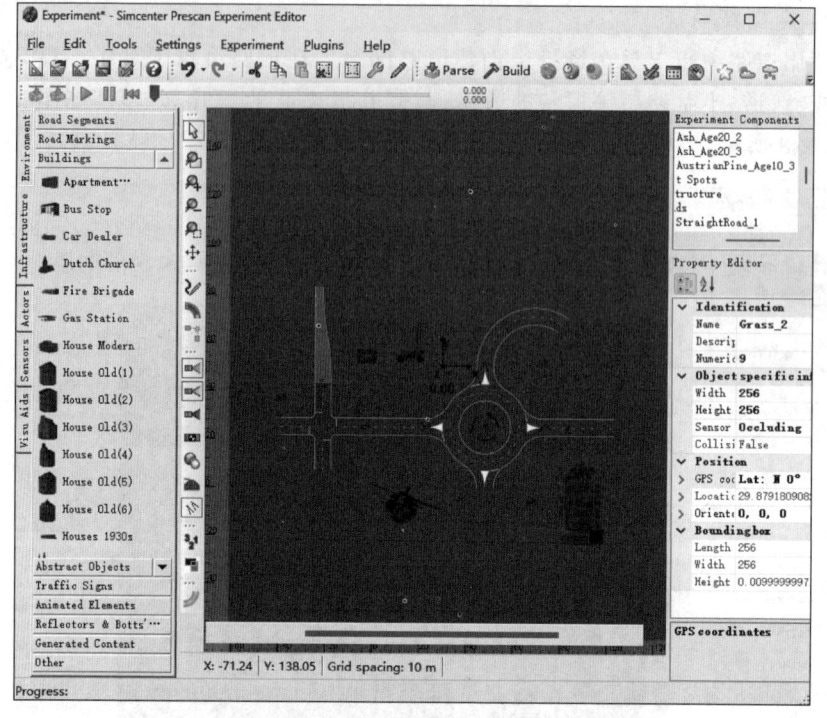

图 4-29　添加建筑物和其他元素界面

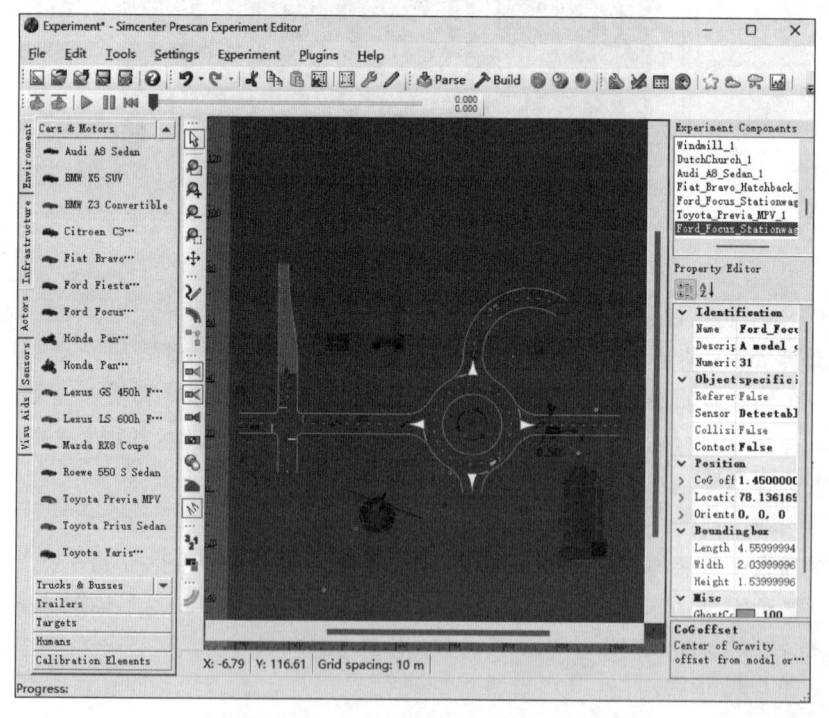

图 4-30　添加并放置车辆界面

4.3.2 开发流程

这一小节将以开发自动驾驶系统为例,介绍使用 PreScan 进行开发的基本流程。

1. 需求分析

在开发之前,明确自动驾驶系统的需求和目标,确定需要测试和验证的功能与性能指标。

2. 场景建模

根据需求使用 PreScan 进行场景建模,创建适当的仿真环境,设计道路、添加建筑物、放置车辆等,以模拟真实驾驶场景。

3. 传感器模拟

在 PreScan 中,可以模拟各种传感器,如雷达、摄像头、激光雷达等,配置和调整传感器的参数,以模拟真实传感器的工作原理和性能。

4. 控制算法开发

开发并实现自动驾驶系统的控制算法,可以将开发的算法集成到车辆模型中,并测试其在虚拟环境中的效果。

5. 仿真测试和评估

进行多次仿真测试,评估控制算法的性能和稳定性,收集和分析仿真数据,进行性能评估和优化。

6. 结果分析和改进

分析仿真测试结果,评估自动驾驶系统的性能指标,根据结果进行算法的改进和优化。

7. 验证

多次使用 PreScan 进行验证,确保自动驾驶系统满足预期的需求,进行各种场景的测试,包括不同的道路条件、天气条件和交通情况。

8. 文档和报告

编写详细的文档和报告,记录开发过程、测试结果和评估结论,提供清晰的说明和可复现的实验步骤,以便他人理解和复制。

4.4 基于 PreScan 的驾驶辅助系统

4.4.1 车道偏离预警辅助

车道偏离预警辅助系统可实现常见的驾驶辅助功能[3],用于提醒驾驶员,车辆将偏离车道。在 PreScan 中，可以通过以下步骤实现车道偏离预警辅助。

1. 传感器配置

配置车辆的传感器，如摄像头或激光雷达，确保传感器的位置和参数设置与实际车辆相匹配。

2. 车道检测

使用 PreScan 提供的车道检测算法，对车辆周围的道路进行检测，以识别车道线并确定车辆相对于车道的位置。

3. 偏离预警

当车辆将偏离车道时，驾驶辅助系统可以通过声音、视觉或振动等方式向驾驶员发出警告信号。在 PreScan 中驾驶辅助系统可以模拟这些警告信号的触发和反馈效果，以评估系统的有效性。

4.4.2　碰撞预警辅助

碰撞预警辅助系统用于监测与前方车辆或障碍物的距离，并在可能发生碰撞时发出警告。在 PreScan 中，可以通过以下步骤实现碰撞预警辅助。

1. 距离传感器模拟

配置车辆的距离传感器，如雷达或激光雷达；设置传感器的参数，如扫描范围、分辨率和灵敏度。

2. 障碍物检测

使用 PreScan 提供的障碍物检测算法，对车辆前方的障碍物进行检测，以识别障碍物的位置、尺寸和速度等信息。

3. 碰撞预警

当车辆与前方障碍物的距离过近时，驾驶辅助系统可以通过声音、视觉或振动等方式向驾驶员发出警告信号。在 PreScan 中驾驶辅助系统可以模拟这些警告信号的触发和反馈效果，以评估系统的有效性。

4.4.3　胎压预警辅助

胎压预警辅助系统用于监测车辆轮胎的胎压，并在胎压异常时发出警告。在 PreScan 中，可以通过以下步骤实现胎压预警辅助。

1. 胎压传感器模拟

配置车辆的胎压传感器，设置传感器的参数，如传感器位置和胎压检测阈值。

2. 胎压监测

使用 PreScan 提供的胎压监测算法，对车辆轮胎的胎压进行实时监测，以检测胎压异常，如胎压过低或过高。

3. 胎压预警

当检测到轮胎胎压异常时，辅助系统可以通过声音、视觉或仪表板上的警告灯等方式向驾驶员发出警告信号，PreScan 可以模拟这些警告信号的触发和反馈效果以评估系统的有效性。

4.5 基于 PreScan 的智能车辆仿真与测试实例

本节聚焦自动驾驶系统中的关键技术实验，包括视觉检测、毫米波雷达目标检测、融合检测、激光雷达检测及车辆自动避障 5 个核心实验[4]。这些实验在同一双向六车道高速公路直道场景下进行，以便读者在统一背景下理解和比较不同技术的应用效果。通过这些实验，读者可以深入了解各种传感器在自动驾驶系统中的作用，以及如何通过融合不同传感器的数据提高系统的整体性能和安全性。此外，这些实验还展示了如何利用 PreScan 软件进行仿真测试，为自动驾驶技术的开发和验证提供实用的方法与工具。

4.5.1 视觉检测

视觉检测是自动驾驶系统中至关重要的一环，它通过模拟车辆的视觉传感器，评估车辆在行驶场景中的目标检测性能。PreScan 是一个用于虚拟仿真的软件平台，其中包括视觉检测方面的功能。PreScan 的视觉检测功能可用于模拟和评估车辆周围环境的感知系统。视觉传感器（如摄像头、雷达和激光雷达等）能够获取车辆周围环境的图像信息，并通过算法进行目标识别、跟踪和分类。通过 PreScan 的视觉检测功能，用户可以模拟这些传感器在不同场景下的工作情况，如交通标志识别、行人检测、车道线识别等。用户可以在仿真环境中测试和优化各种视觉检测算法与传感器布局，以提高车辆的感知能力和安全性能。

根据上文的场景设计和开发流程，设计出合适的测试环境，在一条笔直的双向六车道高速公路上，行驶着一辆搭载了 Camera Sensor 摄像头模块的 Audi_A8_Sedan 测试车，即将通过高速龙门架，其场景搭建图如图 4-31 所示。添加的 Camera Sensor 摄像头模块参数需要在图 4-32 的模块参数设置界面进行设置，可以改变摄像头的安装角度、拍摄角度，其他属性也可以在该界面进行设置，如基本参数、偏差、漂移和相机效果。

图 4-33 为 PreScan 中车辆加入 Camera Sensor 摄像头的视觉检测效果。

在上面的例子中创建了一个车辆，并在距离车辆 50m、30m 和 10m 处对检测到的"龙门架"和"黑色车辆"进行比较，从图 4-33 中可以看出视觉检测的效果。

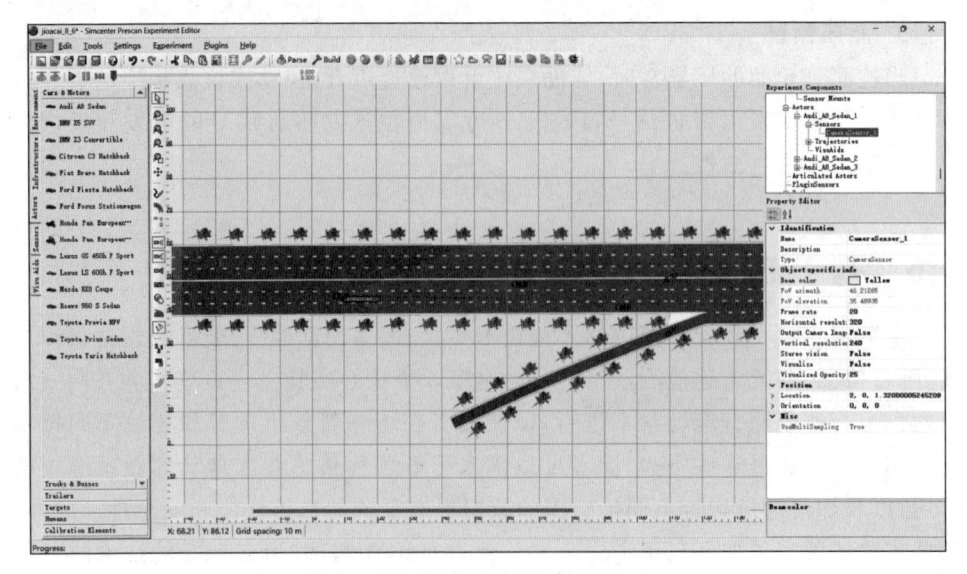

图 4-31　场景搭建图

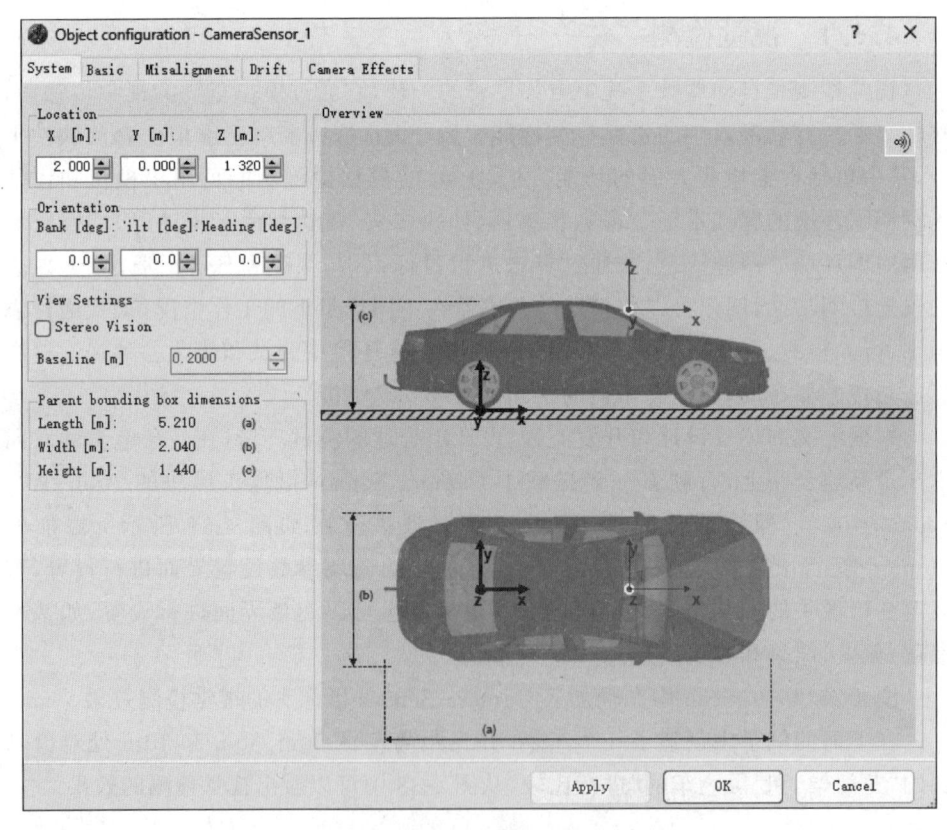

图 4-32　Camera Sensor 摄像头模块参数设置界面

(a)

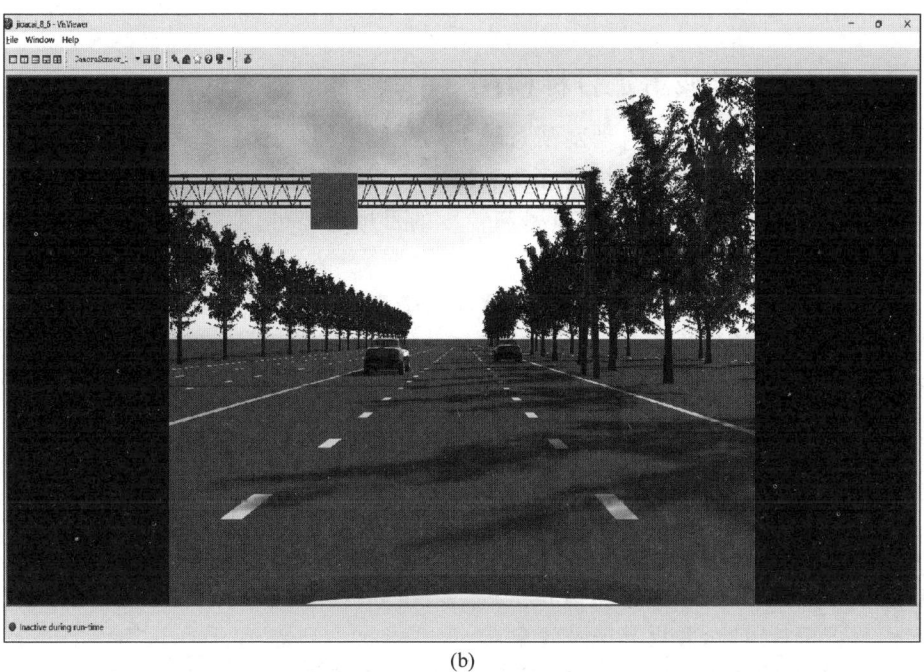

(b)

图 4-33　PreScan 中车辆加入 Camera Sensor 摄像头的视觉检测效果

(a) 50m；(b) 30m；(c) 10m

(c)

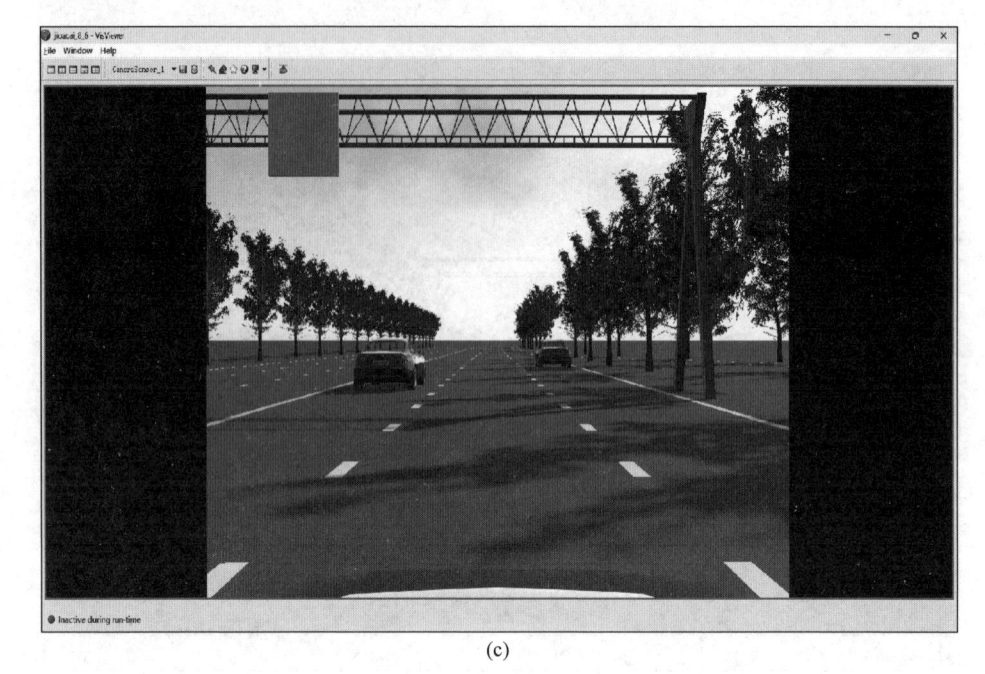

图 4-33 （续）

4.5.2 毫米波雷达目标检测

毫米波雷达是一种在自动驾驶系统中广泛使用的传感器，它利用毫米波频段的电磁波实现对车辆周围目标的探测和跟踪。相比其他传感器，毫米波雷达在恶劣天气条件下的可靠性更高，并具备高精度的目标距离、速度和角度测量能力，能够有效应对复杂的道路环境。

毫米波雷达的工作原理是发射短脉冲的毫米波信号，然后接收并分析从目标散射回来的电磁波信号。利用这些散射信号的时间差和频率变化，获取目标的距离、速度和角度等信息。毫米波雷达的工作频段在 30~300GHz，这使它能够在不同天气条件下准确识别和跟踪道路上的各种目标。

毫米波雷达在自动驾驶领域有着广泛的应用前景。它通过实时感知周围环境中的目标，为自动驾驶系统提供重要的信息支持。毫米波雷达能够准确识别和跟踪车辆、行人和自行车等道路上的各种目标，实现对复杂交通场景的感知和理解。这种实时环境感知能力为自动驾驶车辆的决策和规划提供重要参考，提高行驶安全性，降低事故风险，并提升行驶效率。

本实验中将使用 PreScan 软件进行毫米波雷达目标检测的仿真实验。首先根据开发流程搭建需要的场景：一条双向六车道的高速公路，上面有若干正在行驶的车辆，其中①号车 DAF_95_XF_1 的车辆 ID 是 7，②号车 Audi_A8_Sedan_1 的车辆 ID 是 3，如图 4-34 所示。

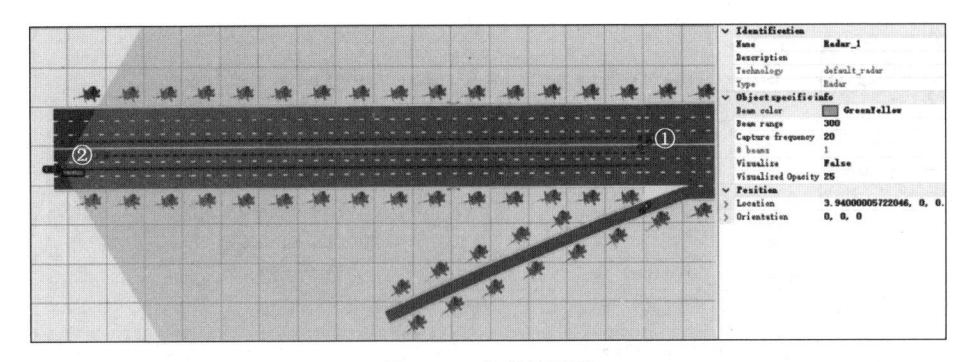

图 4-34　仿真场景图

通过设置毫米波雷达参数,可以模拟不同道路环境和目标情况,观察和分析毫米波雷达的目标检测性能,不同的天气环境对毫米波雷达的衰减情况也不同,其如图 4-35 所示。对雷达探测毫米波束进行设置(图 4-36):①探测束设为 1;对探测束的开角设置为 120°;②增大探测范围;对毫米波雷达仿真频率设置为 20Hz;③与整体仿真实验频率成公约数关系。

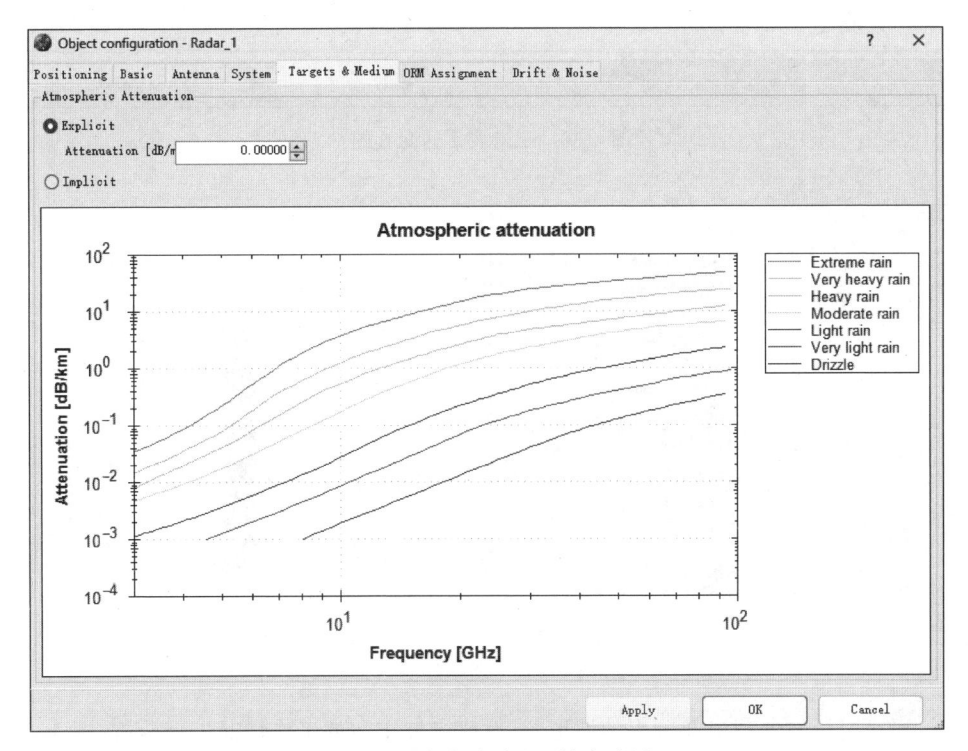

图 4-35　毫米波雷达环境衰减图

在 Simulink 中设置一条 Bus 总线,可以看到 Bus 总线中各支线的用途,其中右边的 Display 模块能够直观、实时显示监测数据,如图 4-37 所示。

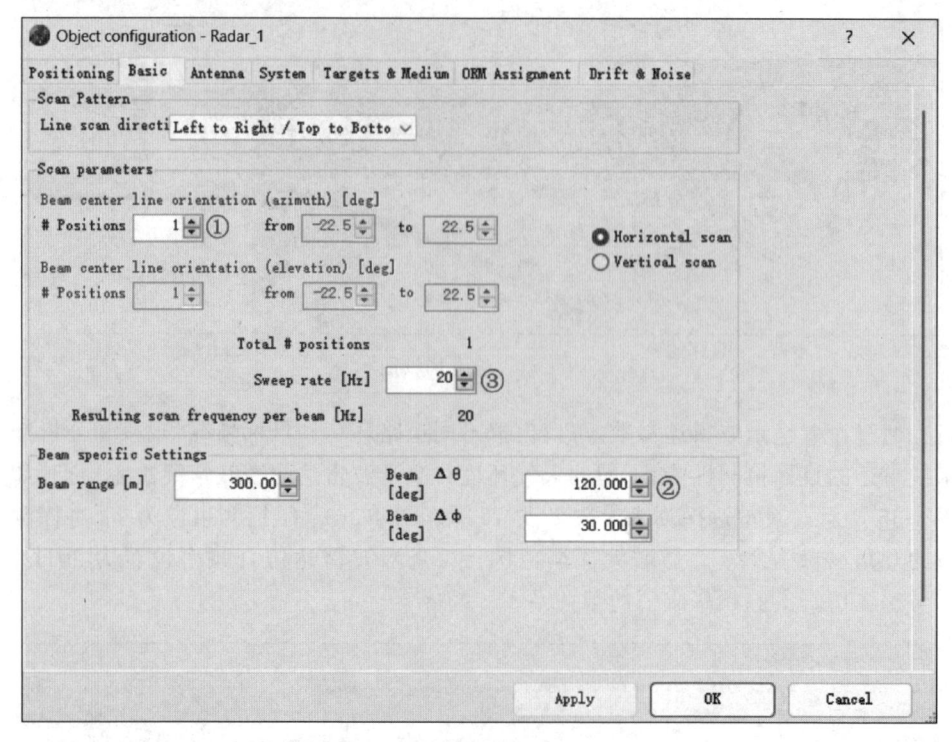

图 4-36 毫米波雷达配置图

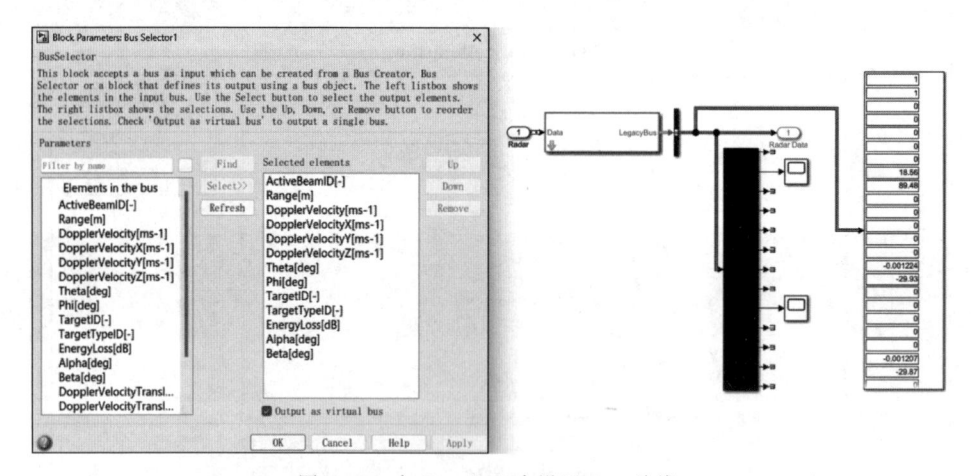

图 4-37 在 Simulink 中设置 Bus 总线

再通过示波器观测及输出的波形图,对毫米波雷达的工作情况进行分析,图 4-38 所示的波形图是对毫米波雷达探测距离的检测,当装有毫米波雷达的小车运动时,可以检测到其他车道上的车与测试车的距离,运动过程中距离不断缩减,直到测试车前面不再有车辆。图 4-38 中图例 1 所示线条短缺了一段,体现出毫米波雷达的弊端,当有重复物体出现在毫米波雷达之前时,毫米波雷达只能检测到距离它最近的物体。图 4-39 中输出的是检测对象的 ID 数值,PreScan 中每个对象都有其相应的 ID 数值。

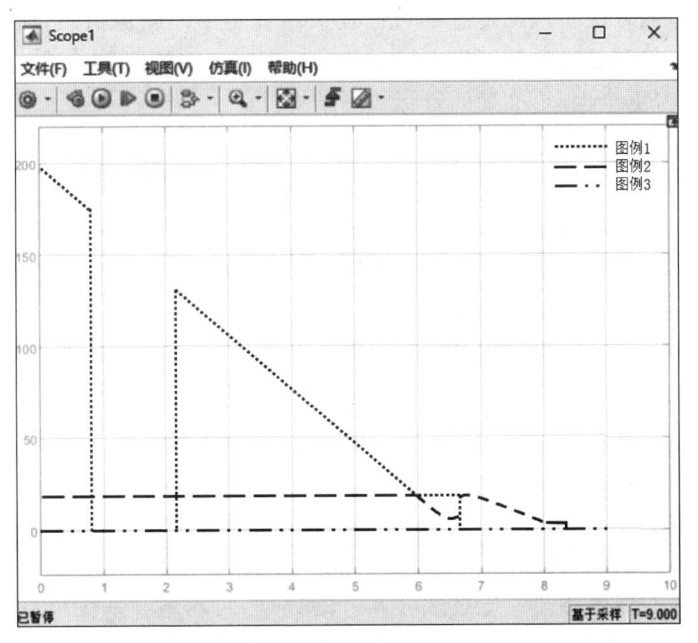

图 4-38 探测距离图

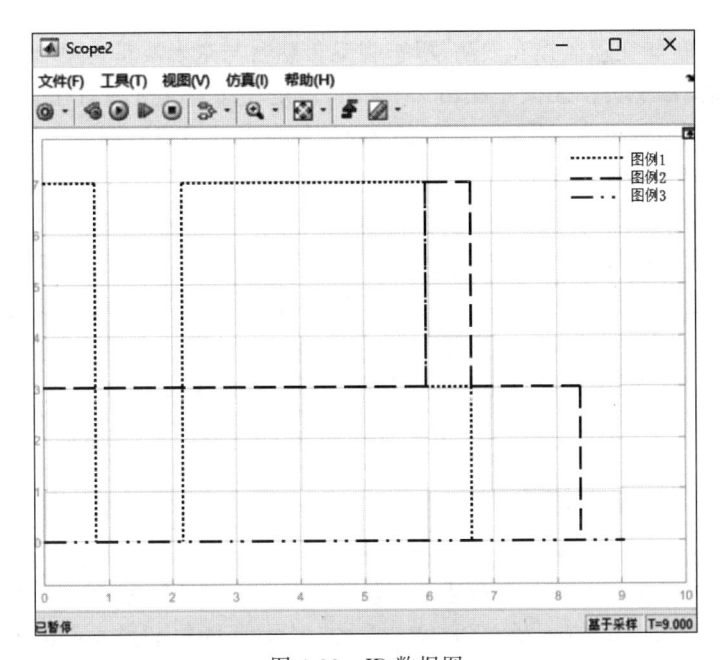

图 4-39 ID 数据图

4.5.3 视觉传感器与毫米波雷达融合检测

视觉传感器与毫米波雷达融合检测是一种结合传统摄像头图像和毫米波雷达数据的目标检测方法。视觉传感器可以提供高分辨率的图像信息,而毫米波雷达能够在恶劣天气和低光条件下实现可靠的目标探测。将这两种传感器的数据进行融合,可以获得更全面、更准确的目标检测结果。

视觉传感器的工作原理是通过捕捉环境中的光线信息,形成图像并提取目标特征。然而,在光照不足、目标遮挡或复杂背景下,视觉传感器的性能可能受到限制。而毫米波雷达利用发射和接收毫米波信号,通过分析目标散射回来的信号实现目标检测。毫米波雷达具有穿透性强、不受光照和雨雪等天气条件影响的优势,能够可靠地检测各种复杂场景下的目标。

将视觉传感器和毫米波雷达的数据进行融合,可以充分利用两者的优势,弥补各自的不足。融合检测算法可以利用视觉传感器提供的图像信息进行目标形状、纹理等特征的提取,结合毫米波雷达提供的距离、速度和角度等信息,实现更准确的目标识别和跟踪。这种融合检测方法在自动驾驶、智能交通和安防等领域有着广泛的应用前景。

在自动驾驶领域,视觉传感器与毫米波雷达融合检测可以实现对车辆、行人和障碍物等目标的准确感知。通过融合两者的数据,自动驾驶系统可以精确地判断目标的位置、速度和行驶轨迹,提高车辆的决策和规划能力,从而增强行驶安全性和效率。

此外,在智能交通监控和安防领域,视觉传感器与毫米波雷达融合检测具有更强大的目标检测能力。无论是在白天、夜晚,还是在恶劣天气条件下,融合检测可以实现对交通违规行为、异常行为和安全隐患等目标的可靠监测与识别,为交通管理和安全防护提供有力支持。

通过本实验中的视觉传感器与毫米波雷达融合检测仿真实验,可以评估该方法在不同场景下的性能表现,并进一步推动自动驾驶和智能交通领域的发展。视觉传感器与毫米波雷达融合检测的应用将极大地提升目标感知的准确性和鲁棒性,为实现更安全、更高效的交通系统作出重要贡献。实际操作为实验一(视觉检测)和实验二(毫米波雷达目标检测)相结合,具体显示效果如图 4-38～图 4-40 所示。

4.5.4 激光雷达检测

激光雷达检测是一种在自动驾驶和环境感知领域广泛应用的技术,它利用激光束的发射和接收实现对周围环境中目标的高精度探测与测量。通过发射激光束并接收目标物体反射的光信号,激光雷达可以获取目标的距离、位置和形状等信息。

图 4-40 Camera Sensor 摄像头视觉检测效果

(a) 50m；(b) 30m；(c) 10m

(c)

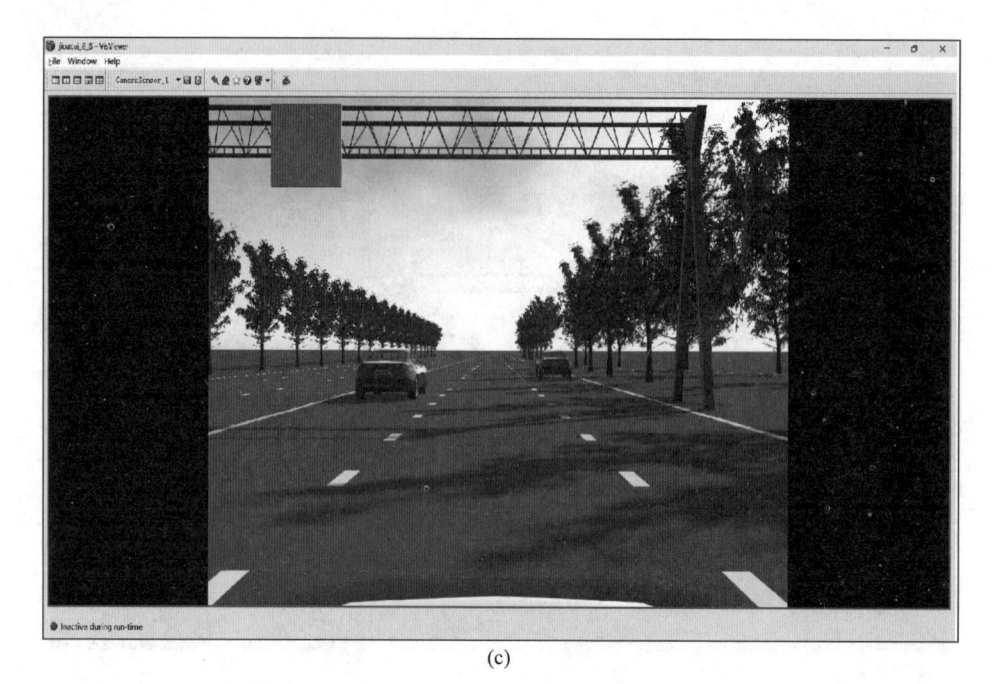

图 4-40 （续）

激光雷达工作的基本原理是利用激光束与目标物体的相互作用，测量激光束的反射时间和强度。激光雷达会连续发射激光束，并通过接收反射回来的光信号确定目标物体的位置和轮廓。通过扫描激光束的方向和角度，激光雷达能够生成三维点云影像数据，描述周围环境中的物体分布和形状。

激光雷达在自动驾驶系统中起着至关重要的作用。它能够实时感知和识别道路上的车辆、行人、障碍物等目标，提供准确的空间位置和形状信息。这些数据对于实现自动驾驶车辆的路径规划、决策和避障等关键任务至关重要。激光雷达具有高精度、高分辨率和全天候工作的特点，能够在不同天气和光照条件下稳定运行，提供可靠的环境感知能力。

本实验中，将使用仿真环境进行激光雷达目标检测。通过模拟激光雷达的工作原理和参数设置，可以生成虚拟场景并观察激光雷达获取的目标点云影像数据。通过分析和处理这些数据，可以评估激光雷达的目标检测性能，探索优化算法和方法，提高自动驾驶系统中的环境感知能力。

本实验中，将使用 PreScan 软件进行毫米波雷达目标检测的仿真。首先根据开发流程搭建需要的场景：一条双向六车道的高速公路，上面有若干正在行驶的车辆，其中①号车 BMW_Z3_Convertible_1 的 ID 是 7，②号车 Roewe_550_S_Sedan_1 的 ID 是 6，如图 4-41 所示。

激光雷达传感器与毫米波雷达传感器设置方式大同小异，基本相同，不同之处在于前者的扫描模式多了一个矩阵扫描。本次实验中设置的激光雷达最大检测目

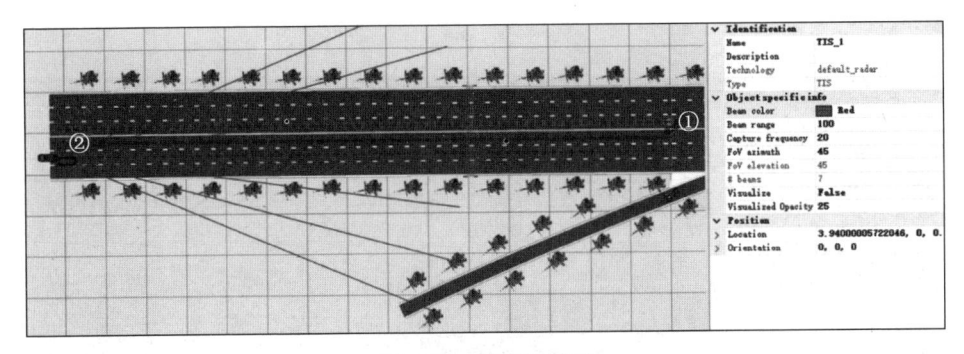

图 4-41 仿真场景图

标为 2(便于观察 Display 模块),如图 4-42 所示。

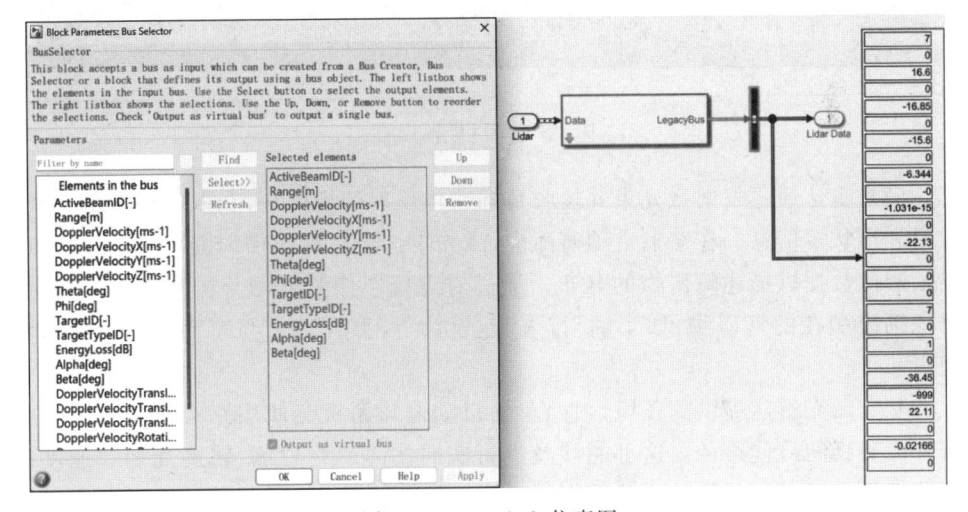

图 4-42 Simulink 仿真图

车辆运行时,通过 Display 模块可以检测到测试车辆前面检测对象的 ID,如图 4-43 所示。测试车前面的白色车辆是图 4-41 中的①号车,其 ID 是 7。在 Display 模块中,由于最大检测数量为 2,所以其 Bus 总线的排序,前两个数据都是 Active Beam ID 对 ID 的检测,第 3～4 个数据是 Range 对距离的检测,以此类推,共有 26 个数据。

4.5.5 车辆自动避障

车辆自动避障是自动驾驶系统中的关键功能,它利用各种传感器和算法进行检测并避免与道路上的障碍物发生碰撞。激光雷达作为环境感知的重要组成部分,在车辆自动避障中发挥着重要作用。通过激光雷达的高精度测量和准确的目标检测,车辆可以实时感知周围环境,并根据检测到的障碍物进行路径规划和决策,确保行驶的安全、顺利。

图 4-43　3D 可视化图

激光雷达通过发射激光束并接收目标物体反射的光信号,获取障碍物的距离、位置和形状等信息。在车辆自动避障中,激光雷达会连续扫描周围环境,生成三维点云影像数据以描述障碍物的分布。通过对点云影像数据的分析和处理,车辆可以识别出潜在的障碍物,如车辆、行人、建筑物等,并计算其与车辆的相对位置和距离。

基于激光雷达提供的环境信息,车辆自动避障系统会使用路径规划算法确定避开障碍物的最佳路径。这可能涉及进行实时的障碍物检测、轨迹规划和速度控制等操作。通过与其他传感器数据的融合,如摄像头、雷达等,车辆可以更准确地感知和理解环境,并作出相应的避障决策,确保安全行驶。

本实验中,将使用激光雷达在仿真环境中实现车辆自动避障的仿真。通过设置障碍物、车辆和激光雷达等参数,并结合路径规划算法,观察和评估车辆的避障性能。这将有助于深入理解激光雷达在车辆自动避障中的应用,优化避障算法和方法,并提高自动驾驶系统的安全性和可靠性。

首先根据场景需要搭建一条 300m 的双向六车道,在道路一侧放置一辆小轿车(Audi_A8_Sedan_1),并在车辆上放置 TIS 传感器,用于识别障碍物,在该车道前方 100m 处放置故障车辆,具体场景图如图 4-44 所示。

再根据需求在 Simulink 中设置应用 S-Function 函数,设计其避障算法,在 TIS 传感器检测到前方障碍物时,通过 S-Function 函数中的代码对当前车辆角度进行比对,若当前车辆角度与障碍物有偏差,则添加对车辆的横向角度偏转,使其实现避障。Simulink 模型图如图 4-45 所示,其中 S-Function 函数代码如图 4-46 所示。

第4章　PreScan智能车辆仿真与测试　117

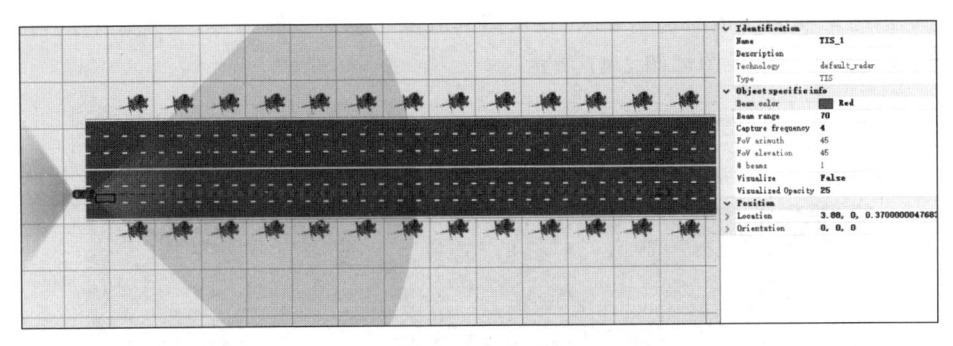

图 4-44　场景图

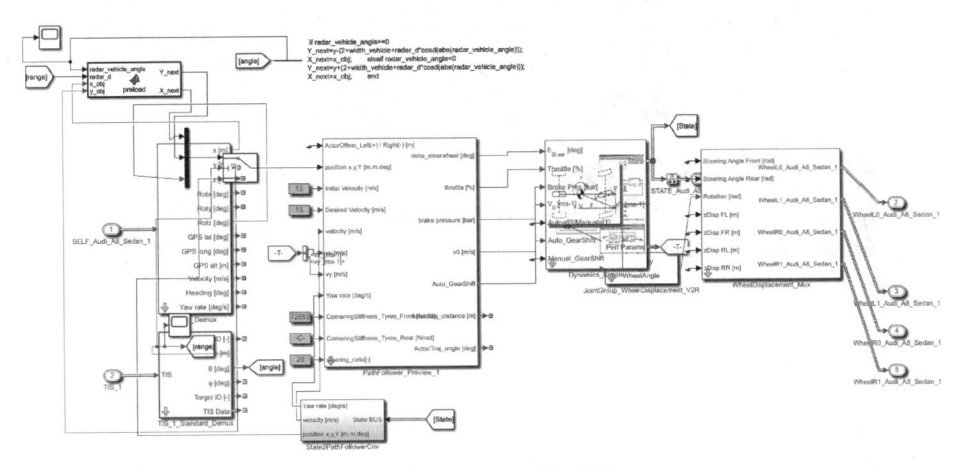

图 4-45　Simulink 模型图

```
function [Y_next, X_next]=preload(radar_vehicle_angle, radar_d, x_obj, y_obj)
width_vehicle=0;

if radar_vehicle_angle>=0
    Y_next=y_obj-(0+width_vehicle+radar_d*cos((abs(radar_vehicle_angle))*pi/180));
    X_next=x_obj;
else
    Y_next=y_obj+(0+width_vehicle+radar_d*cos((abs(radar_vehicle_angle))*pi/180));
    X_next=x_obj;
end
```

图 4-46　S-Function 函数代码

最终车辆能够按照预期要求，在检测到故障车辆时及时避障，实现车辆的自动避障功能，实际效果图如图 4-47 所示。

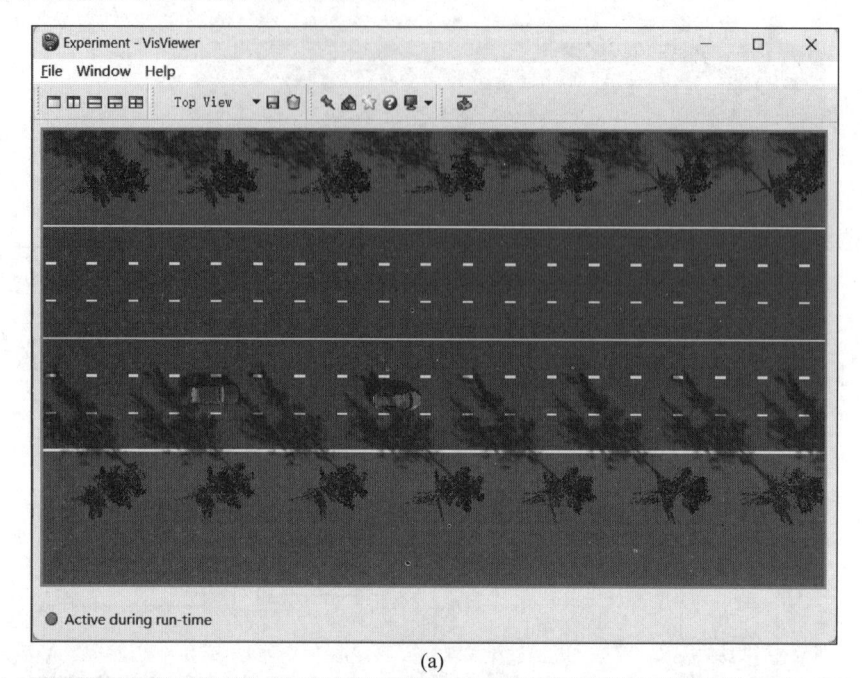

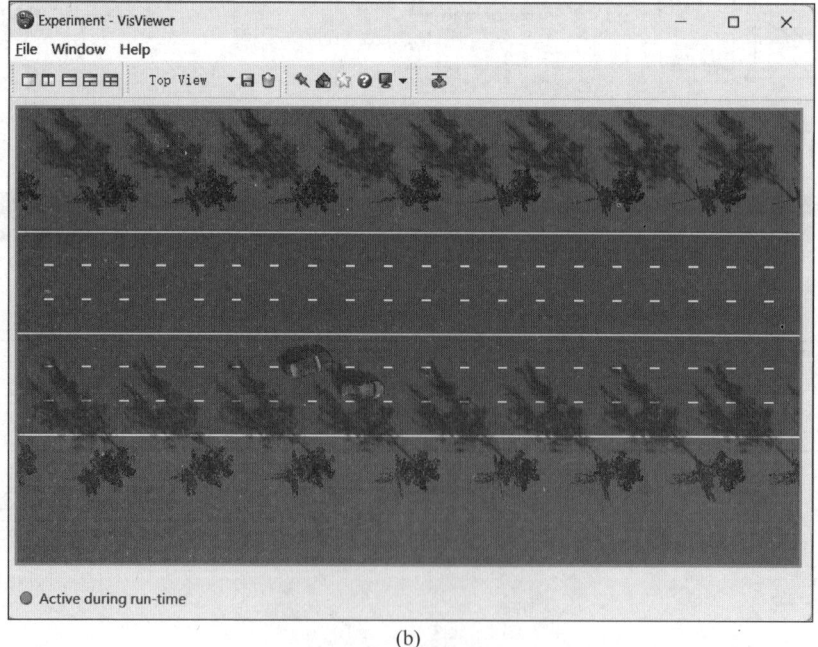

(a)

(b)

图 4-47 实际效果图
(a) 检测到故障车辆；(b) 躲避故障车辆；(c) 返回原车道

(c)

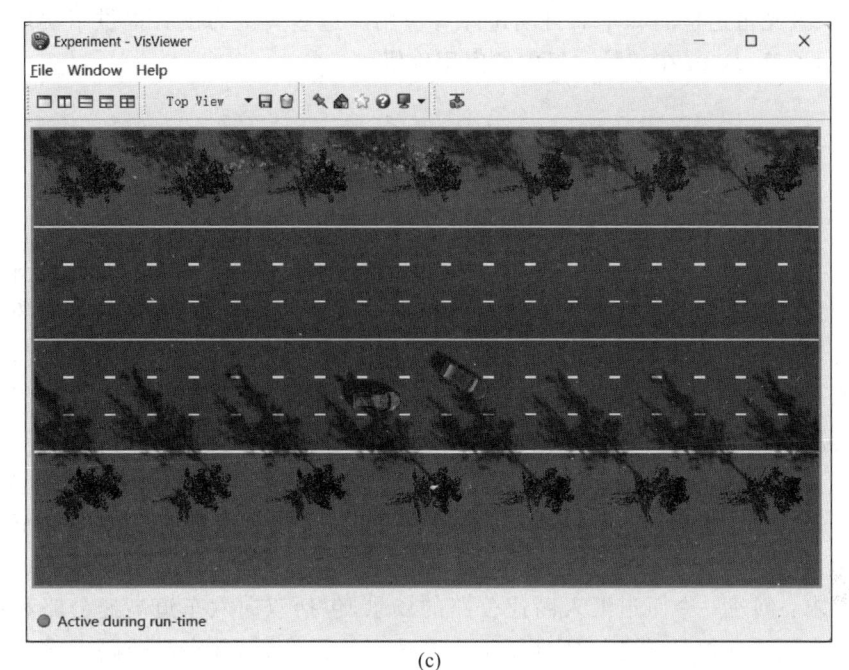

图 4-47 （续）

本 章 小 结

本章详细介绍了 PreScan 智能车辆仿真与测试的相关内容，通过对 PreScan 平台的介绍、主要模块的分析，以及实际操作和应用实例的展示，使读者全面理解并掌握这一仿真工具的使用方法。

本章首先对 PreScan 进行概述，介绍了软件的基本功能、工作界面及安装步骤。这部分内容为读者初步了解 PreScan 提供了必要的基础知识，使其能够顺利地使用该工具。其次深入解析了 PreScan 的主要模块，包括驾驶场景模块、基础设施模块、传感器模块、车辆模块、轨迹设置模块、可视化模块等。通过对各模块的详细描述，使读者如何掌握利用这些模块构建复杂的仿真环境，并了解每个模块在智能车辆仿真中的具体作用。再次介绍了 PreScan 的基础操作，包括场景设计和开发流程。通过实际操作步骤的演示，使读者学习如何在 PreScan 中设计仿真场景并开展测试，这为后续的高级应用打下了实践基础。还探讨了基于 PreScan 的驾驶辅助系统的开发与测试，包括车道偏离预警、碰撞预警和胎压预警等系统的仿真与测试。这部分内容展示了 PreScan 在智能车辆辅助系统研发中的实际应用，使读者理解如何通过仿真手段提高系统的安全性和可靠性。最后，选取高速公路场景，展示了基于 PreScan 的智能车辆仿真测试实例，包括视觉检测、毫米波雷达目标检测、激光雷达检测和车辆自动避障等应用。这些实例为读者提供了实用的参考，展示了 PreScan 在实际项目中的应用价值。

课后习题

1. 直道场景的创建与车辆交互。

任务描述：在 PreScan 中创建一个高速直道场景，并模拟车辆之间的交互。

要求：构建一个至少包含长 1km 的单向三车道高速直道，并设置不同的车道标记。添加至少三辆不同型号的车辆，并设置其在道路上的位置和初始速度，要求至少有一辆车在加速超车。配置至少一辆车的传感器系统，如雷达，以检测邻近车辆的速度和距离。保存场景并截图展示直道场景，包括车辆交互情况。

2. 匝道场景的构建与车辆动态。

任务描述：在 PreScan 中构建一个包含匝道的高速公路场景，并模拟车辆的动态行为。

要求：创建一个匝道汇入高速公路的场景，包括双向六车道高速公路和一条匝道。在匝道入口处放置一辆准备汇入高速车流的车辆，并在高速路上设置其他车辆模拟交通流。模拟车辆从匝道汇入主路的过程包括加速和车道变换。描述你的场景设置，包括道路的几何形状、交通流量和车辆的动态行为。

3. 车辆传感器的添加与仿真测试。

任务描述：在 PreScan 中为一辆自动驾驶测试车辆添加传感器，并进行仿真测试。

要求：选择一辆自动驾驶测试车辆，并为其添加至少三种类型的传感器（如前视摄像头、侧视摄像头、前向雷达）。调整传感器的位置和方向，确保其覆盖车辆周围的关键视野区域。设计一个简单的场景，模拟车辆在直道上的行驶，并使用传感器检测前方障碍物。运行仿真，记录传感器检测到的障碍物信息，并分析传感器的性能。

4. 自动紧急制动系统仿真测试。

任务描述：在 PreScan 中创建并仿真一个单向两车道的场景，实现自动紧急制动系统，以评估其检测到前方障碍物时的制动效果。

要求：具体实现可参考 PreScan 自带的仿真模拟库。创建一条长 1km 的单向三车道场景，并确保道路标线清晰。添加两辆"气球车"，一辆作为目标车辆，另一辆作为前车。为目标车辆配置至少一种前向传感器，如雷达或摄像头。实现自动紧急制动算法，确保系统实时响应传感器数据并触发制动。设定前车和目标车辆的速度差，运行仿真，记录 AEB 系统在不同条件下的表现。分析制动距离、系统响应时间，并讨论 AEB 系统在实际驾驶中可能遇到的挑战。

参 考 文 献

[1] 崔振,赵一凡,孟祥虎,等.基于PreScan的智能网联测试环境搭建与仿真[J].物联网技术,2023,13(1)：71-72,76.

[2] 春银.基于PreScan的自动驾驶测试场景生成及虚实结合测试系统构建[D].西安：长安大学,2023.

[3] 马宏伟,吴长水.基于PreScan的车道偏离预警系统研究[J].计算机与数字工程,2022,50(5)：964-967.

[4] OU Y J,WANG X L,HUANG C L,et al. Application and simulation of cooperative driving sense systems using PreScan software[C]//2017 International Conference on Information, Communication and Engineering (ICICE). IEEE,2017：173-176.

第5章

CARLA智能车辆仿真与测试

本章将详细介绍 CARLA 仿真平台,通过介绍常见的智能车辆控制算法和实际开发实例帮助读者理解相关概念和技术。CARLA 仿真平台可以通过基于 Unreal 引擎的高保真 3D 渲染技术生成真实城市交通环境,同时通过灵活的 API 接口解决自动驾驶问题中涉及的一系列任务。本章内容分为以下几节。

- 概述:介绍 CARLA 仿真软件的原理和安装教程,使读者能够充分地认知 CARLA。
- CARLA 基础操作:详细介绍 CARLA 仿真软件的使用教程,为后续章节的算法讲解与实例开发奠定基础。
- 基于 CARLA 的路径规划与轨迹跟踪基础:从智能车辆路径规划、避障与轨迹跟踪三部分详细介绍常用智能车辆运动控制理论与方法,为后续的仿真验证提供理论基础。
- 基于 CARLA 的智能车辆仿真与测试实例:针对上一节介绍的三种智能车辆控制算法,设计基于 CARLA 平台的仿真实验,展示其在高速公路场景中的应用。

通过本章的学习,使读者掌握 CARLA 仿真平台的开发流程,同时可以更好地运用和验证交通理论模型及其在工程项目中的应用方法,为后续的实际项目工作奠定坚实基础。

5.1 概述

5.1.1 CARLA 简介

CARLA 是由西班牙巴塞罗那自治大学计算机视觉中心指导开发的开源模拟器,用于自动驾驶系统的开发、训练和验证。

CARLA 用于为自动驾驶(autonomous driving,AD)和其他机器人的应用生成训练数据。CARLA 模拟一个高度逼真的环境,模拟现实世界的城镇、城市和高速公路及占据这些驾驶空间的车辆和其他物体。通过灵活的 API 完成自动驾驶问题中涉及的一系列任务。CARLA 的主要目标之一是成为实现用户轻松访问和定制化的一款自动驾驶研发工具。为此 CARLA 模拟器必须满足一般驾驶问题中不同使用情况的要求(如学习驾驶策略、训练感知算法等)。

CARLA 基于 Unreal Engine 运行模拟,并使用 OPENDRIVE 标准定义道路和城市设置。UE4 引擎提供最先进的渲染质量和逼真的物理效果,可构建高保真度的测试环境。简言之,CARLA 是 UE4 的一个项目,它支持 UE4 具备的所有功能。UE4 提供了一种特殊的编程语言——蓝图,蓝图编程是一种可视化的面向对象的编程语言,具有可继承性(父子类),因此 CARLA 的许多功能都是通过蓝图编程实现的。CARLA 中所有车辆共用内置的一个车辆蓝图,当然可以对特定车辆的车辆蓝图动力学参数进行设置。内置车辆的动力学特性相对简单,只涉及横向和纵向动力学(新版本中测试版 CARLA 已经支持与 CarSim 联合仿真,当然复杂的动力学模型是用于主车的)。针对背景车辆,CARLA 软件中自带的整车模型可以满足要求,背景车辆都由一种简单的自动驾驶算法控制,依赖于底层的蓝图机制,跟着航路点行驶,可以识别障碍物,遵循红绿灯控制。CARLA 通过使用 Python 和 C++的 API 实现对模拟器的控制,该 API 会随着项目的发展不断增长。

为了使开发、培训和验证驾驶系统过程顺畅,CARLA 已发展成为一个项目生态系统,由社区围绕主平台构建。在这种情况下,了解 CARLA 如何工作十分重要,以便充分理解其功能。

除开源代码和协议外,CARLA 还提供以用于城市自动驾驶系统开发、训练和验证为目的而创建的开放式数字资产(城市布局、建筑物、车辆等),并可自由使用。支持灵活的传感器套件规格和环境条件(白天、夜晚、雨雪天气等)。

CARLA 模拟器还可用于评估和测试环境。用户可以在模拟器中部署 AD 代理,以测试和评估其性能和安全性,所有这些都在模拟环境的安全性范围内进行,不会对硬件或其他使用者造成风险。

5.1.2　CARLA 基本架构

CARLA 是一个开源的自动驾驶模拟器,主要由可扩展的客户端-服务器(client-server)架构组成。服务器负责实现与模拟本身相关的所有任务:传感器渲染、物理计算、世界状态及其参与者的更新等。由于其旨在获得真实的结果,因此最适合使用专用 GPU 运行服务器,尤其是在处理机器学习时。客户端由一组客户端模块组成,这些模块控制场景中演员(指车辆和行人)的逻辑并设置世界条件,主要通过 CARLA API(在 Python 或 C++中)实现。CARLA 仿真软件架构图如图 5-1 所示。

服务器端(server)主要由交通管理器(traffic manager)、传感器(sensors)、记录器(recorder)、ROS 桥(ros bridge and autoware)、开放资源(open assets)5 个部

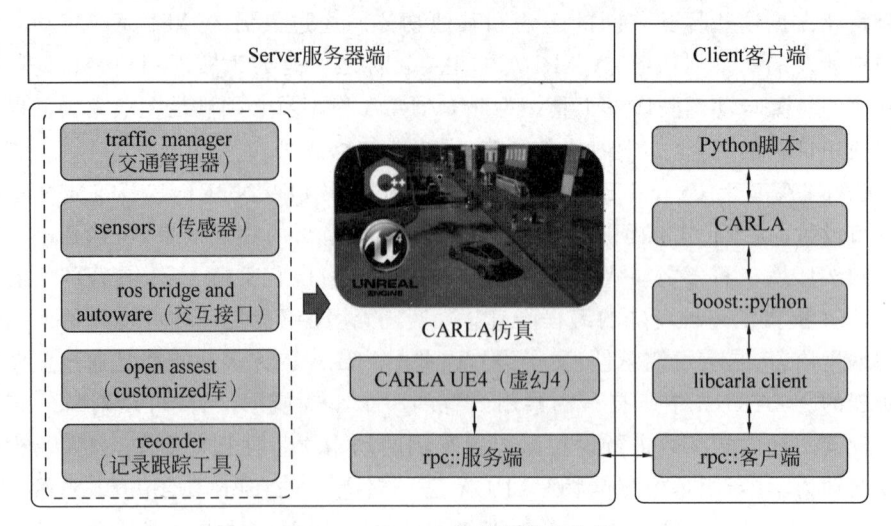

图 5-1　CARLA 仿真软件架构图

分组成。其详细功能如下。

交通管理器：这是 CARAL 服务器端最主要的部分，其作为 CARLA 的一个内置系统，除了用于学习的车辆外，还可以控制车辆。它作为 CARLA 提供的指挥器，以逼真的行为再现类似城市的环境。

传感器：车辆依靠 sensors 分发周围环境的信息。在 CARLA 中，它们是附加在车辆上的特定类型的参与者，可以检索和存储接收到的数据以简化流程。目前，这一项目支持不同类型的传感器部件，如摄像头到雷达、激光雷达等。

记录器：此功能用于为虚拟世界中的每个要素逐步重演模拟。它允许访问世界任何地方时间轴上的任何时刻，是一个很棒的仿真工具。

ROS 桥：主要功能是作为仿真接口，将 CARLA 模拟器集成到其他学习环境中。

开放资源：通过对天气条件的控制和一个包含大量元素的蓝图库，为城市环境提供不同的地图。并且这些元素可以定制，可以按照简单的指南生成新元素。

客户端（Client）的作用主要是控制服务器端。用户通过编写 Python 脚本（或者 C++）向服务器端输送指令，指导世界的变化，服务器端则根据用户的指令执行。另外，客户端也可以接收服务器端的信息，譬如某个照相机拍到的路面图片。

CARLA 的服务器端和客户端主要通过远端程序呼叫（remote procedure call，RPC）进行连接。用户主要通过将 Python 库作为客户端，同时通过 API 调用的方式与 CARLA 仿真器进行交互，以实现场景搭建和算法实现等仿真工作。

5.1.3　CARLA 工作界面

启动 CARLA 模拟器，需要在计算机中找到 CARLAUE4.exe 文件，其属性如

图 5-2 所示,双击图标就可以运行。

图 5-2　CARLAUE4.exe 属性

根据计算机配置不同,CARLA 启动需要一定时间完成。出现如图 5-3 所示的城市街道画面,说明 CARLA 运行成功。

图 5-3　城市街道画面

5.1.4　CARLA 安装

Windows 操作系统安装 CARLA 有两种方式。

方式一:直接从 CARLA 官网下载安装包并且解压缩,然后结合 CARLA 的说明文档、Python API 等模块进行开发使用。

可以在官方网站上找到最新版本的下载链接。搜索 CARLA 软件,或者输入 CARLA 官网链接,即可进入。

如图 5-4 所示,读者可在 CARLA 官网中查询 CARLA 软件的相关功能、使用介绍和版本更新内容。此时读者只需单击图中的"DOCUMENTATION"按钮，即可跳转到 CARLA 客户端下载界面。

图 5-4　CARLA 官网

单击图 5-5 所示的链接进行下载，下载后解压到本地即可，解压完成后仿真软件并不能立刻运行，需要根据用户需求下载其他环境，这里用的是 Python 进行通信交互，因此需要下载 Python 相关依赖。用户可选择合适的版本进行下载。

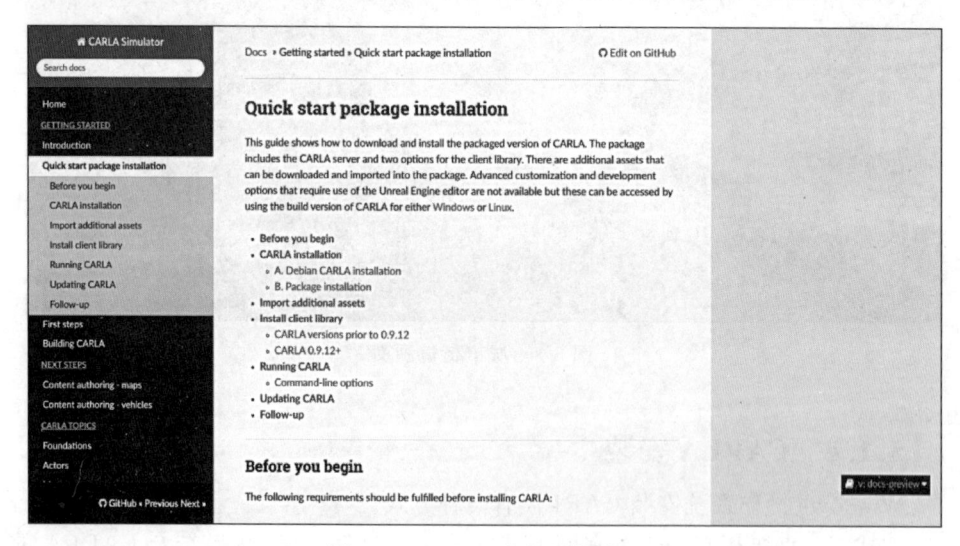

图 5-5　CARLA 官方下载界面

方式二：从 Github 官网上下载 CARLA 软件源码，读者可以下载自己所需版本自行编译开发。Github 下载界面如图 5-6 所示。

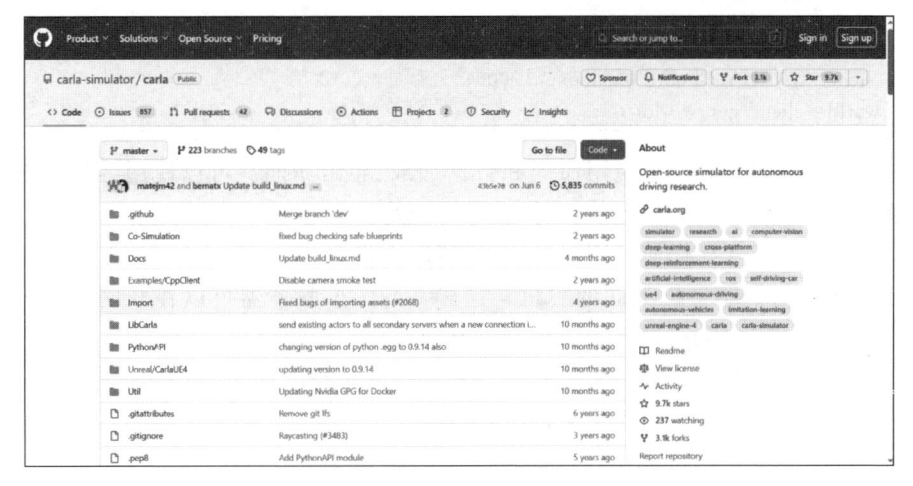

图 5-6 Github 下载界面

5.2 CARLA 基础操作

5.2.1 启动 CARLA 并连接客户端

客户端是 CARLA 的基础概念之一,是控制仿真及其中执行器(actor)必需的抽象。

本章介绍了其基本定义以及如何创建它。

客户端能连接到服务器、检索信息和更改命令,这些操作可以通过脚本完成。客户端明确自己的身份并连接到世界,然后进行仿真操作。

此外,客户端还可以访问 CARLA 高级模块、高级特性,并能应用命令批处理。本节只讨论命令批处理。这对于生成大量执行器等基本内容非常有用。客户端的其他特性则更复杂,将在各自的页面及高级特性中对其进行讲解。

CARLA 可以使用命令行启动,使用 Windows 中的可执行文件或 Linux 中的 shell 脚本。按照 Linux 和 Windows 的安装说明进行操作,然后执行如下命令行,启动 CARLA:

```
cd/CARLA/root
./CARLAUE4.sh
```

通过 Python API 操作 CARLA,需要通过开放端口将 Python 客户端连接到服务器。通过客户端和世界对象控制模拟器,打开 Python 或创建新脚本,然后将以下代码添加到 main 函数的开头部分:

```
import CARLA
import random
```

```
# Connect to the client and retrieve the world object
client=CARLA.Client('localhost', 2000)
world=client.get_world()
```

客户端同时具有许多应用命令和数据加载、导出功能。可以使用客户端对象加载替代映射或重新加载当前映射(重置为初始状态)。

该端口可以选择任何可用端口,默认情况下设置为 2000。还可使用计算机的 IP 地址选择与本地主机不同的主机。这样 CARLA 服务器可以在联网机器上运行,而 Python 客户端可以在个人计算机上运行。

注意:下文假定 CARLA 在默认异步模式下运行。如果已使用同步模式,则以下各节中的某些代码可能无法按预期工作。

5.2.2 加载地图

地图包括城镇的 3D 模型及其道路定义。道路定义基于 OpenDRIVE 文件,是一种标准化的带注释的道路定义格式。OpenDRIVE 标准以定义道路、车道、交叉路口等的方式决定 Python API 的功能及决策背后的原因。

Python API 充当高级查询系统导航这些道路,它不断发展以提供更广泛的工具集。

在 CARLA API 中,世界(world)模块用于实现对模拟所有元素的访问,包括地图、地图中的对象,如建筑物、交通信号灯、车辆和行人。CARLA 服务器加载默认地图(通常是 Town10)。如果使用备用地图启动 CARLA,通常使用如下脚本:

```
./config.py --map Town05
```

客户端可以通过以下代码相当容易地连接和检索当前 world 模块:

```
"world=client.get_world()"
```

客户端还可以获取可用地图列表来更改当前地图。这将删除当前的"world",并创造一个新的"world"。

```
"print(client.get_available_maps())
world=client.load_world('Town01')
# client.reload_world() 使用相同的地图创建世界的新实例"
```

每个世界对象都有一个 ID 或 Episode。每次客户端调用 Load_world()或 Reload_world()时,前一个都会被删除。新的 world 是从头开始构建的,虚幻引擎在此过程中不会重新启动。

5.2.3 观众导航

观众导航是模拟的视图。默认情况下,当在已连接屏幕的计算机上运行

CARLA 服务器时，观众导航将在新窗口中打开，除非指定命令行选项"-Render Off Screen"。

观众导航有助于可视化用户的模拟。使用观众导航可以熟悉已加载的地图，并查看所做的所有更改的结果，如添加车辆、更改天气、打开/关闭地图的各图层，从而用于调试。观众视角如图 5-7 所示。

图 5-7 观众视角

可以使用鼠标控制观众视图的俯仰和偏航，并用 QWE-ASD 键转换观众视角，让观众环游世界，如表 5-1 所示。在观众窗口中单击左键并上下拖动鼠标以控制俯仰，左右拖动鼠标以控制偏航。

表 5-1 手动操作指令

指 令	作 用
Q	向上移动（朝向窗口的顶部边缘）
E	向下移动（朝向窗口的下边缘）
W	前进
S	向后移动
A	向左移动
D	向右移动

5.2.4 加载 NPC

加载地图后，服务器已经启动并运行，现在需要使用一些车辆填充模拟环境，以模拟交通环境和包含其他非玩家角色（NPC）的真实环境。

首先，从蓝图库中选择所需的载具。

```
# Get the blueprint library and filter for the vehicle blueprints
vehicle_blueprints = world.get_blueprint_library().filter('*vehicle*')
```

现在有了蓝图,需要在地图上找到一些合适的位置来生成车辆。为此每张CARLA地图都提供预定义的出生点,均匀分布在整张地图的道路上。

具体代码如下:

```
# Get the map's spawn points
spawn_points=world.get_map().get_spawn_points()
# Spawn 50 vehicles randomly distributed throughout the map
# for each spawn point, we choose a random vehicle from the blueprint library
for i in range(0,50):
    world.try_spawn_actor(random.choice(vehicle_blueprints), random.choice(spawn_points))
```

现在还应添加一部车辆,将其作为模拟的中心点。为了训练自主代理,需模拟自主代理要控制的车辆。在 CARLA 中,经常将这种车辆称为"自我车辆"。

```
ego_vehicl=world.spawn_actor(random.choice(vehicle_blueprints),
random.choice(spawn_points))
```

除车辆外,CARLA 还可将行人添加到模拟中,以模拟逼真的驾驶场景。车辆和行人在 CARLA 中被称为演员。

CARLA 中行人的移动方式与车辆类似,它们的移动由控制器控制。

控制器以一定的方向和速度移动行人,并允许他们跳跃。

WalkerBoneControl 可实现对 3D 骨架的控制,以下介绍如何控制它。

行人可以被智能控制,CARLA.WalkerAIController 文件可以控制它依附的演员在附近自发移动。

代码如下:

```
walker_controller_bp=world.get_blueprint_library().find('controller.ai.walker')
world.SpawnActor(walker_controller_bp,CARLA.Transform(),parent_walker)
```

每个 AI 控制器都需要进行初始化,输入目标和速度(可选)。停止每个控制器的工作方式相同。

```
ai_controller.start()
ai_controller.go_to_location(world.get_random_location_from_navigation())
ai_controller.set_max_speed(1+random.random())  # Between 1 and 2 m/s(default is 1.4 m/s).
ai_controller.stop()
```

当行人到达目标位置时,将自动步行到另一个随机点。如果无法到达目标点,行人将从当前位置转到最近的点。

同时客户端可使用批处理生成大量 NPC,并使它们四处行走。

5.2.5 加载传感器

现代自动驾驶汽车通过一系列附加的传感器理解和解释环境。这些传感器包括光学摄像机、激光雷达、雷达和加速度计等。CARLA 内置多种类型的传感器模型,为机器学习创建训练数据。传感器可以连接到车辆上,也可以连接到固定点以进行模拟,如闭路电视摄像机。

CARLA 中的传感器有助于从环境中获取数据,因此 CARLA 平台中的传感器对于训练自动驾驶十分重要。

本部分总结了有关传感器的必要内容,包括不同类型可用传感器的基本信息,以及整个生命周期涉及的所有步骤的方法。关于不同传感器的具体信息可以参考官网中的引用(Reference)部分。

CARLA 中包括两种类型的传感器:第一类传感器,每帧都工作的传感器(相机、点云等);第二类传感器,只有特定环境下才接收数据的传感器(触发检测),如表 5-2 和表 5-3 所示。它们都属于 CARLA.Sensor 类,从 CARLA.BlueprintLibrary 类中实例化。

表 5-2 第一类传感器

名 称	参 数
深度相机	Depth camera
导航卫星传感器	Gnss sensor
惯性传感器	IMU sensor
激光雷达	Lidar raycast
语义激光雷达	SemanticLidar raycast
雷达	Radar
RGB 相机	RGB camera
责任敏感安全传感器	RSS (responsibility sensitive safety) sensor
语义分割相机	Semantic segmentation camera

表 5-3 第二类传感器

名 称	参 数
碰撞检测	Collision detector
压线检测	Lane invasion detector
障碍物检测	Obstacle detector

第一类传感器反馈的数据都是一个类的实例,其中,深度相机、RGB 相机和语义分割相机的数据输出都是 CARLA.Image 类,每帧都包括完整的图像信息,可以通过 OpenCV 对图像进行处理,其余传感器输出 CARLA.xxxMesurement 类。实例中不仅包括传感器反馈的数据(instance variables),还封装了一些函数,可以对数据进行基础处理。

CARLA.Sensor 类定义了特殊的可以测量和传输数据的 actor。

尽管不同的传感器本身存在差异,但是使用和管理每个传感器的方法都是类似的。

加载传感器如下示例：

1. 选择传感器蓝图

```
camera_bp=blueprint_library.find('sensor.camera.rgb')
```

2. 设置传感器参数与位置坐标

```
camera_bp.set_attribute('image_size_x','640')
camera_bp.set_attribute('image_size_y','480')
camera_bp.set_attribute('fov','110')
camera_bp.set_attribute('sensor_tick','1.0')
camera_transform=CARLA.Transform(CARLA.Location(x=1.5,z=2.4))
```

3. 创建传感器并将传感器置于车辆上

```
camera=world.spawn_actor(camera_bp,camera_transform,attach_to=ego_vehicle)
```

4. 注册回调函数，将传感器添加至传感器列表

```
camera.listen(lambda image: sensor_callback(image))
sensor_list.append(camera)
```

5. 定义 sensor_callback

```
import numpy as np
import cv2
def sensor_callback(sensor_data,sensor_queue,sensor_name):
    image=np.array(sensor_data.raw_data).reshape((480,640,4))
    cv2.imshow("",image)
    cv2.waitKey(1)
    sensor_queue.put((sensor_data.frame,sensor_name))
```

6. 运行结果

如图 5-8 所示为两个图的拼图，左图显示的是相机传感器返回的数据，右图是 CARLAUE4 中显示的画面。

图 5-8　相机传感器视角

7. 代码运行结束，收回创建的车辆与传感器

```
actor_list=world.get_actors()
vehicle_list=list(actor_list.filter('vehicle.*'))
client.apply_batch([CARLA.command.DestroyActor(x) for x in vehicle_list])
for sensor in sensor_list:
    sensor.destroy()
```

5.2.6　使用交通管理器制作车辆动画

交通模拟是自动驾驶堆栈准确高效的训练和测试的不可或缺的部分。CARLA提供了多种不同的选项以模拟交通和特定的交通场景。

交通管理器是CARLA中的一个模块，用于从客户端控制模拟中的某些车辆。车辆通过CARLA注册到交通管理器CARLA.Vehicle.set_autopilot或command.SetAutopilot设置自动驾驶仪，每辆车的控制都是通过不同阶段的循环管理的，每个阶段在不同的线程上运行。

交通管理器适用于以下情境。

（1）使用真实的城市交通状况填充模拟。

（2）自定义交通行为以设置特定的学习环境。

（3）开发与阶段相关的功能和数据结构，同时提高计算效率。

上文已经将交通情况和自我车辆添加到模拟中并开始记录摄像头数据，现在需要使用交通管理器设置车辆。交通管理器可以控制车辆在模拟器中的道路上自动行驶，遵循道路惯例并像真实的驾驶员操控一样行驶。

可以使用该方法在模拟器中找到所有车辆，并筛选车辆。然后使用该方法将车辆的控制权移交给交通管理器。

```
for vehicle in world.get_actors().filter('*vehicle*'):
    vehicle.set_autopilot(True)
```

如图5-9所示，模拟正在运行，许多车辆在地图上行驶，摄像头记录其中一辆车的数据。然后将这些数据用于提供机器学习算法，以训练自动驾驶代理。

5.2.7　将车辆指定为主车辆

主车辆是使用CARLA时要牢记的重要概念。主车辆是指作为模拟焦点的车辆，在大多数CARLA用例中，它很可能是连接传感器的车辆和自动驾驶机器学习堆栈将控制的车辆。主车辆模拟是一些模拟操作的基础，有助于提高模拟效率。

（1）为大型地图加载地图的图块。大型地图（如Town12）由图块组成，这些图块仅在需要提高CARLA性能时才加载。主车辆的位置决定了使用哪些图块，只有离自车最近的图块才会被加载。

图 5-9 交通管理器控制下的观众视角

（2）混合物理模式。如果模拟中包含大量由交通管理器控制的车辆，则计算所有车辆的物理参数的计算量非常大。混合物理模式使物理计算仅限于主车辆附近的车辆，从而节省计算资源。

定义主车辆 role_name，应该设置 CARLA 车辆的属性。生成主车辆时的 actor 对象的蓝图：

```
ego_bp=world.get_blueprint_library().find('vehicle.lincoln.mkz_2020')
ego_bp.set_attribute('role_name', 'hero')
ego_vehicle=world.spawn_actor(ego_bp, random.choice(spawn_points))
```

5.2.8 选择地图

要改变地图，必须改变 world 模块。将从头开始重新创建模拟。可以在新世界中使用相同的地图重新启动，也可以同时更改地图和世界。

（1）reload_world()使用相同的地图创建世界的新实例。

（2）load_world()更改当前地图并创建新世界。

```
world=client.load_world('Town01')
```

每张地图都有一个与当前加载城市名称匹配的属性，如 Town01。要获取可用地图的列表，可执行以下操作：

```
print(client.get_available_maps())
```

CARLA 中加载了几张预制地图，地图专注于提供多种功能。这些地图展示了一系列环境，如城市、农村和住宅，如图 5-10 所示。还有不同的建筑风格，以及许多不同的道路布局，从无标记的乡村道路到多车道高速公路。可通过浏览目录中地图指南查看地图。

图 5-10　预制地图
(a) 住宅区地图；(b) 城市地图；(c) 城镇地图；(d) 乡村地图

5.2.9　选择车辆

CARLA 提供一个车辆库，以丰富交通模拟环境。可以通过手动浏览车辆蓝图库(图 5-11)或创建脚本查看所有可用的车辆蓝图。

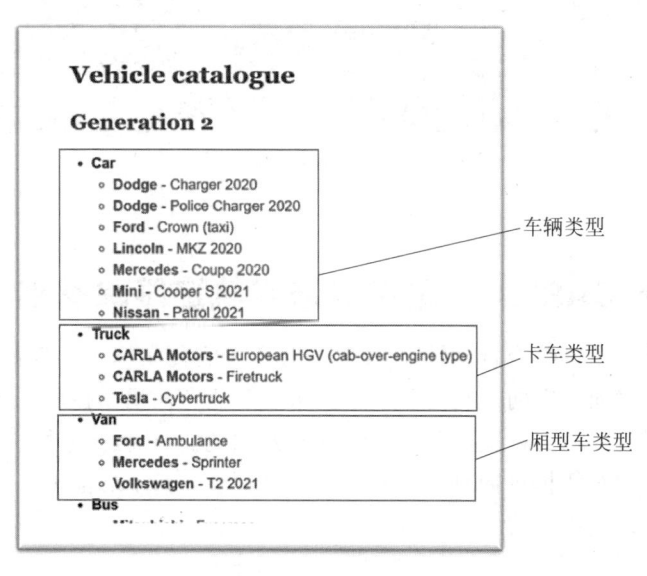

图 5-11　车辆蓝图库

用户可通过如下代码获取蓝图库：

```
blueprint_library = world.get_blueprint_library()
```

蓝图可以通过 id、随机或者正则表达式的方式获取。

```
#通过id
collision_sensor_bp = blueprint_library.find('sensor.other.collision')
#随机获取
random_bp = random.choice(blueprint_library)
#通过正则表达式获取
vehicle_bp = blueprint_library.filter('vehicle.*.*')
```

用户也可通过如下代码查看 CARLA 蓝图中的实际车辆模型，如图 5-12 所示。

```
for bp in world.get_blueprint_library().filter('vehicle'):
    print(bp.id)
```

图 5-12　车辆模型例图

5.3　基于 CARLA 的路径规划与轨迹跟踪基础

为提升智能车辆综合行驶性能，本节论述部分智能车辆运动控制理论与方法，分析智能车辆横向与纵向运动控制技术。未来智能车辆运动控制的重要研究方向是通过 V2X 与多传感器信息融合技术，实现综合考虑车辆安全性、舒适性和经济性多目标优化的车辆横纵向动力学控制。基于此，本节介绍基于 CARLA 的路径规划与轨迹跟踪基础。

5.3.1 路径规划算法

路径规划算法是车辆导航中的重要环节,主要是指车辆在相应区域内自动规划一条从起始点至目标点的路径,在这个过程中,需要保证车辆不发生碰撞,并且寻路代价较低。

根据对环境信息的把握程度,可将路径规划划分为基于先验完全信息的全局路径规划和基于传感器信息的局部路径规划。其中,从获取的障碍物信息是静态还是动态的角度看,全局路径规划属于静态规划,局部路径规划属于动态规划。局部路径规划只需由传感器实时采集环境信息,了解环境地图信息,然后确定所在地图的位置及其局部的障碍物分布情况,即可选出从当前结点到某一子目标结点的最优路径。根据所研究环境的信息特点,路径规划还可分为离散域范围内的路径规划问题和连续域范围内的路径规划问题。离散域范围内的路径规划问题属于一维静态优化问题,相当于环境信息简化后的路线优化问题;连续域范围内的路径规划问题则是连续性多维动态环境下的问题[1]。学习路径规划算法需要了解以下三部分概念。

(1) 全局路径规划,需要掌握所有的环境信息,根据环境地图的所有信息进行路径规划,可以理解为实现自动驾驶汽车软件系统内部的导航功能,即在宏观层面上指导自动驾驶汽车软件系统的控制规划模块大致按照什么方向的道路行驶,从而引导车辆从起始点到达目标点。

(2) 行为决策规划,可以简单地理解为自动驾驶汽车的"大脑"。全局路径规划模块产生的路径信息,直接被下游的行为决策规划模块采用。行为决策规划模块接收全局路径规划的结果,同时也接收感知、预测和地图信息,综合这些输入信息,行为决策规划模块决定车辆该如何行驶,比如正常跟车或变道、遇见红绿灯或行人时等待或避让,以及在路口与其他车辆的交互等。

(3) 局部运动规划,对无人车辆的行驶起着精确导航的作用,其任务是在寻找到全局最佳路径和最优行为策略的前提下,根据车辆当前的几何形状和动力学模型、实时所处环境的分布情况及一个目标状态集,找到一系列的控制输入,驱动汽车从初始状态运动到目标状态集中的某一状态,并且在运动过程中避免车辆与障碍物发生碰撞,同时满足车辆的动力学约束。

连续域范围内路径规划问题,其一般步骤主要包括环境建模、路径搜索、路径平滑3个环节。

(1) 环境建模。环境建模是路径规划的重要环节,目的是建立一个计算机进行路径规划时便于使用的环境模型,即将实际的物理空间抽象为算法能够处理的抽象空间,实现相互间的映射。

(2) 路径搜索。路径搜索阶段是在环境模型的基础上应用相应算法寻找一条行走路径,使预定的性能函数获得最优值。

(3) 路径平滑。通过相应算法搜索出的路径并不一定是运动体的可行路径，需要做进一步处理与平滑，才能成为一条实际可行的路径。对于离散域范围内的路径规划问题，以及在环境建模或路径搜索前已经做好路径可行性分析的问题，可以省去路径平滑环节。

路径规划的方法很多，其自身优、缺点不同，适用范围也各不相同。根据对各领域常用路径规划算法的研究，按照各种算法发现先后时序与算法基本原理，可将算法大致分为4类：传统算法、图形学的方法、智能仿生学算法和其他算法。其中智能车辆路径规划中最常用的是智能仿生学算法，因为处理复杂动态环境信息情况下的路径规划问题时，来自自然界的启示往往能起到很好的作用。智能仿生学算法是指人们通过仿生学研究发现的算法，常用的有蚁群算法、神经网络算法、粒子群算法、遗传算法等。

传统算法与智能算法都有一定的优、缺点和应用场景。目前来看，算法存在的主要问题仍然在于算法收敛速度和容易陷入局部最优化等，针对各种算法，许多学者也进行了相应的改进，以扩大算法的应用面。相信随着研究的深入，越来越多的算法会被提出，现有算法也会得到进一步改善。

5.3.2 智能车辆避障

自动汽车避障技术主要是利用先进的传感器技术增强汽车对行驶环境的感知能力，将感知系统获取的车速、车辆位置等实时信息反馈给系统，同时根据路况与车流的综合信息判断和分析潜在的安全隐患，并在紧急情况下自动采取报警提示、制动或转向等措施，协助和控制汽车主动避开障碍，保证车辆安全、高效和稳定行驶。

自动驾驶车辆作为一种具有自主决策能力的智能机器人，需要从外部环境中获取信息并根据信息作出决策，从而进行全局路径规划和局部危险状况下的避障。自动驾驶车辆的全局路径规划为车辆规划了一条已知环境地图信息下的最优路径。车辆前进时，处于不可预测和高度动态的城市道路环境中，障碍物（行人或车辆等）很可能出现在已经规划好的全局路径上，也可能在前进过程中动态地出现在路径上。自动驾驶车辆必须对这些不可预测的事件以某种方式作出反应，进行局部避障，使车辆顺利到达目的地，完成任务。因此，局部避障必须速度快、实时性强、效率高，而可靠的避障算法正是保证自动驾驶车辆成功避障的主要方法。因此，在全局路径规划的基础上，还需进行实时的局部避障。目前，对于自动驾驶车辆动态目标及城市道路区域的相关避障方法的研究，正是智能驾驶车辆研究的热点和重要方向，也是实现车辆智能化的一项关键技术[2]。目前智能车辆避障算法主要分为传统避障算法和智能优化算法。

1. 传统避障算法

目前传统避障算法包括很多成熟的算法，每种算法的优、缺点不同。目前采用的方法主要有人工势场(artificial potential field,APF)法和虚拟力场(virtual force field,VFF)法等。

APF法是一种虚拟力法,它的基本思想是将车辆在周围环境中的运动视为车辆在人工建立的虚拟力场中的运动。目标点产生引力,引导车辆向目标点运动。障碍物产生斥力,避免车辆与障碍物发生碰撞,车辆在二者的合力下运动。根据引力和斥力的合力控制车辆的运动,即车辆搜索沿着势场下降的方向运动,产生一条无碰撞的最优路径。VFF法是将栅格法与人工势场法相结合的一种移动机器人实时避障算法。VFF算法是使用栅格表示环境,同时使用力场法对无人车进行控制的局部避障算法。

2. 智能优化算法

智能优化算法一般是指建立在生物智能或物理现象基础上的随机搜索算法,包括模糊逻辑算法(fuzzy logic algorithm,FLA)、遗传算法(genetic algorithm,GA)、快速扩展随机树(rapidly random-exploring trees,RRT)算法、蚁群算法、水滴算法、触须算法及粒子群优化(particle swarm optimization,PSO)算法等。以下主要介绍常用的3种算法。

模糊逻辑算法主要是根据人类驾驶经验,设计出一个模糊控制规则库。将传感器获得的信息作为输入,经模糊推理后得出车辆需要的输出,一般输出为速度和导航角。因为智能车辆的运动学模型具有非线性和强耦合性的特点,而模糊逻辑算法不依赖受控对象的精确运动模型,因此采用模糊逻辑算法也是研究中经常采用的方法之一。但模糊规则往往是人们通过经验预先制定的,所以存在无法学习和灵活性差的缺点,且模糊规则数量随着输入的增多呈指数倍增长。

遗传算法是模拟生物界的进化论原理(适者生存、优胜劣汰)演化和遗传变异达到物种进化的一种智能算法。遗传算法将路径点作为一个种群,并按照一定的规则对每个路径点进行编码,然后根据适应度函数选择路径点,借助遗传算子进行组合交叉和变异,逐渐演化产生越来越优化的近似解。遗传算法具有并行计算能力、群体搜索特性与可扩展性,一般不需要辅助信息,但是效率比其他智能优化算法低,而且在利用选择交叉算子时,会丢失一些优秀的基因片段,从而导致过早收敛。此外,在编码环境中会存在较长计算时间与较大数据存储空间的需求。

快速扩展随机树算法是以状态空间中的一个初始点为根节点,通过随机采样扩展,逐渐增加叶节点,生成一个随机扩展树,当随机树的叶节点中包含目标点或者目标区域中的点时,从初始点到目标点之间的一条由随机树的叶节点组成的线段就是规划出的一条路径。由于算法在进行路径规划时是随机采样,不需要对状态空间进行预处理,因此有着很快的搜索速度,而且考虑了车辆运动过程中的动力学约束和运动学约束,该算法也非常适用于智能车辆的运动规划问题。

智能算法在传统算法的基础上引入了更加智能化的计算,如遗传算法可以同时处理群体中的多个个体,即对搜索空间中的多个解进行评估,降低陷入局部最优解的风险,同时算法本身容易实现并行化。

5.3.3 轨迹跟踪算法

轨迹跟踪算法是一种基于车辆轨迹信息的控制算法,其原理是通过计算车辆当前位置和目标轨迹的误差,调整车辆转向和速度控制,使车辆沿着目标轨迹行驶,并保持一定的跟车距离。轨迹跟踪算法主要基于控制系统理论,通过构建系统模型描述车辆的运动状态和行为。针对自动驾驶汽车的路径跟踪控制问题,基于不同的控制目标,通常将路径跟踪控制分为 3 类,即横向控制、纵向控制和横纵向耦合控制。

轨迹跟踪算法的核心在于根据当前车辆的位置和速度,结合预设的轨迹信息,计算出控制输入以达到跟踪目标轨迹的目的[3]。这个过程通常包括以下步骤。

(1) 路径规划。需要制定一条安全的行驶路径,这通常涉及全局路径规划和局部路径规划。全局路径规划关注从起点到终点的宏观路径设计,局部路径规划则关注车辆在局部环境中的微观运动轨迹。

(2) 状态估计。为实现有效的轨迹跟踪,需要准确估计车辆当前的状态信息,包括其位置、速度、方向等。常用的状态估计方法包括卡尔曼滤波器和粒子滤波器等。

(3) 控制器设计。基于系统模型和控制目标,设计合适的控制器以产生控制输入,使车辆能够按照期望的轨迹行驶。常用的控制器包括 PID 控制器、模糊控制器和神经网络控制器等。

(4) 执行器控制。将控制器的输出转换为对车辆的操控命令,如转向、加速和制动等。

实现轨迹跟踪算法的方法很多,以下是一些常见的实现方法。

(1) 基于模型的控制方法。根据系统模型和控制目标,设计合适的控制器以产生控制输入。常用的模型控制方法包括线性模型控制(linear model control,LMC)和滑模控制(sliding mode control,SMC)等。

(2) 深度学习方法。利用深度学习方法对轨迹数据进行学习,提取特征并构建预测模型,实现对未来轨迹的预测和控制。常用的深度学习模型包括循环神经网络(recurrent neural network,RNN)和长短时记忆(long short-term memory,LSTM)网络等。

(3) 强化学习方法。通过与环境的交互进行学习,找到最优的控制策略,以实现轨迹跟踪目标。常用的强化学习算法包括 Q-learning、SARSA 和 Deep Q-network 等。

(4) 混合方法。结合以上几种方法的特点,对多种方法进行融合,以实现更高效的轨迹跟踪算法。例如,将模型控制方法与深度学习相结合,或者将强化学习方法与基于模型的控制方法相结合等。

在无人车轨迹跟踪控制领域,纯跟踪算法常用于实现车辆的自动驾驶和避障控制。其主要实现步骤包括:首先获取车辆当前位置和目标轨迹信息,并计算出车辆距离目标轨迹的误差;其次根据误差调整车辆的转向和速度控制,使车辆沿着目标轨迹行驶;最后根据实时更新的车辆位置信息和目标轨迹信息,不断调整车辆控制,实现轨迹跟踪控制[4]。

轨迹跟踪算法具有简单、实时性强、稳定性好等优点,已经广泛应用于无人车轨迹跟踪、航空器自动驾驶、机器人导航等领域。

5.4 基于CARLA的智能车辆仿真与测试实例

5.4.1 仿真环境搭建

在5.3节中,具体讨论了路径规划、车辆避障和规矩跟踪算法的具体原理和设计思路。为此对5.3节中提出的控制算法在CARLA仿真软件中进行仿真实例验证。首先需要在CARLA中搭建合理的道路场景和基本元素,以模拟现实道路环境。为了保证与前后章节对比实验的可靠性,本节设计的智能车辆控制算法均采用匝道汇入口和高速直道(三车道)场景,仿真场景示意图如图5-13所示。

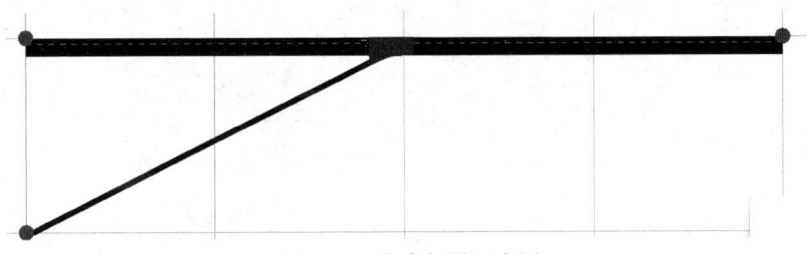

图5-13 仿真场景示意图

然后将介绍CARLA中路径规划、车辆避障和规矩跟踪算法的实现方法,并在CARLA中设计一个能够验证三种控制算法的仿真实例。

1. 路径规划算法

CARLA的官方代码中给出automatic_control.py的例子以展示行为规划的实现过程,CARLA中的behavior planning大致分为全局路线规划、行为规划、轨迹规划与底层控制四大部分。

automatic_control.py整个程序实现的功能是随机在地图上生成一辆车,然后随机生成一个无碰撞的目的地坐标,使车辆顺利到达目的地。参考这个自主导航程序,进行CARLA的全局路径规划程序、行为规划程序、局部运动规划程序学习。下面对该算法进行实例测试。

可在CARLA根目录下的./PythonAPI/example文件夹中找到该运行实例。其具体位置如图5-14所示。

图 5-14 算法实例具体位置

打开 Python 控制算法实例并运行，同时需要先运行 CARLA 客户端，其界面如图 5-15 所示。

图 5-15 程序运行界面

若运行成功，可以看到车辆按照规划好的路径运行，其界面如图 5-16 所示。

以下对部分代码进行解析。

在 automatic_control.py 中，最重要的不是隶属 Actor Class 的车辆(vehicle)，而是 Behavior Agent Class。这个 Class 本身并不像 Traffic Manager 那样是由 C++封装好的，它位于./PythonAPI/CARLA/agent 中，完全由 Python 代码构成。Agent 构建这部分代码只会在最开始被触发，不存在于 While 循环中。

1) 构建 Behavior Agent Class

Behavior Agent 在构建时需要输入两个要素，一个是属于 Actor Class 的 Vehicle，

图 5-16 实际演示界面

另一个是车辆驾驶风格,代码如下:

```
# automatic_control_revised.py
agent=BehaviorAgent(world.player, behavior='normal')
```

进入这个 Class(agents.navigation.behavior_agent.),可以看到如下代码:

```
# behavior_agent.py
class BehaviorAgent(Agent):
  def __init__(self, vehicle, ignore_traffic_light=False, behavior='normal'):
    self.vehicle=vehicle
    if behavior=='cautious':
      self.behavior=Cautious()
    elif behavior=='normal':
      self.behavior=Normal()
    elif behavior=='aggressive':
      self.behavior=Aggressive()
```

如代码展示的,输入不同的驾驶风格字符串,Agent 的成员 Behavior 会选择不同的 Class 进行初始化。而 Cautious()、Normal()和 Agressive()3 个成员来源于 agents/navigation/ types_behavior。这里以 Normal()和 Aggressive()为例:

```
class Normal(object):
    """Class for Normal agent."""
    max_speed=50
    speed_lim_dist=3
```

```
        speed_decrease=10
        safety_time=3
        min_proximity_threshold=10
        braking_distance=5
        overtake_counter=0
        tailgate_counter=0
    class Aggressive(object):
        """Class for Aggressive agent."""
        max_speed=70
        speed_lim_dist=1
        speed_decrease=8
        safety_time=3
        min_proximity_threshold=8
        braking_distance=4
        overtake_counter=0
        tailgate_counter=-1
```

由此可见,在 types_behavior 中主要定义汽车的限速(max_speed)、与前车保持的安全时间(safety_time)和最小安全距离(braking_distance)等安全相关的参数,激进(aggressive)的车相对于正常(normal)车辆来说速度更快、跟车更紧。此外,Agent 中还有其他成员变量,读者可在安装目录下的 agent 文件夹中查阅相关代码。

2) 全局路径规划

在 automatic_control.py 中主要通过以下代码进行全局路径规划:

```
# automatic_control_revised.py
agent.set_destination(agent.vehicle.get_location(),destination,clean=True)
```

在 automatic_control_revised.py 中,只用了一行代码就完成了全局规划,深入学习该代码,会发现内部包含 GlobalRoutePlaner 初始化、CARLA Map Topology 提取、Graph 建立、全局导航路线生成 4 个步骤。

(1) GlobalRoutePlaner 初始化。

set_destination()被触发后,behavior_agent 内部会先初始化一个全局路径规划器。其中,GlobalRoutePlannerDAO 内部有两个成员函数,一个是 CARLA 中的 map--wld.get_map(),另一个是 sampling_resolution(默认为 4.5m,sampling resolution 变量定义了两个 Node 之间的距离),具体代码如下:

```
# behavior_agent.py,line 151
dao=GlobalRoutePlannerDAO(wld.get_map(),sampling_resolution=self._sampling_resolution)
grp=GlobalRoutePlanner(dao)
grp.setup()
```

(2) CARLA Map Topology 提取。

上面提到了 GlobalRoutePlannerDAO，它的主要作用是提取 CARLA 地图的拓扑结构：self._topology=self._dao.get_topology()。

```
# inside the grp.setup()
def setup(self):
    """
    Performs initial server data lookup for detailed topology
    and builds graph representation of the world map.
    """
    self._topology=self._dao.get_topology()
    self._graph, self._id_map, self._road_id_to_edge=self._build_graph()
    self._find_loose_ends()
    self._lane_change_link()
```

上文中 get_topology 函数所返回的 topology 的本质是一个字典目录(list of dictionary)，每个 dictionary 都是一段在 CARLA 提前定义的道路路段(lane segment)。如图 5-17 所示，驶入点和驶出点分别是一段 lane segment 的开始和结尾点，道路(path)由一个 list 组成，里面封装着驶入点和驶出点之间的每个节点(node)，每个节点相距 4.5m，即采样率(sampling resolution)。每个节点都是一个 waypoint 类，它永远位于车道的中央。同时还可记录左右车道上平行的 waypoint 位置。

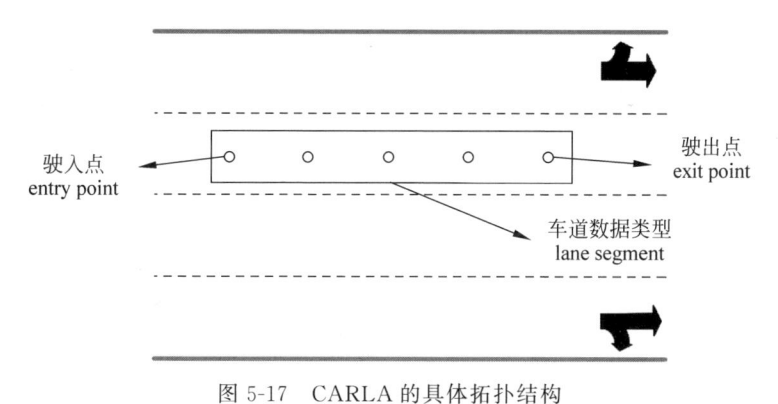

图 5-17　CARLA 的具体拓扑结构

(3) Graph 建立。

这一步利用上面提取的 topology(list 格式)构建道路的 graph(networkx. Diagraph()格式)。其中每个 entry point 或 exit point 都被看作一个节点，path 中的多个 point 组合起来当作边(edge)。这些边不仅会记录每个 waypoint 的 XYZ 坐标，还会记录 entry/exit point 的偏航角(yaw angle)，从而得知汽车进入这条 lane segment 时车头的朝向。

```
# inside the grp.setup()
def setup(self):
    """
    graph: networkx.Diagraph();
    id_map: a dictionary, the key is the waypoint transform, and value is its node id in the graph;
    road_id_to_edge: eg.{road_id:{section_id:{lane_id:(node_id, node_id)}}}
    """
    # global_route_planner.py
    self._graph, self._id_map, self._road_id_to_edge = self._build_graph()
```

如以上代码所示,build_graph()会提取成员变量 topology 并返回 3 个变量。self.graph 是最终需要的 nextoworx.Diagraph()对象;id_map 是一个字典,它的 key 是每个 entry/exit waypoint 的坐标位置,value 值是它们在表中的 ID 号;road_id_to_edge 则是一个三层字典,最外层是 CARLA 中的道路 ID,中间一层是 CARLA 中在该道路上的 section ID,最后一层是 CARLA 中的 lane ID,里面对应 Graph 中的 node ID。其目的是将 networkx graph 中的每个 node 与 CARLA 中的信息一一对应,方便后面进行信息互换。举个例子,"node_id==10"对应 CARLA 地图中第 17 号 road 第 3 号 section 中第 2 条 lane 的 entry point。至于 CARLA 地图如何定义 road、section 和 lane 的关系,如图 5-18 所示。build_graph()通过不断地遍历 topology list,然后通过添加 node 与 edge 一步一步构建完整的图谱。

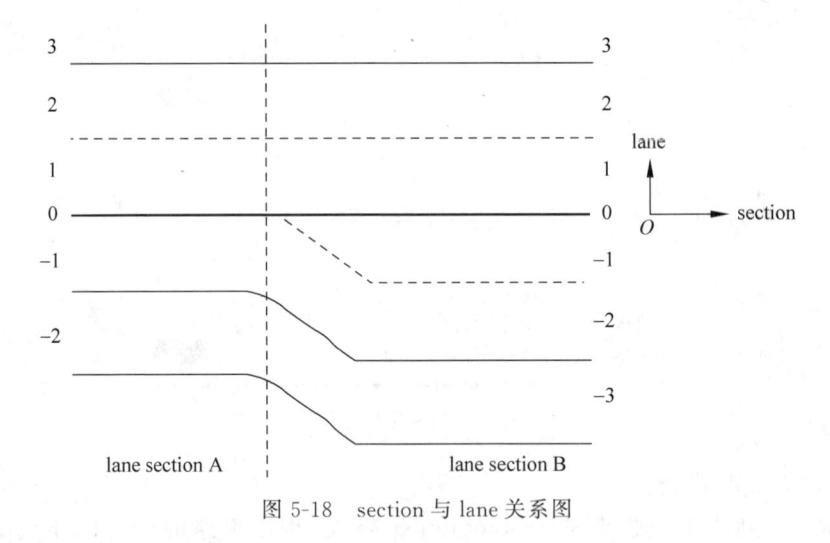

图 5-18 section 与 lane 关系图

CARLA 在建立了初步的 graph 后,还加入了以下代码:

```
self._graph.add_edge(
        self._id_map[segment['entryxyz']],
            next_segment[0],
            entry_waypoint=waypoint,
```

```
                exit_waypoint=next_waypoint,
            intersection=False,
            exit_vector=None,
            path=[],
            length=0,
            type=next_road_option,
            change_waypoint=next_waypoint)
```

这段代码的功能为：如果已存在节点的左边或右边有可行驶的 lane(节点本质是 waypoint class，waypoint 中会保存这个信息)，就会读取它左边或右边 lane 中离自己最近的那个节点，与自己建立链接。这样整个 graph 既有纵向链接，又有横向链接。

（4）全局导航路线生成。

建立完整的 graph 后，从任意一个地方出发，车辆都能找到一些列的链接和节点，从而到达目的地。完成路径规划的函数紧跟在前面提到的 grp.setup() 函数之后，给定初始点和目的地，自动产生路线(采用 networkx 中打包的 A * 算法)。其中返回的 Route 变量是一个装满 tuple(元组)的 list。tuple 里含有 waypoint 和 road_option。

```
self._grp.setup()
route=self._grp.trace_route(
    start_waypoint.transform.location,
    end_waypoint.transform.location)
```

我们已经知道，路网构建的 graph 的 node 是 entry/exit point，edge 是它们之间的插入点，每个相隔 4.5m。总而言之，无论是 node 还是 edge，本质上都是一系列的 waypoint。所以 tuple 中的 waypoint 很好理解，就是让汽车朝着这些点一个个开，最后都能开到目的地。road_option 是一个 enum class，主要用于表示这个 waypoint 是不是涉及变道，为后面的行为规划提供额外的信息。

3）局部路线规划器初始化

全局路线规划好以后，agent 会初始化局部路线规划器，方便后面的轨迹规划(CARLA 中的轨迹规划与严格意义上的轨迹规划存在区别，下文会进行解释)。

```
# inside set_destination() function in behavior_agent.py
self._local_planner.set_global_plan(route_trace,clean)
```

set_global_plan() 主要实现两个功能：一是将上文中全局路径规划产生的 route 全部赋值给 waypoints_queue(deque 类型数据，CARLA 设置的默认缓存长度为 1000)；二是将数量为 buffer_size(默认为 5)的 elements(路点和道路选项的元组)从 waypoints_queue 里取出，存到短期缓存 waypoint_buffer 中(也是 deque 类型数据)。

其实如同人类开车看导航一样,不会从当前位置一直看到几千米外,一般只关注最多几秒后的路线。同样,waypoint_buffer 中存的导航点是 CARLA 中短期跟随的路线,它每经过一个点就会将历史数据清空,而这种操作用 deque/queue 数据类型效率最高(采用先入先出队列的原理)。当 waypoint_buffer 中的点被清空之后,waypoints_queue 会再次弹出自己的 5 个点,送入 waypoint_buffer。如此循环,随着离目的地越来越近,waypoints_queue 会被逐渐清空,当车辆最终到达目的地时全部清空。

```
def set_global_plan(self, current_plan):
    """
    Resets the waypoint queue and buffer to match the new plan. Also sets the global_plan
        flag to avoid creating more waypoints
    :param current_plan: list of (CARLA.Waypoint, RoadOption)
    :return:
    """
    # Reset the queue
    self._waypoints_queue.clear()
    for elem in current_plan:
        self._waypoints_queue.append(elem)
    self._target_road_option = RoadOption.LANEFOLLOW
    # Reset the buffer
    self._waypoint_buffer.clear()
    for _ in range(self._buffer_size):
        if self._waypoints_queue:
            self._waypoint_buffer.append(
                self._waypoints_queue.popleft())
        else:
            break
    self._global_plan = True
```

其余部分不进行过多阐述,有兴趣的读者可以查阅官方文档(CARLA Simulator)。

2. 智能避障算法

智能避障算法先计算出轨迹、定位模块提供的车辆位置信息及地图信息,对轨迹进行适当的调整,再将该调整结束的轨迹传给控制模块进行车辆控制,以实现避障的功能。CARLA 中一般通过获取当前车辆前方潜在的车辆障碍物,对车辆进行控制以达到避障的目的。

在此先定义一个类,对障碍物进行筛选:

```
def get_actor_from_world(ego_vehicle: carla.Vehicle, dis_limitation=100):
    """
      param: ego_vehicle: 主车辆
          dis_limitation: 探测范围
    return: v_list: (vehicle, dist)
```

```python
"""
carla_world = ego_vehicle.get_world()                    # type:carla.World
vehicle_loc = ego_vehicle.get_location()
static_vehicle_list = []                                 # 储存范围内的静态车辆
dynamic_vehicle_list = []                                # 储存范围内的动态车辆
vehicle_list = carla_world.get_actors().filter("vehicle.*")
for vehicle in vehicle_list:
    dis = math.sqrt((vehicle_loc.x-vehicle.get_location().x)**2+
                    (vehicle_loc.y-vehicle.get_location().y)**2+
                    (vehicle_loc.z-vehicle.get_location().z)**2)
    if dis < dis_limitation and ego_vehicle.id != vehicle.id:
        v1 = np.array([vehicle.get_location().x-vehicle_loc.x,
                       vehicle.get_location().y-vehicle_loc.y,
                       vehicle.get_location().z-vehicle_loc.z])  # 其他车辆到 ego_vehicle 的矢量
        ego_vehicle_velocity = np.array([ego_vehicle.get_velocity().x, ego_vehicle.get_velocity().y,
                                         ego_vehicle.get_velocity().z])  # ego_vehicle 的速度矢量
        ego_vehicle_theta = ego_vehicle.get_transform().rotation.yaw * (math.pi / 180)
                # ego_vehicle 的航向角
        n_r = np.array([-math.sin(ego_vehicle_theta), math.cos(ego_vehicle_theta), 0])
        if -5 < np.dot(v1, n_r) < 5:                     # v1 在 n_r 方向上的投影
            if np.dot(v1, ego_vehicle_velocity) > -10:   # 在 ego 车后 10m 及车前的视为障碍物
                vehicle_speed = math.sqrt(vehicle.get_velocity().x**2+
                    vehicle.get_velocity().y**2+vehicle.get_velocity().z**2)
                if vehicle_speed > 1:
                    dynamic_vehicle_list.append((vehicle, dis, vehicle_speed))
                else:
                    static_vehicle_list.append((vehicle, dis))
            # elif np.dot(v1, ego_vehicle_velocity) < 0 and dis < 10:
            #     static_vehicle_list.append((vehicle, -dis))
static_vehicle_list.sort(key=lambda tup: tup[1])         # 按距离排序
dynamic_vehicle_list.sort(key=lambda tup: tup[1])        # 按距离排序
return static_vehicle_list, dynamic_vehicle_list
```

与此同时,为实现动态规划车辆行驶路径,用户需在车辆行驶过程中,实时计算车辆与障碍物之间的距离以及与之相遇的时间,具体代码如下:

```python
# 计算规划起点的 s, l
begin_s_list, begin_l_list = planning_utils.cal_s_l_fun([pred_loc_], local_frenet_path_opt_, s_map)
# 自车从规划起点预测后面不同时刻的位置,同时预测障碍物不同时刻的位置,确定二者
交汇位置和时间,并记录这些信息
if len(dynamic_obs_xy) != 0:
    Len_vehicle = 2.910                                  # 自车长度
    Len_obs = 3                                          # 障碍物车辆长度
    V_obs = obs_dis_speed_list[0][1]                     # 障碍物的速度
    Dis = obs_dis_speed_list[0][0]                       # 障碍物距离自车的距离
```

```
V_ego=math.sqrt(vehicle_v_[0]**2+vehicle_v_[1]**2)
delta_v=V_ego-V_obs
# print("V_ego, V_obs", V_ego, V_obs)
# 相遇开始的时间和相遇结束的时间
meet_t=(Dis-Len_vehicle/2-Len_obs/2)/delta_v
delta_t=(Len_vehicle+Len_obs)/delta_v
leave_t=meet_t+delta_t
# print("meet_t, leave_t", meet_t, leave_t)
"""
meet_s 是障碍物与自车相遇时尾部的 s 值
leave_s 是障碍物与自车分离时头部的 s 值
"""
meet_s=begin_s_list[0]+Dis+V_obs*meet_t-Len_obs/2
leave_s=begin_s_list[0]+Dis+V_obs*leave_t+Len_obs/2
delta_s=leave_s-meet_s
obs_pos=meet_s+delta_s/2
# print("meet_s and leave_s", begin_s_list[0], Dis, meet_s, leave_s)
# print("障碍物位置和长度", obs_pos, delta_s)
# print(obs_s_list)
if leave_s < 80:
    obs_s_list.append(meet_s-10)
    obs_s_list.append(obs_pos)
    obs_s_list.append(leave_s)
    obs_l_list.append(0)
    obs_l_list.append(0)
    obs_l_list.append(0)
```

最后，根据状态信息对车辆进行动态规划，即可实现智能避障。

3. 轨迹跟踪算法

轨迹跟踪算法是一种基于车辆轨迹信息的控制算法，其原理是通过计算车辆当前位置和目标轨迹的误差，调整车辆转向和速度控制，使车辆沿着目标轨迹行驶并保持一定的跟车距离。

基于 CARLA 平台，通过 Longitudinal Controller 控制油门和刹车，采用 PI 控制器 Lateral Controller 控制方向盘，采用 PD 控制器进行轨迹跟踪算法设计。

具体代码如附录 A 所示。

要实现对车辆的控制，先要有一条平滑的路径，这样才能知道汽车该什么时候转向、什么时候刹车。这里使用一种比较简单的办法，就是直接从地图中选取一条路径，然后控制汽车跟随这条路径。

CARLA 采用 OPENDRIVE 的地图格式，在创建地图时，其内部提供了很多已经完成的路径。下面这段代码的主要目的是从指定的起点（spawn_point[200]）开始，生成一条由 1000 个 Waypoint 组成的路径，并将这些路径点依次存储在 route 向量中。

```cpp
geom::Transform transform=spawn_point[200];
```
这行代码从一个名为 spawn_point 的数组中获取第 200 个元素,并将其值赋给 transform 变量。spawn_point 中存储了一系列 Transform 对象,这些对象可能包含位置信息和方向信息。
```cpp
std::vector<SharedPtr<client::waypoint>> route;
```
这里声明了一个向量 route,用于存储一系列的 waypoint。每个 waypoint 都是一个共享指针(SharedPtr)类型的对象。
```cpp
SharedPtr<client::waypoint> waypoint=map->Getwaypoint(transform.location);
```
通过调用 map 对象的 Getwaypoint 方法,使用 transform 的位置信息获取一个 waypoint 对象,并将其值赋给 waypoint 变量。Getwaypoint 方法的作用是从地图中找到与指定位置最接近的 waypoint。
```cpp
for (int i=0; i<1000; ++i)
{
    route.push_back(waypoint);
```
每次循环中,当前的 waypoint 会被添加到 route 向量中,这样可以逐步构建路径。
```cpp
    std::vector<SharedPtr<client::waypoint>> next_point=waypoint->GetNext(5);
```
这里调用了 waypoint 对象的 GetNext(5) 方法,该方法会返回一个包含接下来几个(这里是 5 个)航路点的向量 next_point。
```cpp
    waypoint=next_point.front();
```
将 next_point 向量中的第一个航路点值赋给 waypoint,以便在下一次循环中继续从这个新的航路点生成路径。
```cpp
}
```

路径跟踪,即根据路径对车辆进行控制,指的是在路径上选取一个目标点作为跟踪的目标,然后通过二自由度模型中车辆后轮与目标点的几何关系,求出汽车前轮转角与误差的几何关系,从而实现对目标点的跟踪控制。下面这段代码定义了一个纯追踪控制器 PurePursuitController,用于控制车辆沿预定路径行驶。控制器根据当前车辆的姿态计算出适当的转向角和目标点,从而引导车辆沿着路径前进。代码中的方法 calculateControl 和 ld 是关键的计算部分,前者决定如何跟踪路径,后者决定前视距离的计算方式。具体代码如下:

```cpp
//Point 结构体表示一个二维平面上的点,包括 x 和 y 两个坐标,以及 yaw(偏航角),用于表示点的朝向。
struct Point
{
    double x;              //x 坐标
    double y;              //y 坐标
    double yaw;            //偏航角(车身朝向)
};
//Pose 结构体表示一个姿态,包含一个 Point 结构体(位置和偏航角)及一个 heading(航向角),用于表示车辆的姿态信息。
struct Pose
{
```

```cpp
    Point point;
    double heading;                    //航向角
};
//ControlCommand 结构体表示控制命令
struct ControlCommand
{
    double delta;                      //转向角。
    Point point;                       //目标点,用于控制车辆的下一个移动位置。
};
//PpVehicle 结构体表示车辆的基本属性
struct PpVehicle
{
    double wheelbase=2.5;              //轴距
    double maxSteeringAngle=(70 / 180) * M_PI;    //最大转向角限制
};
class PurePursuitController
{
public:
    PurePursuitController(PpVehicle vehicle, std::vector<Point> path);  //构建函数,初始化控制器。接收一个 PpVehicle 类型的车辆参数和一个路径(一系列 Point)作为输入。
    ControlCommand calculateControl(const Pose & currentPos);  //计算控制命令的函数,接收当前车辆姿态 currentPos 作为输入,并返回一个 ControlCommand 类型的控制命令。这个函数可能通过计算当前车辆的位置与路径上点之间的关系,决定下一步的转向角和目标点。
    double ld(double kv, double v, double l0)  //用于计算前视距离的函数,前视距离是根据车辆速度 v、比例系数 kv 和最小前视距离 l0 计算的,并将结果存储在私有成员变量 lookAheadDistance_ 中。
    {
        lookAheadDistance_ = kv * v + l0;
        return lookAheadDistance_;
    }
private:
    PpVehicle vehicle_;                //存储车辆的属性。
    double lookAheadDistance_;         //前视距离。
    int closestIndex_=0;               //最接近当前车辆位置的路径点的索引,初始值为 0。
    int target_index_;                 //目标点的索引。
    std::vector<Point> path_;          //车辆要沿着行驶的路径,包含一系列的 Point。
};
```

5.4.2 仿真实例测试

本节将根据如上所述的车辆控制算法,编写对应控制算法,连接 CARLA. Traci 接口,实现车辆控制。通过上述三大模块的协同工作,实现车辆的路径规划、避障和精准控制,使车辆在 CARLA 仿真环境中平稳地完成一系列任务。具体代码如附录 B 所示。

首先设定车辆初始与终点位置，再设置车辆初始状态信息。选择高速路（三车道）道路环境并在道路中添加车辆障碍物。启动仿真可以观察到在高速路上成功生成了 ego 车辆和障碍车辆，如图 5-19 所示。其中 1 号车辆为 ego 车辆，前方车辆为障碍车辆。

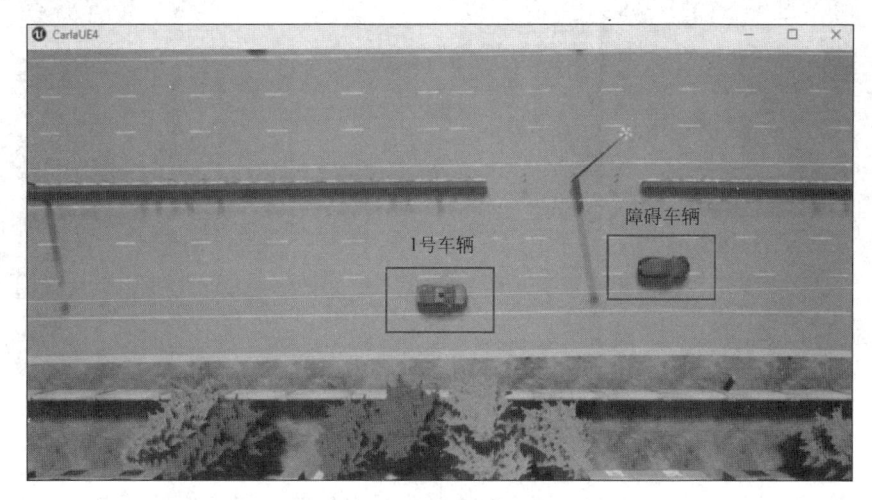

图 5-19　仿真启动时

接着运行仿真实例，从画面中可以观察到车辆开始行驶，并能检测到车辆前方的障碍车辆并进行避障，同时系统计算车辆距离障碍车辆的位置，实时更新路径并通过红点标记，将后续规划路径点显示在界面上，图 5-20（a）和图 5-20（b）分别表示 ego 车辆在行驶过程中避开行驶车辆和停止车辆两种情况。

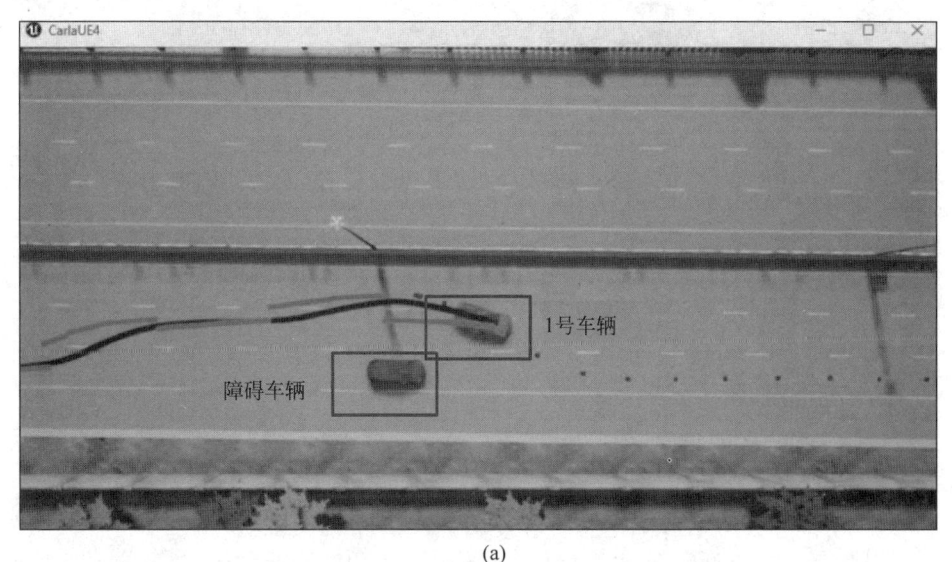

(a)

图 5-20　仿真运行车辆状态图
（a）避开行驶车辆；（b）避开停止车辆

(b)

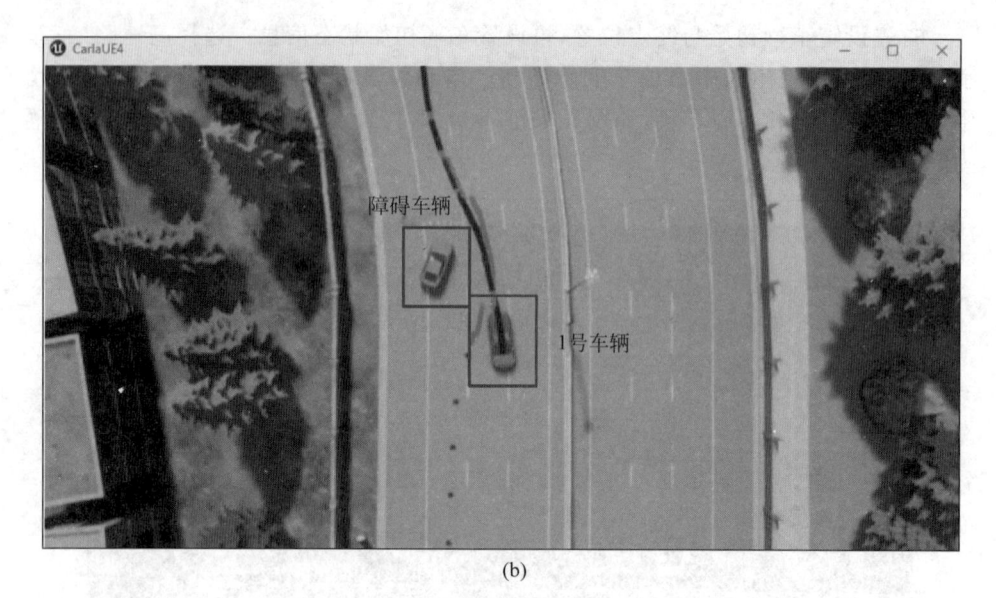

图 5-20 （续）

最后可以观察到 ego 车辆能够准确地按照规划的位置点持续行驶（通过对比深色轨迹线和浅色轨迹线），同时车辆能够成功行驶到设定的目标终点位置，如图 5-21 所示。

图 5-21 仿真结束时

以上通过设计一个高速公路环境下的仿真实例设计并验证了本章提及的智能路径规划、避障和轨迹跟踪控制算法，结果表明，车辆能够安全、平稳地完成各种运动任务。

本 章 小 结

本章全面介绍了CARLA智能车辆仿真平台的使用方法和应用案例。通过对CARLA基本功能的详细解析,使读者掌握从软件安装到基本操作,再到高级功能应用的完整流程。

本章首先介绍了CARLA的基本概况,包括软件的简介、工作界面及安装步骤。这部分内容为初学者提供了入门指南,使他们能够顺利配置CARLA仿真环境。其次深入介绍了CARLA的基础操作。通过具体步骤的演示,使读者学习如何启动CARLA并连接客户端,加载地图和传感器,操控虚拟车辆,以及使用交通管理器制作车流动画等。这部分内容为后续的高级应用打下了坚实的基础。再次探讨了基于CARLA的路径规划与轨迹跟踪的基本原理。重点介绍了路径规划算法、智能车辆避障技术及轨迹跟踪算法的实现方法,为读者理解和应用这些技术提供了理论支持和实践指导。最后展示了基于CARLA的智能车辆仿真实训和测试实例。通过对仿真环境搭建和实际测试的详细介绍,使读者学习如何在虚拟环境中模拟真实的驾驶场景,进行智能车辆的各项测试和验证。

课 后 习 题

1. 基础环境设置与初步导航目标:熟悉CARLA环境的基本配置和简单的车辆控制。

任务描述:在CARLA中创建一个简单的城市环境,并在其中生成车辆。使用Python API实现车辆的基本控制,使其沿着一条简单的路径行驶(如从A点到B点)。

要求:配置CARLA环境并启动服务器。使用Python脚本生成一部车。通过API实现车辆的前进、转向和停止操作,让车辆沿指定路径行驶并到达目的地。

2. 感知模块的实现目标:理解和实现感知模块的基础功能。

任务描述:在CARLA环境中使用传感器(如摄像头、激光雷达等)获取车辆周围的环境信息,并对这些数据进行简单处理和可视化。

要求:为车辆添加前置摄像头和激光雷达传感器。捕获和保存传感器数据(如图像和点云影像数据)。实现简单的物体检测或环境地图构建(如基于激光雷达的二维点云影像可视化)。

3. 自动驾驶路径规划目标:基于高速三车道路环境实现路径规划算法,使车辆能够避障并到达目的地。

任务描述:设计并实现一个简单的路径规划算法,使车辆能够从起点行驶到指定的目的地,并避开路上的障碍物。

要求：设定多个障碍物，并确定车辆的起点和终点。使用Dijkstra算法或A*算法计算最优路径。实现路径跟踪，使车辆按照规划路径行驶，并避开障碍物。

4. 自动驾驶决策与控制目标：模拟真实道路场景（高速路口或匝道入口）中的驾驶决策与控制。

任务描述：设计一个复杂的交通场景，包含多个车辆、行人和交通信号。实现自动驾驶车辆在该场景中的决策与控制，使其能够遵守交通规则并安全行驶。

要求：配置一个多车、多行人及交通信号灯的复杂场景。实现交通信号的识别与响应（如红灯时停车，绿灯时通行）。实现行人或障碍物检测与避让，确保行驶安全。实现车辆间的避碰控制。

参 考 文 献

[1] 刘军,苏亮,吴少雄.基于AStar算法的避障路径局部规划方法开发[J].客车技术与研究，2023,45(3)：6-9.

[2] 史云阳,朱世超,徐长靖,等.SC-V2XSim：车路协同环境下的高速公路混合交通流联合仿真方法[J].武汉大学学报（信息科学版），2024,49(4)：595-608.

[3] DOKUR O,KATKOORI S. CARLA Connect：A Connected Autonomous Vehicle（CAV）Driving Simulator[C]//2022 IEEE International Symposium on Smart Electronic Systems（iSES）. IEEE,2022：656-659.

[4] ANZALONE L,BARRA S,NAPPI M. Reinforced curriculum learning for autonomous driving in CARLA[C]//2021 IEEE International Conference on Image Processing（ICIP）. IEEE,2021：3318-3322.

第6章

SUMO智能车辆仿真与测试

作为城市与大规模交通网络模拟的利器，SUMO 以其微观仿真的精度、多模式交通的支持及高度可定制性，成为可供交通规划者、研究者及智能交通系统开发者使用的强大工具。从基础安装到高级应用，本章内容分为以下几节。

- **概述**：简要介绍 SUMO 的起源、核心优势及其在交通模拟领域的独特地位，同时概述学习本章内容的预期成果与实际应用场景。
- **主要模块**：详细剖析 SUMO 的关键组件：道路模块，用于构建和编辑复杂的道路网络，支持从简单街道到复杂交叉口的精细设计；车辆模块，能够基于实际数据或统计模型生成车辆、行人和公共交通等交通流需求；仿真模块，能够自定义仿真过程和仿真输出。
- **基于 TraCI 接口的 SUMO 二次开发**：探讨 TraCI 这一强大的接口，允许用户与 SUMO 仿真环境进行实时交互，控制仿真参数、获取仿真数据或集成外部算法。
- **基于 SUMO 的智能车辆仿真与测试实例**：展示如何利用 SUMO 与 TraCI 接口进行智能车辆的仿真与测试。帮助读者将理论知识转化为实际应用，推动智能交通技术的发展与应用落地。

通过本章的学习可以完成道路网络构建、车辆需求定义、仿真执行及效果评估，并利用 TraCI 接口进行二次开发，完成智能车辆仿真与测试的实际应用案例。

6.1 概述

6.1.1 SUMO 简介

德国航空航天中心（The German Aerospace Center，GAC）早在 2001 年就开始开发开源交通仿真包城市交通模拟（simulation of urban mobility，SUMO）。从那时起，SUMO 已发展成为一套功能齐全的交通建模实用程序，包括读取不同源格式的道路网络、需求生成和来自各种输入源（出发地目的地矩阵、交通计数等）的路由实用程序,可用于单个路口及整个城市的高性能模拟,包含用于在线调整模拟的"远程控制"接口[1]。图 6-1 中,SUMO 旨在模拟城市规模的交通道路网络。由于模拟是多模式的,这意味着不仅对城市内的汽车运动进行建模,而且对街道网络上的公共交通系统(包括替代火车网络、行人、公交车等)进行建模。

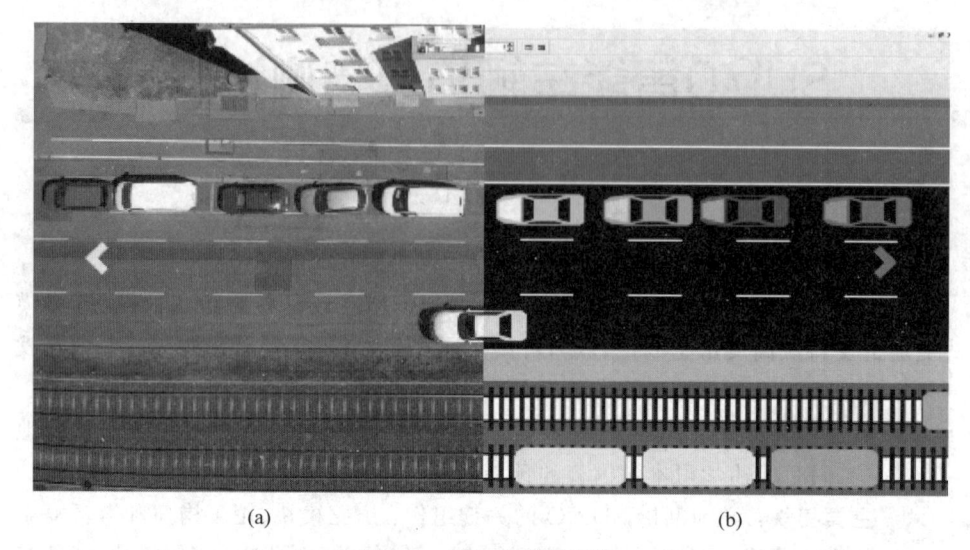

图 6-1 SUMO 仿真建模

(a) 交通实况;(b) 仿真环境

SUMO 是一个开源的、微观的、多模式的交通模拟软件。它主要用于处理大型网络下交通模拟,如表 6-1 所示,交通模拟工具可分为 4 类,分别为宏观、微观、中观和亚微观[2],其中 SUMO 是一种纯粹的微观交通模拟。每辆车都是明确给出的,如车辆的标识符(名称)、出发时间和车辆通过网络的路线定义。可以对每辆车进行更详细的描述,也可以定义出发和到达属性,如要使用的车道、速度或位置。每辆车都可以分配一个类型,该类型描述车辆的物理属性和使用的运动模型的变量。SUMO 模拟可以处理大量交通流量数据,管理多达一万条道路的网络,并且在使用较小算力的条件下运行,车辆更新速度可以达到十万次每秒。同时 SUMO 中的每辆车都可以个性化地建模,定义其运动学模型、换道模型、车辆跟驰模型等。SUMO 默认使用 Stefan Krauß 开发的跟驰模型的扩展[3]。车辆换道使用 SUMO 实施过程中开发的模型完成[4]。

表 6-1 交通模拟工具

分类	宏观	微观	中观	亚微观
介绍	模拟平均车辆动态	每辆车及其动力学都是单独建模	宏观和微观模型的混合	每辆车及车内的功能都经过明确模拟

6.1.2 SUMO 基本架构

SUMO 由 NETEDIT 和 SUMO-GUI 两个模块组成，分别负责仿真需求的构建和仿真的运行。TraCI 提供了一个可开发的接口。SUMO 仿真逻辑架构如图 6-2 所示。

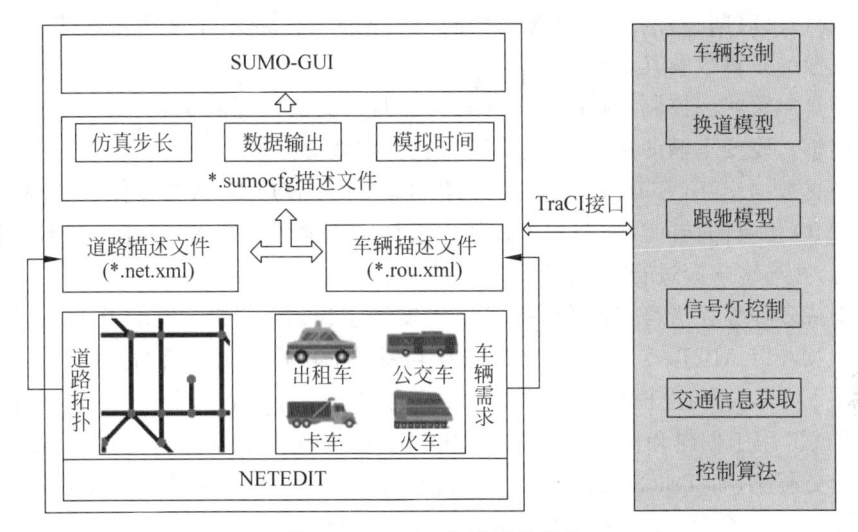

图 6-2 SUMO 仿真逻辑架构

NETEDIT 为可视化网络编辑器，其主要功能如下。

创建和修改路网：直观手绘以创建路网信息，包括路网中节点的坐标信息及类型，边的长宽及车道数，以及交叉口的信号设置等。对于已经存在的路网，可以对路网中的元素进行编辑和调整。

红绿灯设置：NETEDIT 支持对交通信号灯的详细设置，包括初始化红绿灯、添加状态（state）、修改各相位中的灯态等，以实现复杂的交通控制逻辑。

SUMO-GUI 是一个图形化用户界面，提供了与 SUMO 仿真引擎交互的直观方式。以下是 SUMO-GUI 的主要功能。

仿真配置与启动：通过图形界面加载和配置 SUMO 仿真配置文件（通常以 .sumocfg 为后缀）。用户可以直接拖拽配置文件到 SUMO-GUI 中，或者通过软件内的"打开"功能加载文件。

实时仿真与交互：SUMO-GUI 支持实时仿真，用户可以在仿真运行时观察车辆、行人和交通信号等的动态变化。

可视化与数据展示：SUMO-GUI 提供了丰富的可视化选项，用户可以根据需要调整道路、车道、车辆和交通信号等的颜色和样式。仿真过程中，SUMO-GUI 会实时展示各种交通数据，如车辆速度、车辆密度和流量等，这些数据有助于用户评估仿真效果。

导出与保存：用户可以将仿真结果导出为各种格式的文件，以便进行后续的数据分析和处理。SUMO-GUI 还支持保存当前的仿真配置和视图设置，以便下次仿真时重复使用。

TraCI 是一个关键的交通控制接口，其功能主要体现在以下方面。

实时交通信息获取：TraCI 实时获取 SUMO 仿真中的车辆位置、行驶路线、车速、当前仿真时间、路网中车辆数及车辆 ID、某时段内进入和离开路网的车辆数、发生碰撞的车辆数及其 ID 等。

仿真对象状态控制：通过 TraCI 接口实时改变信号灯的状态（相位切换、持续时间调整）、改变车辆的速度、改变车道或行驶路线等。

仿真数据交互：TraCI 基于 TCP/IP 协议，采用客户端/服务器体系结构，实现对 SUMO 仿真的访问。服务器可以使用某种语言编写的脚本，通过该脚本控制仿真运行，并与客户端进行数据交互。

支持多种编程语言：TraCI 接口支持多种主流编程语言，包括 Python、C++、.NET、MATLAB、Java 等，可为不同背景和需求的用户提供灵活的选择。

综上所述，NETEDIT、SUMO-GUI 和 TraCI 接口三者之间关系紧密。NETEDIT 用于创建和修改路网文件，SUMO-GUI 用于展示和仿真这些路网文件定义的交通流，而 TraCI 接口提供了仿真运行时动态控制和修改路网元素的能力。三者共同构成了 SUMO 交通仿真系统的核心部分。

6.1.3 SUMO 安装

访问"SUMO.dlr.de"，在图 6-3 中的下载页面选择相应的安装文件。以 Windows 操作系统为例，SUMO 官方提供了两种安装方式，使用".msi"文件进行安装可以运行计算机的引导安装程序并配置 SUMO 的运行环境。双击下载完成的".msi"文件，即可运行。使用".zip"文件解压后，手动进行运行环境，推荐使用".msi"文件进行安装。

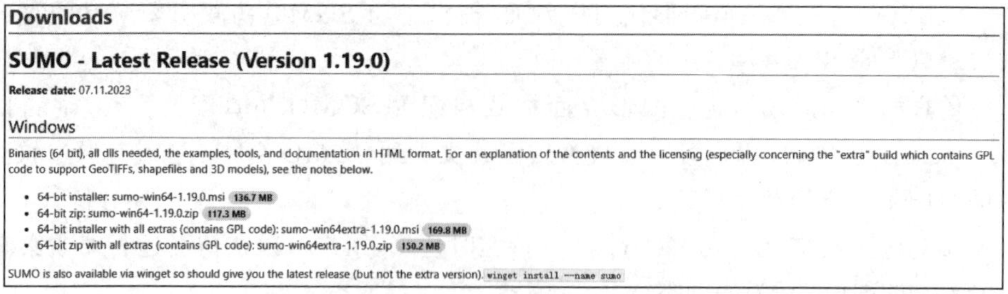

图 6-3 SUMO 下载页面

按照安装程序的指示，完成 SUMO 的安装过程。

安装完成后，可以在图 6-4(c)中的安装路径与环境配置文件夹的"./bin"文件夹中找到 SUMO 的 NETEDIT（编辑器）和 SUMO-GUI（可视化）。

图 6-4 安装步骤

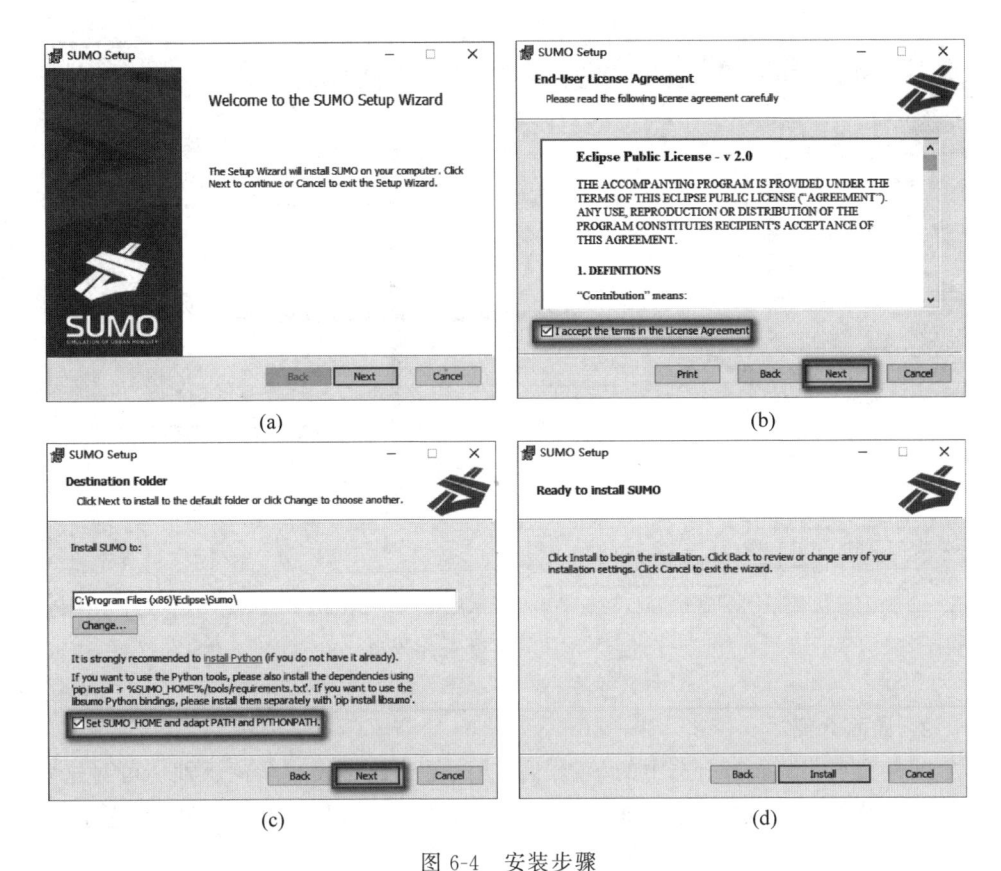

(a) 欢迎使用 SUMO；(b) 同意协议；(c) 安装路径与环境配置；(d) 完成安装

6.1.4 SUMO 工作界面

NETEDIT 是一个网络编辑器，用于创建和修改 SUMO 路网并生成车辆需求。图 6-5 中的 NETEDIT 编辑界面工具可使用户直观地设计和调整道路网络、交通信号及其他交通控制设施。

1. 核心功能

道路和节点编辑：创建、修改和删除道路和节点，调整道路的宽度、方向、连接性等。

交通信号管理：在交叉口设计和配置交通信号灯，包括信号灯的时长、相位和控制逻辑。

连接和优先级设置：编辑道路之间的连接关系，设定转向优先级，并管理交通流的优先通行权。

公共交通路线编辑：设计和调整公共交通线路，包括公交、轻轨等。

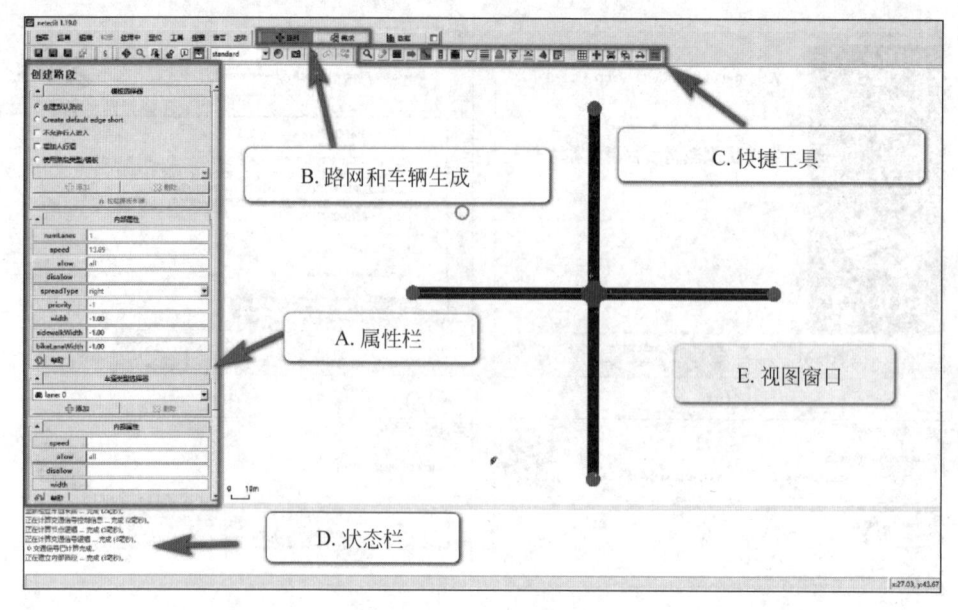

图 6-5　NETEDIT 编辑界面

2. 界面介绍

属性窗口：显示当前选中的车道、信号灯、道路通行权或车辆属性。可对这些属性进行编辑，如设置车道数、道路可通行车辆类型最大加速度、车辆的颜色等。

属性窗口：路网创建及车辆创建工具。

快捷工具：选择、绘制、编辑、捕捉、缩放、平移、红绿灯、双向车道等工具。

状态栏：显示当前操作的状态和信息，按 F5 键可对视图窗口进行刷新。

视图窗口：显示当前路网的可视化图像。用户可以通过鼠标或键盘进行交互，如选择节点和边，设置视图中心和缩放级别，显示节点和边的属性等。

6.2　主要模块简介

6.2.1　道路模块

SUMO 网络文件描述地图中与交通相关的部分、模拟车辆行驶或穿过的道路和交叉路口。从粗略的角度看，图 6-6 所示的 SUMO 网络是一个有向图，有向图中的每条边通常由一个有序对 (u,v) 表示，其中 u 是边的起始顶点，v 是边的结束顶点。这种有序性意味着从 u 到 v 存在一条边，并且这条边是单向的，即从 u 到 v。SUMO 中的每个节点可被视为有相图的顶点，两个顶点之间的"边"视为道路或街道，并且道路是不允许逆行的。具体来说，SUMO 网络包含以下信息：每条道路/边（edge）作为车道（lane）的集合，包括每条车道的位置、形状和速度限制，路口设立的交通灯信号灯,路口处各车道的通行权,路口处车道之间的连接。

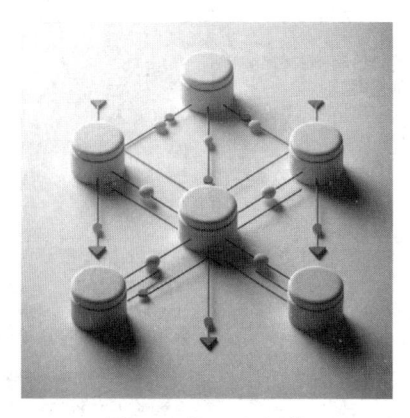

图 6-6　SUMO 网络

　　SUMO 路网被编码为 XML(可扩展标记语言),用于描述数据的结构和内容。内容按以下顺序分组:道路/边,指连接两个节点的道路段;交通灯逻辑,指控制交通信号灯的规则和策略;路口,指对车道通行权的定义;连接,指各路段、交叉口或节点之间的相互连接。

1. 创建道路

　　以图 6-7 所示的十字路口为例,一个十字路口至少由五个节点、一个信号灯及每条道路的通行权定义而成。

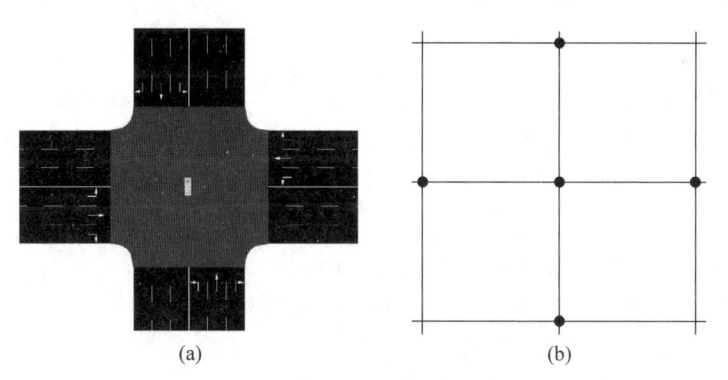

图 6-7　十字路口
(a) 交叉口;(b) 节点

　　选中快捷工具栏中的双向车道工具,创建双向车道,或选中已绘制完成的单向边,通过右键选择图 6-8 所示的为 edge 添加相反方向操作,完成双向车道创建。
　　交通信号灯根据特定的时间序列或交通需求变换不同的状态。这些时间序列和需求通常由交通规划者根据交通流量、交叉口类型、行人需求等因素确定,并且根据国际道路联盟(International Road Federation,IRF)的相关规定,绿灯后必须

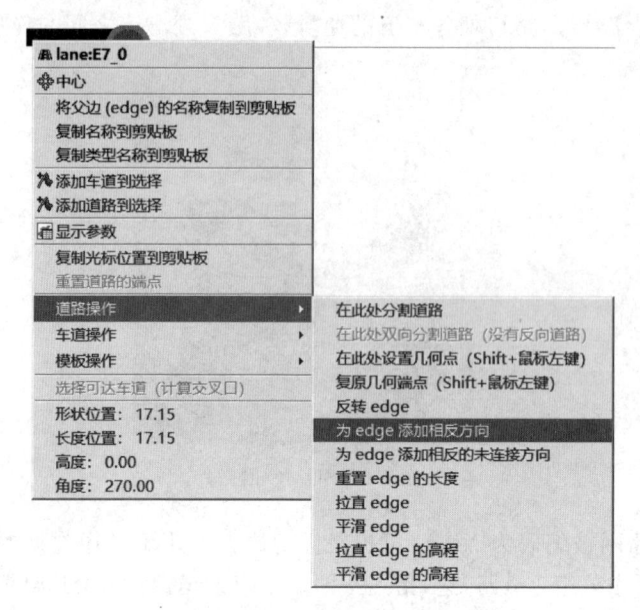

图 6-8 为 edge 添加相反方向的操作

要有持续 3s 的黄灯以提高安全性。现代交通信号灯系统也可以根据传感器数据和实时交通信息自适应地调整信号状态,以更好地适应交通状况的变化。交通信号灯在维护交通秩序、减少交通事故、提高道路通行效率方面起着至关重要的作用,是城市交通管理的重要组成部分。

2. 交通信号灯

设置受交通信号灯控制或不受控制的路口[5],并编辑静态或动态信号项目的所有属性。依据信号状态对受控车道的连接进行着色,实现信号状态的可视化。在此模式下,每个由交通信号灯控制的路口都会标注交通信号灯的图标。具体步骤如下。

(1) 单击不受控制的交叉口以添加红绿灯。

(2) 单击受控交叉口,添加(复制)相位或更改相位。

可通过以下方式编辑信号状态。

(1) 右击任何受控车道并选择新状态(颜色)。

(2) 右击任何传入通道以更改来自该道路的所有受控连接。

(3) 如果当前选定了车道,则从选定车道进入红绿灯的所有连接也将更改。

(4) 如果当前选定了边,则从选定边传入交通信号灯的所有连接也将更改。

(5) 如果激活了"将更改应用于所有相位"复选框,则当前项目的所有相位都将受到影响,也可通过直接编辑相位表更改状态。

要编辑交叉口交通信号灯相位(图 6-9),可以在交通信号灯模式下单击其交会点。

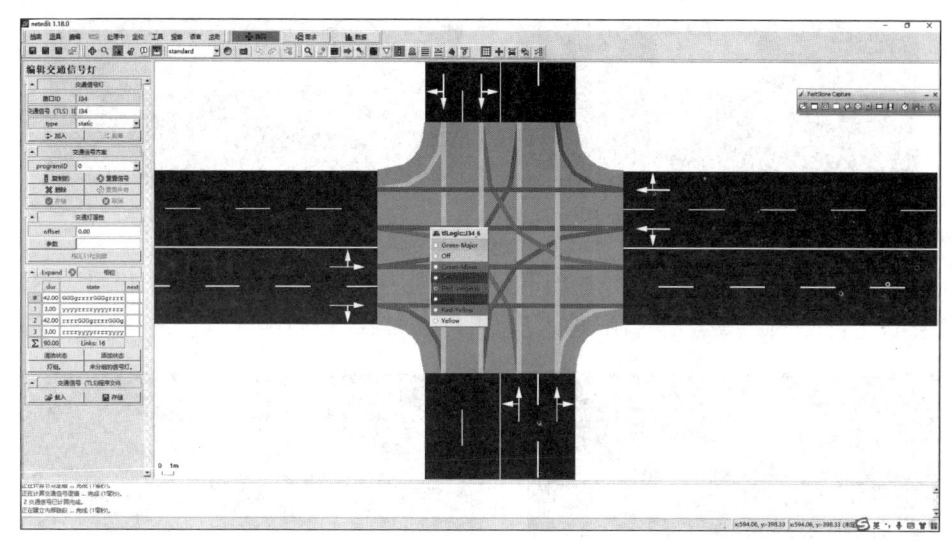

图 6-9 交通信号灯相位

3. 道路通行权

连接确定了车辆到达路口时,可以采取的可能方向如图 6-10 所示。创建新交叉口或修改其边时,将自动创建一组新连接并且可进行自定义修改。表 6-2 中的车道连接状态在连接模式下选择源车道时,交叉口的所有驶离车道都会根据表 6-2 中的类型进行着色。

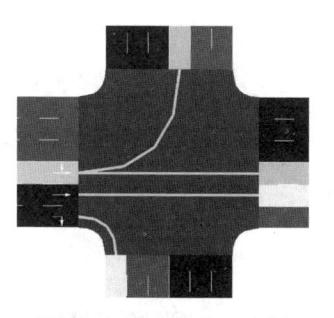

图 6-10 路权分配示意图

表 6-2 车道连接状态

类 型	定 义
当前车道	用于编辑连接的当前行驶车道
前往车道	该通道已与车辆所在通道连接
可选的前往车道	车道尚未连接
不可前往车道	不符合交通法规,不被允许行驶

4. 探测器

检测器用于保存通过车道特定位置的车辆的相关信息。

图 6-11 所示感应环路检测器(E1)收集的数据包含 NETEDIT 生成的 ID 参数、特定通道的位置、描述收集值的时间段、检测到的 VTypes(车辆类型)列表以及模拟探测器应将其结果写入的文件。

图 6-12 所示车道区域检测器(E2)的属性与 E1 感应环路具有相同的含义,包括自动识别车辆信息和特定通道的位置。

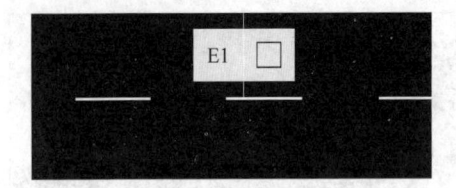

图 6-11 感应环路检测器(E1) 　　　　图 6-12 车道区域检测器(E2)

图 6-13 所示多入口多出口探测器(E3)属性与感应环路检测器 E1 相同。不同之处在于,探测器 E3 具有子项,即入口/出口探测器。

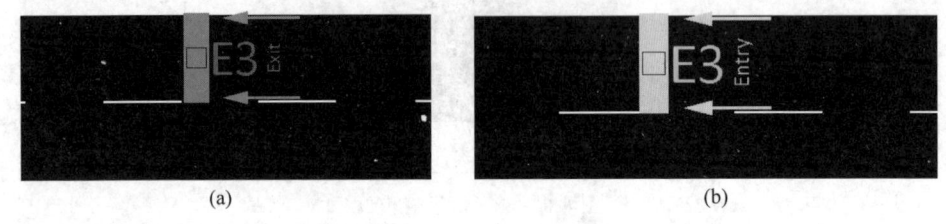

图 6-13 多入口、多出口探测器(E3)
(a)探测器出口;(b)探测器入口

转播器表示一旦车辆移动到指定边上,传播器就会更改车辆的路线,如图 6-14 所示。

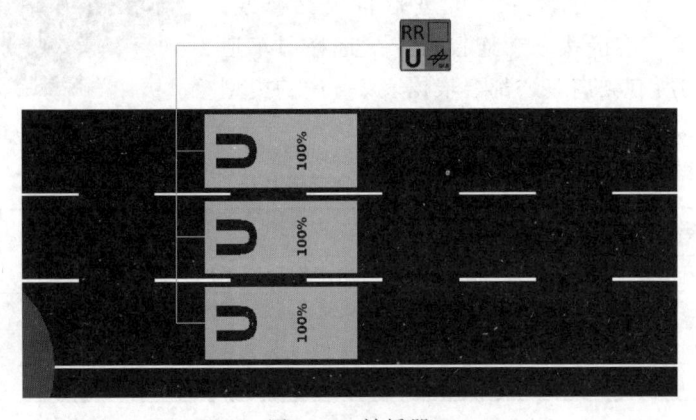

图 6-14 转播器

SUMO 路网由代表街道、水道、轨道、自行车道和人行道的节点和单向边组成。每条边都由一系列线段描述的几何形状,以及由一个或多个平行运行的车道组成。宽度、速度限制和访问权限(如仅限公交车)等属性被建模为沿车道的常数。因此,当这些属性中的任何一个沿其长度发生变化时,必须将一段道路建模为一系列边。SUMO 路网包括有关交叉口可能移动的详细信息,以及用于确定动态模拟行为的相应通行权规则。使用 NETEDIT 可以创建、分析和编辑网络、车辆及附加文件。这可通过手动改进补充路网生成启发式方法,还支持定义 NETCONVERT 无法导入的额外流量基础设施。

6.2.2 车辆模块

对车辆进行描述的过程称为流量需求。涉及的术语如下：行程指车辆从一个地点到另一个地点的移动，由起始边缘、目的地边缘和出发时间定义；路线是行程的扩展，不仅包括第一个和最后一个边缘，还包含车辆经过的所有边缘。

多种应用程序可用于根据现有输入数据定义 SUMO 的车辆需求。重要的是车辆由三个部分组成：描述车辆物理特性的车辆类型、车辆应采取的路线及车辆本身。多辆车可以共享路线和车辆类型。定义车辆类型不是强制性的，如果未给出，则使用默认类型。车辆驾驶员不必明确建模。对于模拟行人或乘坐车辆的人，需要额外定义。SUMO 和 SUMO-GUI 需要路线作为车辆移动的输入。下面介绍车辆模块的关键内容：车辆和路线、车流、流量分析区、跟驰模型、换道模型。

1. 车辆和路线

可以使用 NETEDIT 直观地创建和编辑流量需求，添加流量需求如图 6-15 所示。所有这些应用程序最终都会创建 XML 定义。

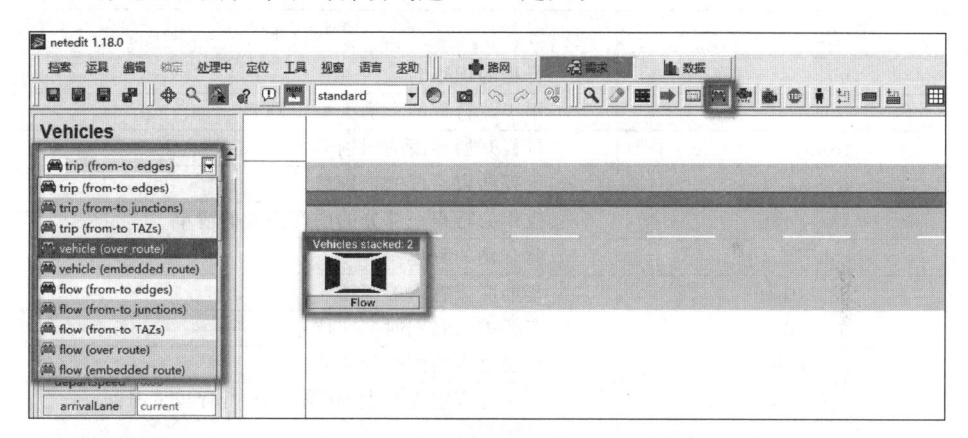

图 6-15 使用 NETEDIT 添加流量需求

也可通过手动定义需求文件，定义一辆具有属于它的路线的车辆，如下面的代码所示。其中，vType 可依据表 6-3 中的可定义行程属性选择性添加，否则视为默认。Vehicle 车辆定义依据表 6-4 进行。

```
< routes >
    < vType id="CAV" accel="2" decel="4" sigma="0.5" length="5" maxSpeed="33"/>
    < vehicle id="0" type="CAV" depart="0" color="green">
        < route edges="beg middle end rend"/>
    </ vehicle >
</ routes >
```

上述代码构建了一个类型为 CAV、ID 为 0 的绿色车辆，该车辆从时间 0 开始出现，车辆的最大速度为 33m/s、车长为 5m，sigma 为车辆跟驰模型的系数，最大加速和最大减速度分别为 $2m/s^2$ 和 $4m/s^2$。该车辆将沿着街道（代码中的 edges）beg、middle、end、rend 行驶，一旦接近道路的尽头，就从模拟中被删除。该车辆有自己的内部路线，不与其他车辆共享。

还可以定义使用相同路线的车辆。在这种情况下，路线必须"外部化"并在车辆引用之前定义。此外，必须通过给定 id 命名路线。使用该路线的车辆通过"路线"（route）属性引用该路线，代码如下：

```
< routes >
    < vType id="HDV" accel="2" decel="4" sigma="0.5" length="5" maxSpeed="33"/>
    < route id="route0" color="red" edges=" beg middle end rend"/>
    < vehicle id="0" type="type1" route="route0" depart="0" color="1,0,0"/>
    < vehicle id="1" type="type1" route="route0" depart="0" color="0,1,0"/>
</ routes >
```

不同的是，上述代码描述了两辆同类型的 HDV 车辆，颜色为红色。

表 6-3　可定义行程属性

属　　性	描　　述
id	行程的识别名
type	用于此行程的车辆类型识别名
from	行程开始路段的识别名
to	行程结束路段的识别名
via	应作为行程一部分的中间路段的清单
color	此车辆的颜色
departLane	车辆应被置入的车道
departPos	车辆进入路网时应在位置
departSpeed	车辆进入路网时的应有速度
depart	使用行程定义产生的（第一个）行程出发时间

表 6-4　车辆定义

属　　性	描　　述
id	type ID
length	车辆的长度
minGap	领导者（leader）后的空间
maxSpeed	车辆的最大速度
height	车辆宽度

2. 车流

车流可以定义为重复车辆，其中除出发时间外，具有与车辆或行程定义相同的参数。车流在给定的时间间隔内为平均或随机分布，具有表 6-5 所示的车流参数。

表 6-5　车流参数

属　　性	描　　述
number	每秒注入流量的概率
vehsPerHour	每小时流量的数量
period	周期注入等间距的流量
probability	每秒注入流量的概率
poisson	根据泊松分布注入率，每秒注入预期车辆的流量

车流可以定义其路线、车流类型、路径，代码如下：

```
< flow id="bus" color="green" begin="0" end="7200" period="900" type="BUS">
  < route edges="beg middle end rend"/>
  < stop busStop="station1" duration="30"/>
</flow>
< route id="route1" edges="beg middle end rend"/>
< flow id="type2" color="1,1,0" begin="0" end="7200" period="900" type="BUS" route="route1">
  < stop busStop="station1" duration="30"/>
</flow>
< flow id="type3" color="1,1,0" begin="0" end="7200" period="900" type="BUS" from="beg" to="end">
  < stop busStop="station1" duration="30"/>
</flow>
```

虽然流量和车辆定义可以任意组合，但路径文件必须始终按出发/开始时间进行排序。

3. 流量分析区

交通流量分析区(traffic analysis zones，TAZ)是交通规划和交通分析中常用的术语，用于划分城市或地区的交通分析单元。TAZ 由闭合多边形和与输入、输出的特定权重相关联的边列表组成。车辆前往 TAZ 会自动搜索最佳行驶路线。

4. 跟驰模型

(1) Krauss 模型：默认跟驰模型，基于安全距离的考虑模拟车辆的动态。该模型保证车辆在其当前速度和前车速度下能够安全停车，以避免碰撞。

(2) IDM 模型(intelligent driver model，智能驾驶模型)：IDM 是一个更复杂的模型，它不仅考虑安全距离，还考虑驾驶者的期望速度、前车速度，以及两车之间的间隔。在保持安全的同时，模拟驾驶者对当前交通状态作适应性反应。

(3) EIDM 模型：这是对 IDM 的改进，用于更精细地模拟特定交通情况下的驾驶行为，如在拥堵的城市环境中。

(4) CACC(cooperative adaptive cruise control)模型：这种模型用于模拟具有协同自适应巡航控制系统的车辆。这些系统允许车辆之间通过通信技术进行信息交换,从而实现更密集的车队行驶,降低碰撞风险。

(5) SLF(simplified linear follow)模型:这是一种相对简单的模型,通常用于需要快速计算而牺牲部分准确性的场景。

5. 换道模型

(1) LC2013 模型:这是 SUMO 的默认换道模型,适用于各种场景。它基于 2013 年开发的策略,综合考虑了安全性、效率和合作性等因素。此模型使车辆根据周围的交通状况动态决定是否换道。关键因素包括确保换道前后有足够的空间以避免碰撞,寻找更快的车道以改善行程时间,需要时为其他车辆创造换道空间[6]。

(2) SL2015 模型:基于 2015 年的研究开发模型,在 LC2013 模型的基础上进行了改进,尤其增加了对车辆驾驶行为更精细的模拟。这个模型尤其适用于高密度交通情况下的换道决策,提高了换道的实时响应性和适应性。

6.2.3 仿真模块

仿真模块负责执行仿真过程,它包括以下部分。

(1) 网络模块:加载和管理交通网络的数据结构,包括道路、车道、交叉口、信号灯等。

(2) 车辆模块:生成和更新车辆的状态,包括位置、速度、加速度、路由等。

(3) 事件模块:处理仿真过程中的各种事件,包括车辆出发、到达、变道、停车等。

(4) 输出模块:记录和输出仿真过程中的各种数据,包括车辆轨迹、行程时间、排放量等。

下述仿真文件".sumocfg"中调用了路网文件和需求文件,仿真开始时间设置为 0,仿真步长为 0.1s,输出了仿真过程中所有车辆的速度、加速度、位置等信息,并关闭了安全碰撞等相关设置。

```
< configuration >
  < input >
    < net-file value="lane.net.xml" />
    < route-files value="car.rou.xml" />
  </ input >
  < time >
    < begin value="0" />
    < step-length value="0.1" />
  </ time >
  < output >
    < amitran-output value="v_a_s.xml" />
    < fcd-output value="fcd.xml" />
  </ output >
  < processing >
```

```
        < collision. mingap-factor value="0"/>
        < collision. action value="none"/>
        < step-method. ballistic value="true"/>
    </ processing >
</ configuration >
```

SUMO 的仿真模块可以通过命令行或图形界面启动和控制,也可通过外部程序或脚本与其他软件进行联合仿真。SUMO 的仿真模块具有高度的可扩展性和灵活性,可以根据不同的需求和场景进行定制和优化。

(1) 仿真时间和步长:SUMO 允许定义仿真的起始时间、仿真时长和仿真步长。起始时间指定仿真开始的时刻,仿真时长指定仿真的持续时间,仿真步长则控制仿真的时间精度。通过合理设置这些参数,根据需要进行不同时间尺度的仿真实验。

(2) 仿真输出和数据收集:SUMO 提供了丰富的输出选项,可以帮助收集和分析仿真过程中的数据。可以指定输出文件的格式和内容,如车辆轨迹、交通流量、延误时间等。此外,SUMO 还支持实时数据输出,以便在仿真过程中监测和记录关键指标。

(3) 仿真控制和交互:使用 SUMO 提供的 API 或命令行工具对仿真进行实时控制和交互。通过这些工具改变仿真的参数、模型设置和车辆行为,并执行实时的仿真操作。这对于调试模型、优化仿真参数和开发交通控制策略非常有用。

(4) 仿真可视化:SUMO 支持可视化仿真结果,以直观地观察和分析仿真过程。使用 SUMO 自带的 GUI 界面或其他可视化工具显示车辆轨迹、道路拥堵情况和交通流动等,有助于对仿真结果进行可视化分析和呈现,队列仿真可视化如图 6-16 所示。

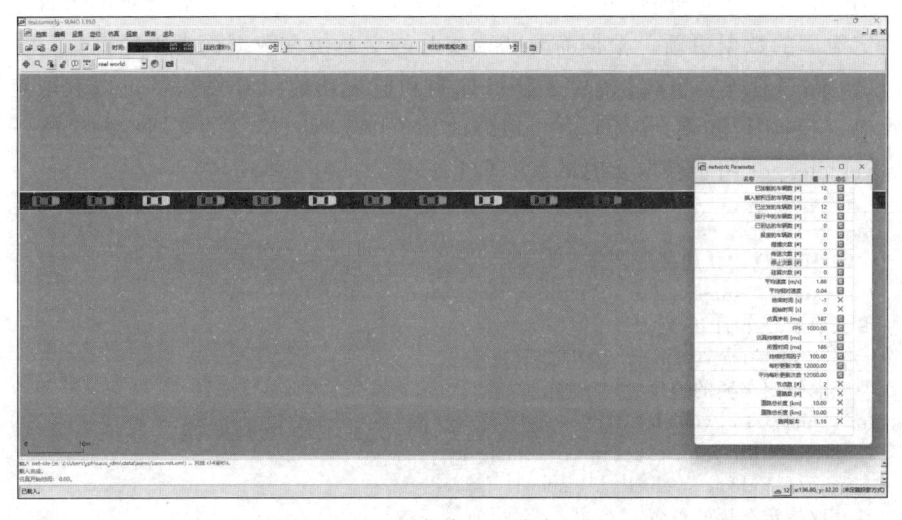

图 6-16 队列仿真可视化交互界面

深入学习和理解 SUMO 仿真模块的功能和参数,能够更好地设计和执行交通仿真实验,并获得有关交通系统行为和性能的深入洞察。可参考 SUMO 的官方文档和教程,实践使用 SUMO 进行仿真的案例和示例。

6.3 基于 TraCI 接口的 SUMO 二次开发

6.3.1 TraCI 接口简介

TraCI(traffic control interface)是一个用于与交通仿真器 SUMO 进行交互的接口。它提供了一组功能丰富的 API,用于控制和监视交通仿真环境中的车辆、道路和交通信号灯等元素。

TraCI 通过编程方式与 SUMO 进行通信,以实现各种交通仿真场景的分析、控制和评估。使用 TraCI 可以获取仿真中的实时数据。如图 6-16 所示,车辆位置、速度和加速度等信息可以通过该接口与可视化界面实时交互。

以下是 TraCI 的一些关键功能。

(1) 车辆控制和监视:TraCI 可用于控制车辆的行为,如设置车辆的速度、路线和目的地等。同时,还可获取车辆的实时信息,如位置、速度、加速度和排放量等。

(2) 交通信号灯控制和监视:TraCI 提供了与交通信号灯交互的方法。可以获取交通信号灯的状态、控制阶段和剩余时间,并可以修改信号灯的状态以模拟不同的交通流。

(3) 路网信息获取:TraCI 可用于获取道路网络的拓扑结构和属性信息,如道路长度、车道数和连接关系等。这些信息对于路网分析和交通规划非常有用。

(4) 事件和订阅机制:TraCI 支持事件和订阅机制,可以注册特定的事件或订阅特定类型的数据更新。根据需要获取实时的交通仿真数据而无须轮询。

(5) 路口管理:TraCI 提供了路口控制和监视功能。开发人员可以获取路口的状态、控制相位和剩余时间,并可以修改相位以实现自定义的交通控制策略。

vehicle.get 用于获取实时的状态信息:

```
import traci
# 与 SUMO 建立连接
traci.start(["sumo", "-c", "path/to/your/sumo_config_file.sumocfg"])
# 获取所有车辆 ID 列表
vehicle_ids = traci.vehicle.getIDList()
# 获取指定车辆的速度
for vehicle_id in vehicle_ids:
    speed = traci.vehicle.getSpeed(vehicle_id)
    print(f"Vehicle {vehicle_id} speed: {speed} m/s")
# 获取指定车辆的位置
```

```python
for vehicle_id in vehicle_ids:
    position = traci.vehicle.getPosition(vehicle_id)
    print(f"Vehicle {vehicle_id} position: {position}")
# 获取指定车辆的路段和车道
for vehicle_id in vehicle_ids:
    road_id = traci.vehicle.getRoadID(vehicle_id)
    lane_id = traci.vehicle.getLaneID(vehicle_id)
    print(f"Vehicle {vehicle_id} is on road {road_id}, lane {lane_id}")
# 获取交叉口信号灯状态
junction_id = "your_junction_id"
signal_state = traci.trafficlight.getRedYellowGreenState(junction_id)
print(f"Junction {junction_id} signal state: {signal_state}")
# 获取交叉口连接的入口道路 ID 列表
incoming_roads = traci.trafficlight.getControlledLinks(junction_id)
print(f"Incoming roads to junction {junction_id}: {incoming_roads}")
```

vehicle.set 用于实时改变的状态信息:

```python
# 设置指定车辆的速度
vehicle_id = "your_vehicle_id"
target_speed = 10  # 设置目标速度为 10 m/s
traci.vehicle.setSpeed(vehicle_id, target_speed)
print(f"Set speed of vehicle {vehicle_id} to {target_speed} m/s")
# 改变交通灯状态
junction_id = "your_junction_id"
new_signal_state = "GrGr"  # 设置新的信号状态
traci.trafficlight.setRedYellowGreenState(junction_id, new_signal_state)
print(f"Set signal state of junction {junction_id} to {new_signal_state}")
```

6.3.2 二次开发实例

使用 TraCI 进行二次开发是在 SUMO 模拟器基础上, 通过 TraCI 接口与 SUMO 进行通信, 从而定制化模拟行为、实时交通控制、开发仿真与分析工具或集成其他系统, 以满足特定的需求, 实现特定的功能或支持交通研究、规划和管理等领域的工作。

1. 创建道路

使用 NETEDIT 工具创建道路形成 个闭环路网, 如图 6-17 所示。

2. 创建需求文件

创建需求文件如下。

```xml
<routes>
    <vType id="car" type="passenger" length="5" accel="3.5" decel="2.2" sigma="1.0"/>
    <flow id="carflow" type="car" beg="0" end="0" number="5" from="edge1" to="edge2"/>
</routes>
```

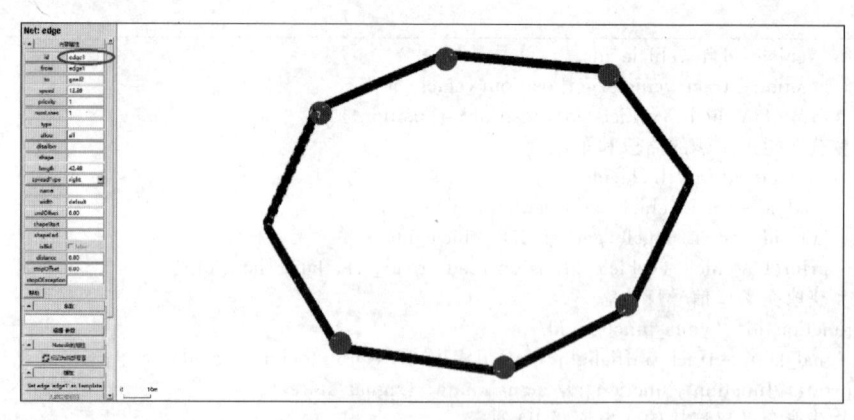

图 6-17 路网

3. 创建附加文件

按如图 6-18 所示添加转播器。

```
< additionals >
    < rerouter id="rerouter_0" edges="edge1">
        < interval end="1e3">
            < destProbReroute id="edge2"/>
        </interval >
    </rerouter >
    < rerouter id="rerouter_1" edges="edge2">
        < interval end="1e3">
            < destProbReroute id="edge1"/>
        </interval >
    </rerouter >
</additionals >
```

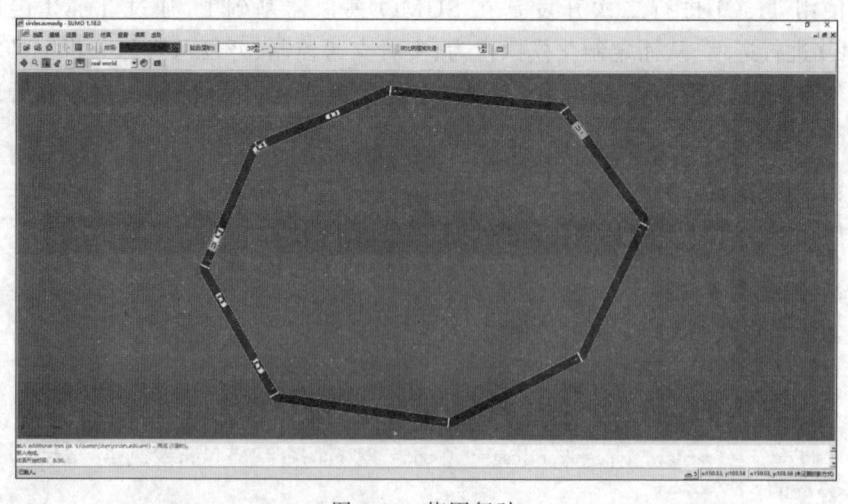

图 6-18 绕圈行驶

4. 创建调用文件

该文件调用路网、需求、附加等配置文件。

```
< configuration >
  < input >
    < net-file value="circles.net.xml"/>
    < route-files value="circles.rou.xml"/>
    < additional-files value="circles.add.xml" />
  </input >
</configuration >
```

5. 二次开发

建立 Python 与 SUMO 之间的连接。

引入 TraCI 软件包后启动仿真，如图 6-19 所示。

```
import traci
traci.start(["SUMO-GUI", "-c", "./circles.sumocfg"])    #启动仿真
while traci.simulation.getMinExpectedNumber()>0:        #只要有车辆处理,就进入循环
    traci.simulationStep()                              #一步一步地进行仿真
    ids=traci.vehicle.getIDList()                       #获取所有车辆的 ID
    for id in ids:                                      #遍历每辆车
        id_v=traci.vehicle.getSpeed(vehID=id)           #获取该车的速度
        print(f"车辆的 id 为{id},速度为{id_v}")          #输出
traci.close()    #关闭仿真
```

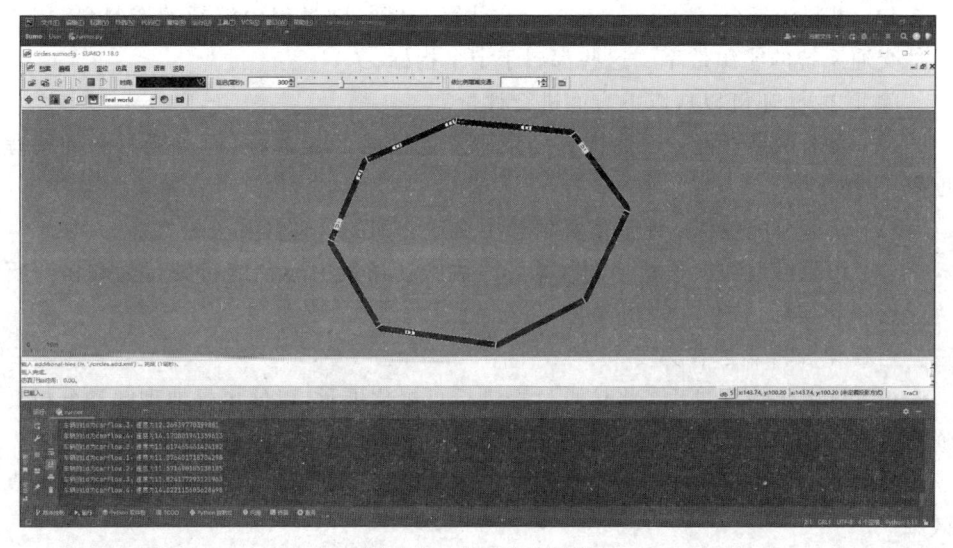

图 6-19　API 接口仿真

6.3.3 仿真效果评价方法

SUMO 提供了多种评价方法和指标,用于评估仿真结果和交通系统的性能。以下是一些常见的 SUMO 仿真效果评价方法。

(1) 行程时间(travel time):测量车辆从起点到终点的总时间。可以计算平均行程时间、分时段的行程时间及各路段或区域的行程时间。

(2) 延误(delay):测量车辆在交通流中的延误时间,即实际行程时间与理想行程时间之差。

(3) 拥堵指标(congestion metrics):评估交通拥堵程度的指标,如拥堵时段的比例、拥堵路段的长度和拥堵车辆的数量等。

(4) 停车次数(number of stops):统计车辆行驶过程中的停车次数,用于衡量交通流的顺畅程度。

(5) 停车时长(duration of stops):计算车辆在停车状态下的总时间,用于评估交通拥堵和交通信号灯的性能。

(6) 交通流量(traffic flow):测量通过某个路段或路口的车辆数量,计算平均交通流量、峰值交通流量和交通流量的变化趋势等。

(7) 排队长度(queue length):测量车辆在交通信号灯前排队的长度,用于评估交通信号灯的性能和交通拥堵程度。

(8) CO_2 排放(CO_2 emissions):估算车辆行驶过程中产生的二氧化碳排放量,用于评估交通系统的环境影响。

(9) 燃料消耗(fuel consumption):估算车辆行驶过程中消耗的燃料量,用于评估交通系统的能源效率。这些都属于定量指标。

除此之外,还可以从以下方面进行评价。

(1) 交通网络性能:评估仿真场景中交通网络的连通性、通行能力和拥堵程度等。

(2) 交通分配效果:评估仿真场景中交通分配的合理性和公平性。

(3) 跟驰模型和换道模型的效果:评估仿真场景中车辆的行驶行为和换道行为是否符合实际情况。

可视化分析非常有必要。

(1) 可视化仿真过程:将仿真过程进行可视化展示,以便更好地理解和分析交通行为和交通流。

(2) 可视化统计结果:将统计结果以图表的形式展示,以便更直观地评估仿真效果。

另外还有比较分析法,将不同方案或不同时间段的仿真结果进行比较与分析,以评估不同方案的效果。将仿真结果与实际数据进行比较,以验证仿真的准确性和可信度。

这些评价方法可以通过 SUMO 的输出文件（如 tripinfo.xml）和 SUMO 提供的 API 获取。可以根据具体的仿真场景和需求选择适当的评价方法，以评估交通系统的性能和效果。

6.4 基于 SUMO 的智能车辆仿真与测试实例

6.4.1 在 SUMO 中导入路网

SUMO 除了主要应用程序（SUMO、SUMO-GUI、NETEDIT、NETCONVERT 等）外，还有 150 多种附加工具。它们涵盖交通网络的主题分析、需求生成、需求修改和输出分析。它们大多数是用 Python 编写的。所有工具可以在 < SUMO_HOME >/tools 下的 SUMO 发行版中找到。SUMO 提供了一种强大的路网导入工具 osmWebWizard.py。此脚本将打开 Web 浏览器，并允许在地图上选择地理区域。它还针对不同交通模式的需求提供了一些用于指定随机流量的控件。单击"生成"按钮时，基于 OSM（open street map，一个开源的地图项目）数据构建所选区域的仿真网络，生成随机需求并启动 SUMO-GUI。

运行 ./tools/osmWebWizard.py 文件，弹出浏览器并加载出地图页面。可以在网页上查看、编辑和下载地图数据，也可以使用地图 API 开发应用程序。

网页的右侧面板列出了可供调整和选择的选项，用户可调整生成场景的参数。这些选项的功能如下：可以设置场景的持续时间；选择场景中是否包含公共交通，如公交车、地铁、火车等；选择是否只生成汽车的交通网络，不考虑其他交通方式，如自行车、步行等；选择是否使用卫星图作为地图的背景。

单击生成方案（generate scenario）按钮，可以生成场景，生成的场景会在一个新的窗口中显示，可以查看交通网络的结构和流量，也可以下载场景文件或分享场景链接。

可以缩放和平移到复合测试场景的生成区域。下一步，选择希望的实际区域生成模拟场景。通过单击蓝色区域选择面板上的"选择区域"复选框区域选择将被激活。可以通过单击并按住灰色和非灰色边界处的鼠标指针面积来更改此区域的大小和位置。

SUMO 支持多种运输方式。在需求生成面板上，可以通过单击相应的复选框激活/停用各种运输方式。对于每种运输方式，OSM Web Wizard 根据一定的概率生成随机需求分布。针对运输需求，OSM Web Wizard 随机生成需求基于特定的方面，大致受到以下两种因素的影响。①每次生成一部车，OSM WebWizard 都是随机选择一个驶入和离开的车道。Through Traffic Factor 定义了位于边界的道路相比全部区域内道路的使用次数。Through Traffic Factor 较大的值表明很多车的进入和离开都是在边界道路上，这也符合大交通量的场景。②Count 表明每小时、每千米生成多少车。比如，如果定义 Count 为 5，那么车道上每千米每小时生成 5 辆车。

最后选择合适的场景，单击生成方案（generate scenario）按钮，仿真加载（图 6-20）完成后会自动打开仿真，并且文件会以日期命名，保存在< SUMO_HOME >/tools 下。

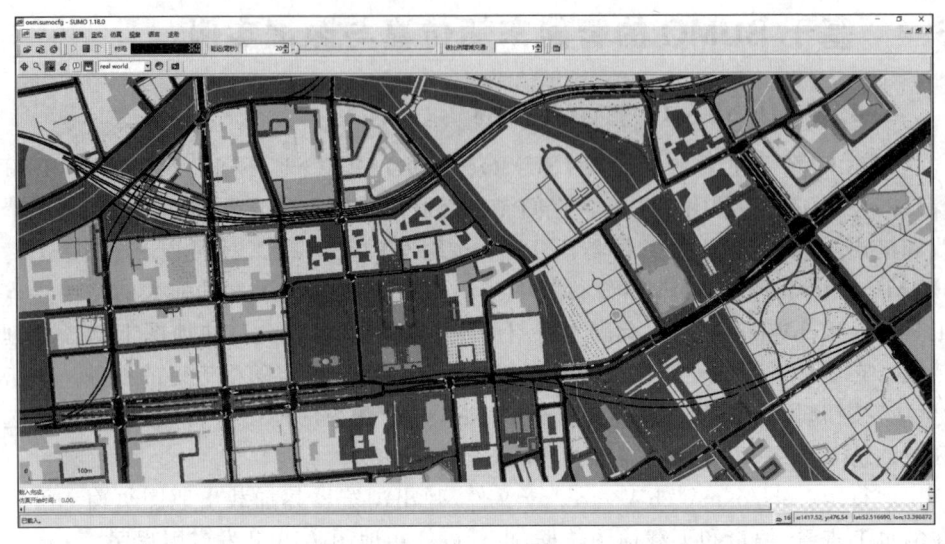

图 6-20 仿真加载

OSM Web Wizard 是一个独立的工具，与 TraCI 库无直接关联。使用 OSM Web Wizard 创建并导出 OSM 网络，然后在 TraCI 代码中使用这些导出的 SUMO 配置文件进行交通仿真。

6.4.2 高速公路智能车辆仿真与测试

1. 创建基础路网

使用可视化编辑工具构建三车道高速场景，其道路拓扑结构如图 6-21 所示。

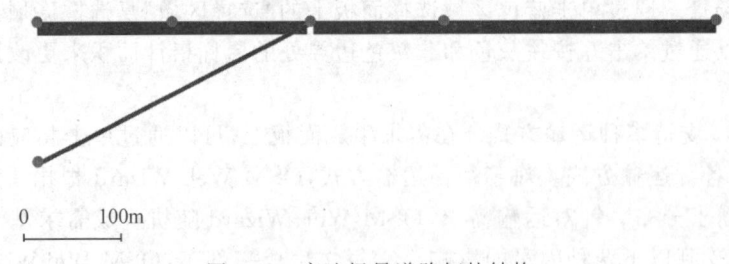

图 6-21 高速场景道路拓扑结构

创建由 6 个节点构成的三车道高速匝道汇入道路拓扑结构，其中匝道汇入口处节点为融合节点，由两个相距 5m 的节点融合而成，方法如下：选中需要融合的节点，在工具栏/处理中合并选中的路口，如图 6-22 所示。

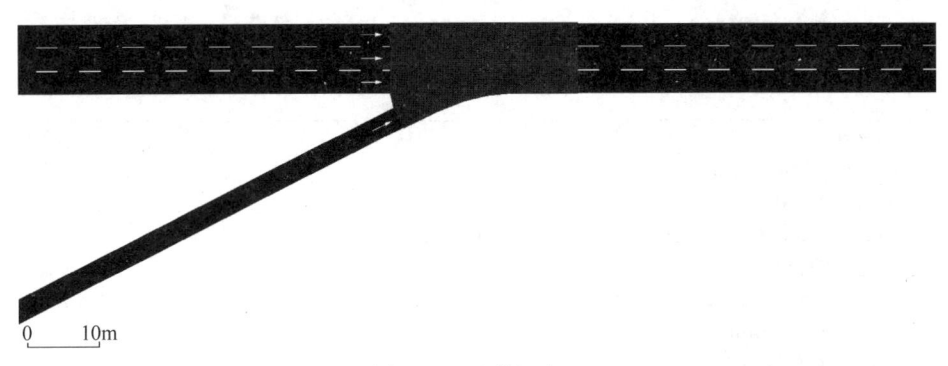

图 6-22 匝道汇入口

2. 定义车辆行驶路线

定义三辆智能车辆初始速度为 $10m/s^2$，分别在汇入口前道路上的不同起始位置(图 6-23)同一时刻出发。"*.net.xlm"文件代码如下：

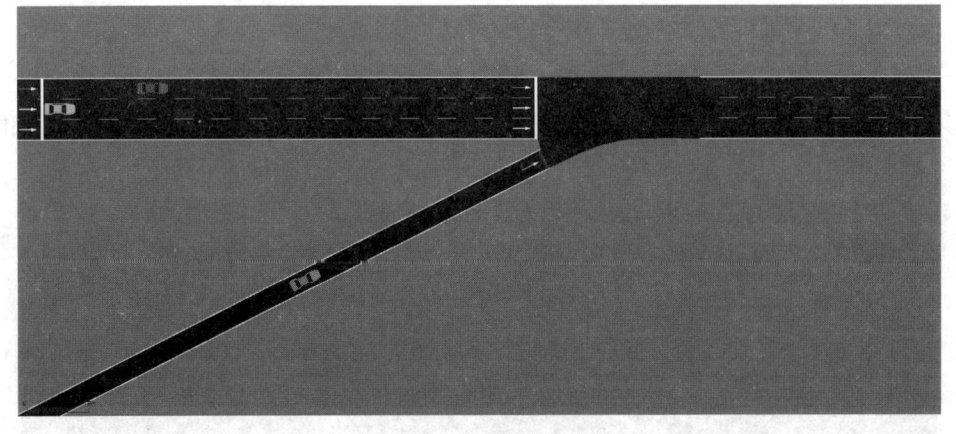

```
<?xml version="1.0" encoding="UTF-8"?>
<routes>
   <trip id="car_2" depart="0.00" departLane="1" departSpeed="10.00" color="green" from="E1" to="E3" via="E2"/>
   <trip id="car_1" depart="0.00" departPos="160.00" departSpeed="10.00" color="red" from="E4" to="E3" via="E2"/>
   <trip id="car_3" depart="0.00" departLane="2" departPos="20.00" departSpeed="10.00" color="blue" from="E1" to="E3" via="E2"/>
</routes>
```

图 6-23 车辆起始位置

3. Python 集成与动态仿真控制

使用 TraCI 对其进行简单的换道与加速操作，代码如下：

```python
import traci
import numpy as np
# 启动 SUMO 仿真
traci.start(['SUMO-GUI', '-c', 'test.sumocfg'])
# 进行的仿真步长
for step in np.arange(0, 400):
    traci.simulationStep()
    # 获取所有车辆 ID
    IDs = traci.vehicle.getIDList()
    # 关闭 SUMO 原始安全模型
    for id in IDs:
        traci.vehicle.setLaneChangeMode(id, 0b000000000000)
        traci.vehicle.setSpeedMode(id, 32)
    for id in IDs:
        # 获取车辆当前所在道路的 ID
        current_edge = traci.vehicle.getRoadID(id)
        traci.vehicle.setSpeed(id, 10)
        # 检查车辆是否在 E2 道路上
        if current_edge == "E2":
            # 执行换道操作如图 6-24 所示
            traci.vehicle.changeLane(id, 2, 100)
        # 检查车辆是否在 E3 道路上，执行加速操作，速度曲线如图 6-25 所示
        if current_edge == "E3":
            if traci.vehicle.getSpeed(id) <= 33:
                traci.vehicle.setAcceleration(id, 1, 0.1)
            else:
                traci.vehicle.setSpeed(id, 33)
traci.close()
```

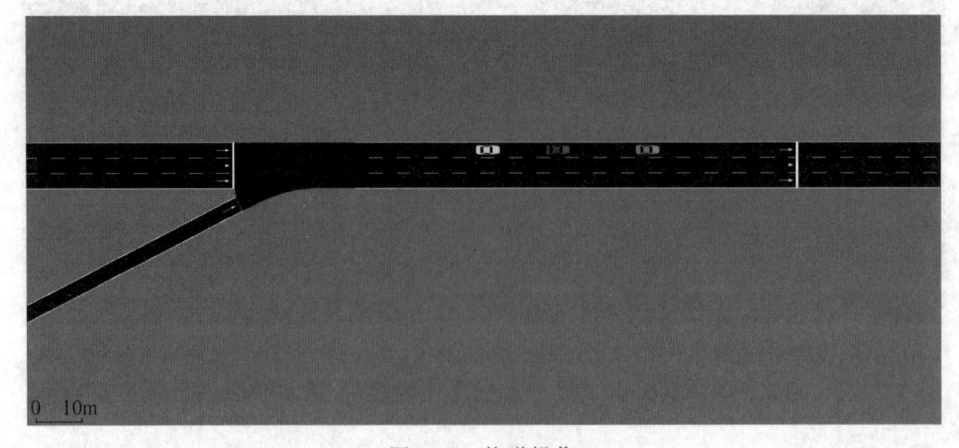

图 6-24 换道操作

车辆速度

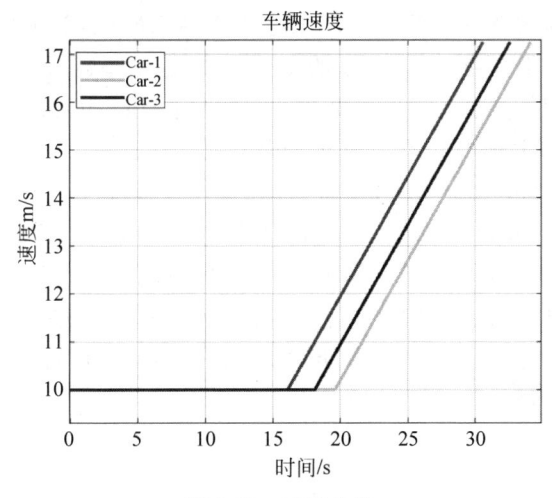

图 6-25　速度曲线

4. 配置仿真文件

```xml
<?xml version="1.0" encoding="UTF-8"?>
<configuration>
  <input>
    <net-file value="net.net.xml"/>
    <route-files value="rou.rou.xml"/>
  </input>
  <time>
    <step-length value="0.1"/><!-- 设置仿真步长为0.1s -->
  </time>
  <output>
    <!-- 输出车辆速度信息至 speed_output.xml -->
    <fcd-output value="speed_output.xml"/>
  </output>
</configuration>
```

5. 仿真结果分析

对 speed_output.xml 输出数据进行简单的绘图分析。如图 6-25 所示，三辆车在匝道口前保持 10m/s 的速度行驶，在匝道口后完成换道，离开匝道口后以 $0.5 m/s^2$ 的加速度行驶。

本 章 小 结

本章介绍了在 SUMO 中进行智能车辆仿真与测试的基本原理、主要模块及实际应用案例。通过对 SUMO 的深入介绍，使读者系统地学习如何使用 SUMO 进行智能车辆仿真，并了解其在智能交通系统开发中的实际应用。

本章首先对 SUMO 进行概述，介绍了 SUMO 的基本功能、安装步骤及工作界面。这部分内容为读者奠定了 SUMO 的使用基础,使其能够顺利地配置和启动该仿真平台。其次详细介绍了 SUMO 的主要模块,包括道路模块、车辆模块和仿真模块。通过这些模块的介绍,可使读者理解如何在 SUMO 中建模复杂的交通网络、配置车辆行为,并运行仿真以分析交通动态。再次探讨了基于 TraCI 接口的 SUMO 二次开发。先介绍 TraCI 接口的基本功能,再通过二次开发实例展示如何利用该接口扩展 SUMO 的功能,并进行仿真效果的评估。这部分内容为希望在 SUMO 上进行定制开发的读者提供了实践指导。最后展示了基于 SUMO 的智能车辆仿真测试实例。通过在 SUMO 中导入路网并进行高速公路智能车辆仿真测试的实例,使读者学习如何在实际场景中应用 SUMO 进行智能车辆的仿真测试,验证和优化智能车辆系统的性能。

课后习题

1. 使用 NETEDIT 工具创建高速公路场景,添加车辆需求,并编写仿真文件进行仿真。
2. 如何在 NETEDIT 编辑器中构建融合节点?
3. 在 *.rou.xml 车辆描述文件中修改车辆起始时间、起始位置、起始速度等。
4. 在 *.sumocfg 文件中添加车辆信息导出代码,并对数据进行绘制。
5. 使用 TraCI 接口启动仿真,并获取所有车辆的状态信息。

参考文献

[1] BEHRISCH M,BIEKER L,ERDMANN J,et al. SUMO-simulation of urban mobility:An overview[C]//Proceedings of SIMUL 2011, The Third International Conference on Advances in System Simulation. ThinkMind,2011.

[2] LOPEZ P,BEHRISCH M,BIEKER-WALZ L,et al. Microscopic traffic simulation using SUMO[C]//2018 21st International Conference on Intelligent Transportation Systems (ITSC). IEEE,2018:2575-2582.

[3] SONG J,WU Y,XU Z,et al. Research on car-following model based on SUMO[C]//The 7th IEEE/international conference on advanced infocomm technology. IEEE,2014:47-55.

[4] KRAJZEWICZ D. Traffic simulation with SUMO-simulation of urban mobility[J]. Fundamentals of Traffic Simulation,2010,145:269-293.

[5] ZUBILLAGA D,CRUZ G,AGUILAR L,et al. Measuring the complexity of self-organizing traffic lights[J]. Entropy,2014,16(5):2384-2407.

[6] ERDMANN J. SUMO's lane-changing model[C]//Modeling Mobility with Open Data:2nd SUMO Conference 2014 Berlin, Germany, May 15-16,2014. Springer International Publishing,2015:105-123.

[7] 德国航空航天中心运输系统研究所. Ation[EB/OL]. Available online:https://sumo.dlr.de/docs/index.html. Accessed on 30 July 2024.

第7章

多软件联合仿真与测试平台开发实例

本章将详细介绍如何构建和应用多软件联合仿真与测试平台,通过实际的开发实例帮助读者理解相关概念和技术。多软件联合仿真与测试平台在复杂的智能车辆仿真与测试中扮演着至关重要的角色,能够集成多种仿真工具和测试手段,以便在开发的早期阶段发现潜在问题并优化系统性能。本章内容分为以下几节。

- **概述**:简要回顾多软件联合仿真与测试平台的基本理论和关键技术,为后续章节的实例开发奠定基础。
- **基于 CarSim 和 PreScan 的联合仿真与测试案例**:详细介绍如何构建基于 CarSim 和 PreScan 的联合仿真平台,并通过简单的联合仿真实验展示其在高速公路中的应用。
- **基于 SUMO 和 CARLA 的联合仿真与测试案例**:详细介绍如何构建基于 SUMO 和 CARLA 的联合仿真平台,并通过简单的联合仿真实验展示其在高速公路中的应用。

通过本章的学习,使读者掌握多软件联合仿真与测试平台的开发流程,及其在工程项目中的应用方法,为后续的实际项目工作奠定坚实基础。

7.1 概述

7.1.1 联合仿真的作用

多软件联合仿真与测试(co-simulation)是指将不同的仿真和测试工具、平台或系统集成在一起,以共同模拟、评估和验证一个复杂系统中各子系统的协同工作。每个子系统可能由不同的软件工具建模和仿真,如控制系统、物理环境、通信系统等。联合仿真通过同步这些工具的执行,使它们能够在同一时间框架内进行数据交换和交互,从而实现整个系统的仿真。其目标是综合各子系统的优势,以便在系统设计的早期阶段更准确地评估系统的性能和行为。

联合仿真与测试可广泛应用于不同的领域,包括航空、航天、汽车、电子、通信等。在汽车领域中,联合仿真可用于测试智能车辆的性能和安全性[1]。智能车辆是一个复杂的系统，涉及多个子系统的集成，如车辆动力学、传感器系统、通信模块、驾驶员辅助系统和自动驾驶算法等。每个子系统通常需要不同的仿真软件进行专门的建模和测试。多软件联合仿真能够将这些子系统集成在一起进行综合仿真，从而实现以下几方面的重要作用。

（1）**拓展软件功能**：联合使用多个仿真软件可以拓展软件功能，避免重复建模和开发，节约时间和成本。同时可以减少实际试验的需求，进一步降低成本。例如，在智能车辆仿真与测试中，可以使用不同的仿真软件进行建模、仿真和数据分析，弥补单一软件不具备的功能，从而优化算法设计，减少实际试验的需求，提高工作效率并降低成本。

（2）**提高准确性和真实性**：不同的仿真软件通常具有独特的优势和功能，通过整合这些软件，可以获得更全面、全方位的仿真能力。例如，在智能车辆仿真与测试中，需要对车辆的感知、决策、规划、控制等多方面进行仿真模拟，此时可以使用不同的仿真软件进行建模、仿真和数据分析，最终形成一个综合的仿真系统。

（3）**系统集成与验证**：智能车辆中的各子系统之间高度依赖，联合仿真可以在虚拟环境中模拟这些子系统的协同工作，验证它们的交互是否正确。通过联合仿真，可以在早期阶段发现系统集成中的问题，降低后期开发成本。

（4）**跨学科协作**：智能车辆开发涉及车辆工程、交通运输、计算机科学、通信技术等多个学科。联合仿真平台为跨学科团队提供了一个统一的仿真和测试环境，可促进不同领域专家之间的协作，有助于实现系统的优化设计。

综上所述，仿真软件之间的集成和联合使用可以扩展功能、提高准确性、验证系统性能、促进跨学科合作，从而实现更全面、可靠的仿真工作。在实际工程应用中，选择合适的仿真软件并进行集成和联合使用，将有助于提高仿真系统的综合能力和可靠性，为工程领域的发展和进步产生积极的推动作用。

7.1.2　多软件联合仿真与测试常用方法

多软件联合仿真与测试的基本思路是依据不同仿真软件的特点和自身需求，选择合适的仿真软件进行集成和联合。目前，在智能车辆仿真与测试方面，国内外常见的多软件联合仿真与测试常用方法包括用于协同驾驶仿真的 OpenCDA、用于智能车辆仿真与测试的 CarSim+PreScan+Simulink 联合仿真、用于车联网仿真与测试的 SUMO 和 OMNeT++ 联合仿真、用于 SUMO 三维可视化的 SUMO 和 Unity3D 联合仿真，以及用于自动驾驶仿真与测试的 Carla 和 ROS-Bridge 联合仿真等。

1. OpenCDA

OpenCDA[1]是由加州大学洛杉矶分校移动实验室（UCLA Mobility Lab）开发的开源联合仿真架构，集成了原型协同驾驶自动化（cooperative driving automation，CDA，参见 SAE J3216）流程及常规的自动驾驶组件（如感知、定位、规划、控制）。该框架不仅支持在 CARLA+SUMO 联合仿真环境中进行 CDA 评估，还提供丰富的 CDA 研究流程源代码库。OpenCDA 联合仿真架构如图 7-1 所示。OpenCDA

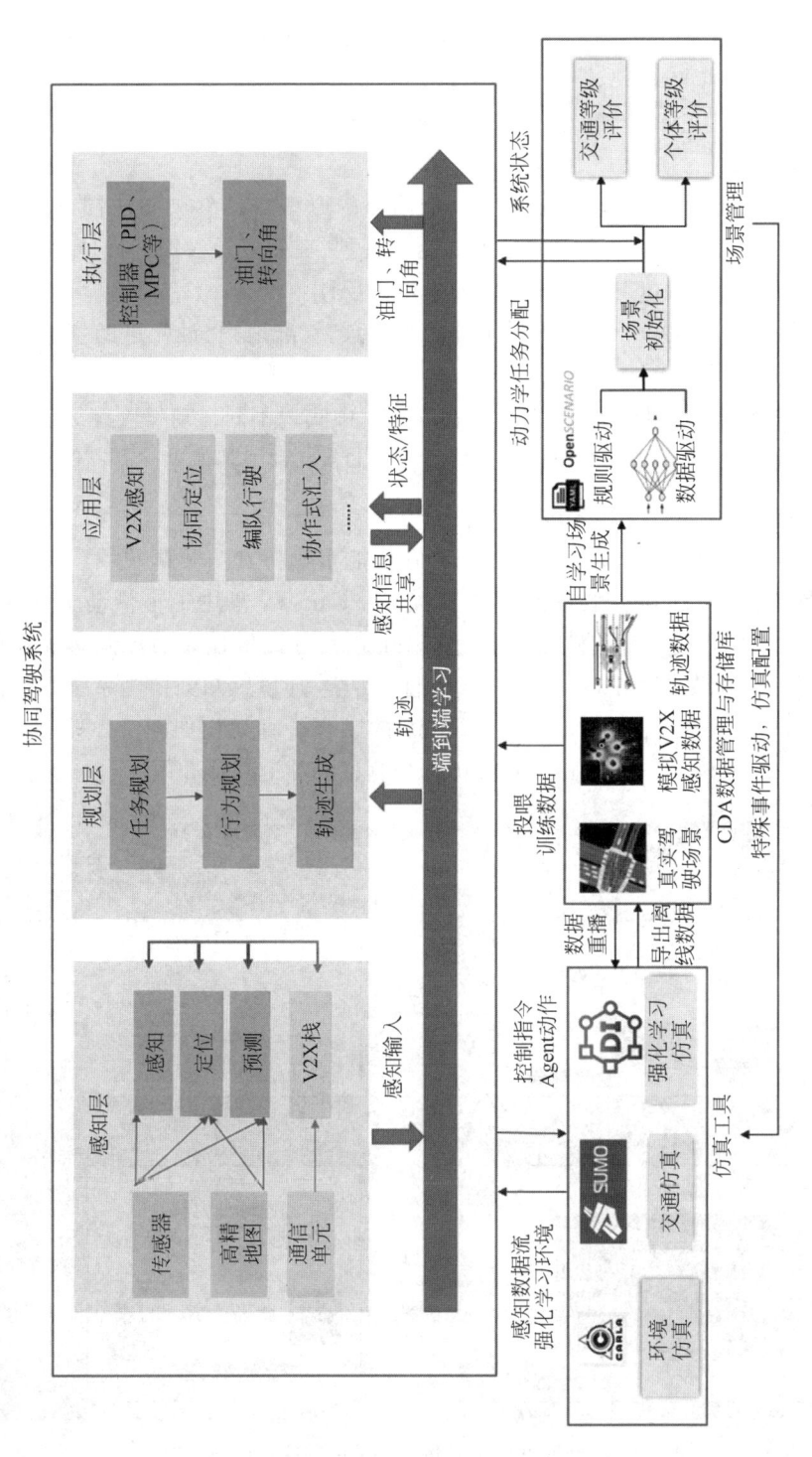

图 7-1 OpenCDA 联合仿真架构

的关键功能如下。
- 研究流程：OpenCDA 提供丰富的研究流程（基本和高级 CDA 模块的开源代码，如车队行驶、协同感知等）。
- 集成性：OpenCDA 分别利用 CARLA 和 SUMO 仿真工具，并将它们集成在一起。
- 全栈仿真：OpenCDA 提供了一个简单的原型自动驾驶和协同驾驶平台，完全基于 Python，实现了感知、定位、规划、控制以及 V2X 通信模块。
- 模块化：OpenCDA 具有高度的模块化设计。
- 基准测试：OpenCDA 提供基准测试场景、基准地图、最先进的基准算法以及基准评估指标。
- 连接性与协作性：OpenCDA 支持在仿真中实现不同自动驾驶等级和类别的智能网联汽车之间的协作。这使 OpenCDA 有别于其他单一车辆仿真工具。

2. CarSim、PreScan 和 Simulink 联合仿真

CarSim、PreScan 和 Simulink 是三种在智能车辆仿真与测试领域广泛应用的软件工具，它们各自具有独特的功能和优势。CarSim 专注于车辆动力学仿真，PreScan 擅长场景建模和传感器仿真，而 Simulink 可提供强大的控制系统和算法开发环境。三者结合使用，可以实现从车辆动力学、环境感知到控制系统的一体化仿真与测试。CarSim、PreScan 和 Simulink 的联合仿真架构如图 7-2 所示。以下是 CarSim+PreScan+Simulink 联合仿真与测试的关键功能介绍。

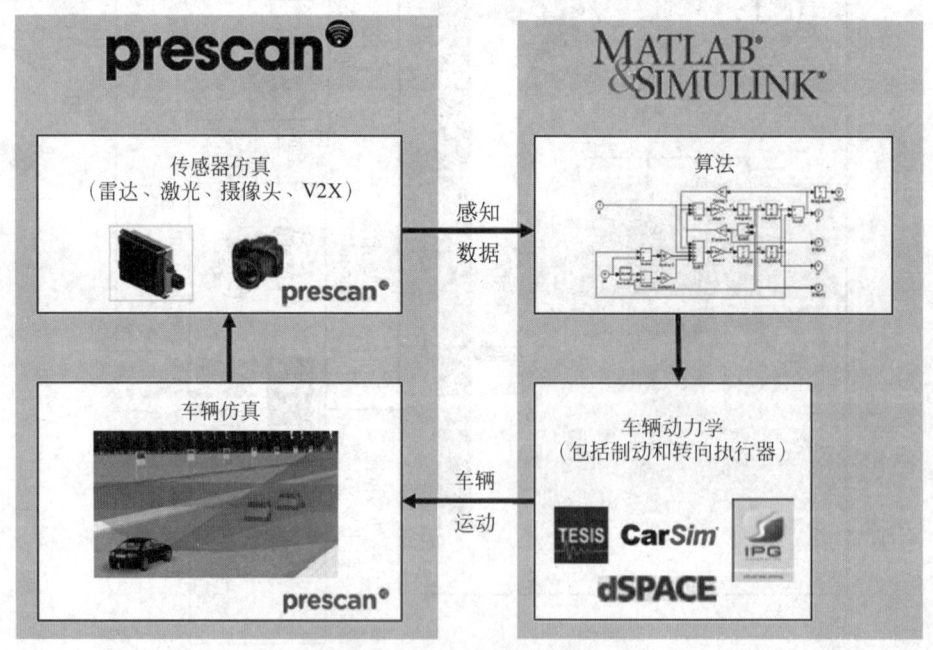

图 7-2 CarSim、PreScan 和 Simulink 的联合仿真架构

CarSim 的车辆动力学仿真具有以下特性。

（1）精确性：CarSim 可提供高度精确的车辆动力学模型，能够模拟车辆在各种条件下的动态响应。

（2）参数化：用户可以调整车辆模型的各种参数，如质量、悬架系统、轮胎特性等，以匹配特定的车辆配置。

（3）接口兼容性：CarSim 具有广泛的接口兼容性，可与 PreScan 和 Simulink 无缝集成，实现数据的输入与输出。

PreScan 的场景和传感器仿真可实现如下功能。

（1）场景构建：PreScan 允许用户创建复杂的交通场景，包括道路、建筑物、交通标志和其他动态参与者。

（2）传感器模拟：PreScan 能够模拟多种传感器的行为，如摄像头、雷达和激光雷达，为 CarSim 提供逼真的环境感知输入。

（3）可视化：PreScan 可提供强大的可视化工具，帮助用户直观地理解仿真过程中的环境和传感器数据。

Simulink 的控制系统开发可实现如下功能。

（1）算法开发：Simulink 是一个图形化的编程环境，适合开发和测试复杂的控制算法，如自动驾驶的决策、规划和控制策略。

（2）实时仿真：Simulink 支持实时仿真，可以与硬件在环测试系统结合，进行更接近实际应用的测试。

（3）模块化设计：Simulink 的模块化设计使用户可以轻松地构建、修改和测试不同的控制策略，而无须重写整个系统。

3. SUMO 和 OMNeT++ 联合仿真

Veins 是开源的车联网仿真框架，可提供一套用于车联网的仿真模型。该模型由基于事件的网络模拟器（OMNeT++）执行，同时与 SUMO 交互。Veins 的组件负责设置、运行和监控模拟。在 Veins 中，仿真通过并行执行两个仿真器（OMNeT++ 和 SUMO）来运行，并通过 TCP 套接字进行连接。此通信的协议已标准化为流量控制接口（TraCI）。这使道路交通和网络交通可进行双向耦合仿真。SUMO 中的车辆运动在 OMNeT++ 模拟中反映为节点的运动。然后，节点可以与正在运行的道路交通仿真进行交互。SUMO 和 OMNeT++ 联合仿真架构如图 7-3 所示。其关键功能如下。

（1）网络仿真与交通仿真集成：分析交通行为对网络性能的影响，以及通信延迟、丢包率等网络性能对交通流的影响。

（2）V2X 仿真：详细模拟车辆与基础设施之间的通信，模拟真实的 V2V 通信场景。

（3）动态交通信息传播仿真：车辆之间或与基础设施之间的交通信息交换，例如交通拥堵警告、实时路线建议等，从而研究这些信息对交通流量的调控作用。

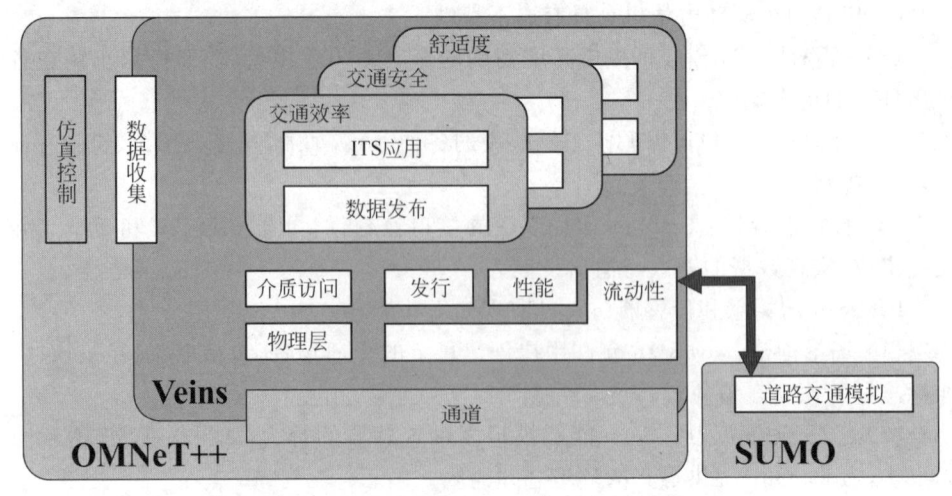

图 7-3　SUMO 和 OMNeT++联合仿真架构

（4）交通流与网络拥塞的交互分析：交通流的变化如何影响车联网中的网络拥塞情况，网络拥塞又如何影响交通流的效率和稳定性。

（5）多跳路由协议仿真：OMNeT++可以在联合仿真中模拟多跳路由协议，即车辆通过中继节点（其他车辆）进行间接通信。通过 SUMO 提供的车辆移动轨迹，可以研究多跳路由在不同交通条件下的效率和可靠性。

（6）实时信息传播与事件响应：可以模拟实时交通信息的传播，如交通事故、道路封闭或拥堵信息；分析信息传播速度、准确性及其对交通流和驾驶员行为的影响。

（7）智能交通系统（ITS）开发与测试：联合仿真支持智能交通系统中各种应用的开发和测试，如协同驾驶、自动驾驶支持系统、车队管理、车路协同等。

（8）仿真大规模车联网环境：模拟大规模车联网环境，包括数千辆车在复杂城市路网中的通信行为，分析不同通信协议和交通管理策略在大规模场景下的可扩展性和性能。

（9）自定义应用与协议测试：在 OMNeT++中实现和测试新的通信协议或应用程序，并使用 SUMO 提供的实际交通场景进行验证，评估它们在实际道路条件下的表现。

4. SUMO 和 Unity3D 联合仿真

虽然 SUMO 仿真程序能够轻松进行微观交通仿真，但它缺乏三维显示功能，仅用简单的二维图形表示道路网络、车辆和红绿灯，这样的展示方式不够直观、生动。Unity3D 作为一个三维游戏引擎，提供了强大的三维实时渲染类库，利用这些类库可以轻松创建三维游戏。SUMO 与 Unity3D 的联合仿真主要通过建立 Unity3D 项目与 SUMO 仿真程序之间的连接，定时获取 SUMO 中交通灯模型和车辆模型的状态信息，并根据这些信息对三维孪生场景中的相应模型进行状态更新和迭代。目前国内外学者基于 SUMO 和 Unity3D 联合仿真开展了大量科学研究[2-4]。图 7-4 为 SUMO 和 Unity3D 联合仿真案例。

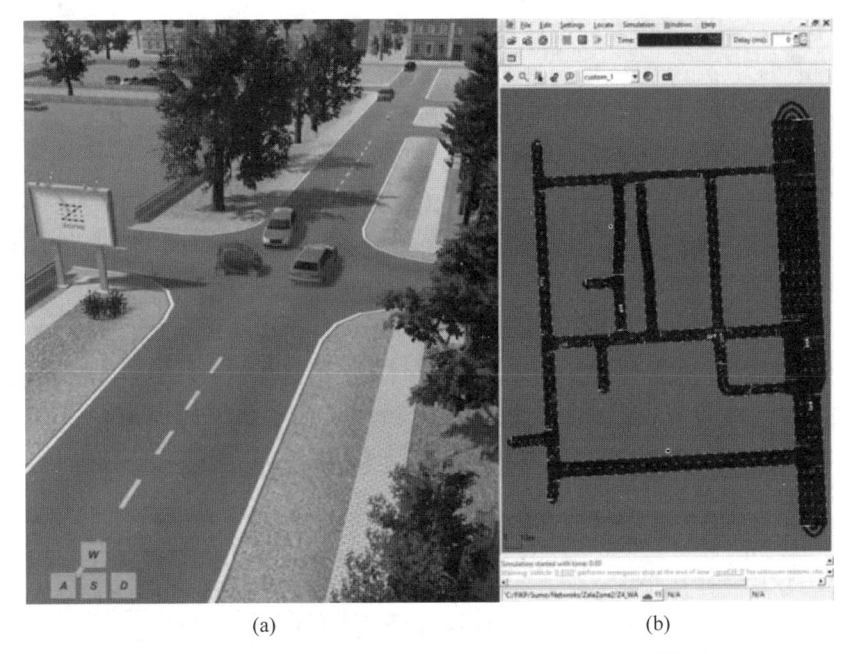

(a)   (b)

图 7-4   SUMO(a)和 Unity3D(b)联合仿真案例[2]

SUMO 和 Unity3D 联合仿真的关键功能如下。

(1) 高精度交通建模与逼真可视化：SUMO 以精准的交通流建模和车辆行为仿真能力著称，而 Unity3D 能够提供高质量的 3D 渲染和物理模拟。两者的结合使交通仿真不仅具有高精度的数据支持，还能以逼真的视觉效果呈现，从而提供一个真实可信的仿真环境。

(2) 灵活性与可扩展性：SUMO 和 Unity3D 都是高度可扩展工具。SUMO 支持大规模交通网络的仿真，并可以通过多种方式（如 Python 脚本）进行扩展；而 Unity3D 支持自定义的物理模型、脚本控制和插件开发。联合仿真能够灵活适应不同的研究需求和应用场景，从简单的交通流仿真到复杂的多智能体协作系统仿真，均能提供支持。

(3) 多平台和多用户支持：SUMO 和 Unity3D 支持跨平台开发，能够在多个操作系统和设备上运行仿真应用，并支持多人协作和交互。这种多平台和多用户的能力使研究和开发可以在分布式环境中进行，促进团队协作和共享研究成果。

(4) 社区支持和资源丰富：SUMO 和 Unity3D 都有活跃的开发者社区，并提供丰富的文档、教程和示例资源。联合使用这两种工具，开发者可以利用社区的知识库和工具库，进一步加快开发进程并解决遇到的问题。

5. CARLA 和 ROS-Bridge 联合仿真

CARLA-Autoware-Bridge 是 Gemb Kaljavesi 和 Tobias Kerbl 设计的一种通过系统级的高保真仿真来测试最先进的模块化自动驾驶汽车软件堆栈的仿真架构，它通过统一的仿真和模块开发框架促进自动驾驶研究，集成了 CARLA 和 ROS-bridge，在 CARLA-ROS-Bridge 模块的帮助下可将 CARLA 模拟器连接到 Autoware Core/Universe。CARLA 支持多种传感器，但其默认数据输出与 Autoware Core/Universe 不兼容。为了优化效率，ROS-Bridge 可用于处理和修改大量实验数据。Carla 和 ROS-Bridge 联合仿真案例如图 7-5 所示。CARLA-Autoware-Bridge 的关键功能如下。

（1）高仿真环境：CARLA 提供高度逼真的 3D 仿真环境并具有多种传感器仿真能力，如摄像头、LiDAR、雷达等，可以模拟真实车辆在各种环境中的行驶状态。

（2）模块化设计：CARLA-Autoware-Bridge 具有高度的模块化设计，通过 ROS-Brideg 将 CARLA 中的仿真数据无缝地传递给 Autoware，使每个模块利用仿真数据进行处理。

（3）基准测试：CARLA-Autoware-Bridge 具有较真实的仿真环境，可适用于基准算法及基准评估指标。

（4）可扩展性：该架构支持不同的传感器和自动驾驶功能的扩展。无论是添加新的传感器模型，还是集成新的自动驾驶模块，Carla-Autoware Bridge 都具有很好的适应性和扩展性。

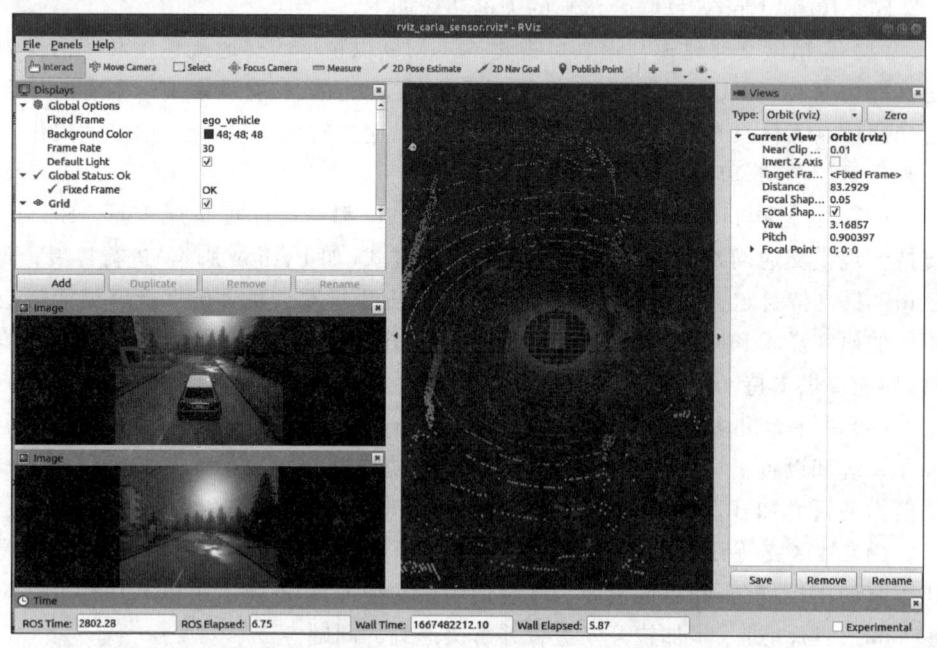

图 7-5 CARLA 和 ROS-Bridge 联合仿真案例

7.2 基于 CarSim 和 PreScan 的联合仿真与测试案例

7.2.1 联合仿真平台搭建

PreScan、CarSim、Simulink(MATLAB 中的一种可视化仿真工具)是三种常用的车辆仿真软件,可用于不同层面的仿真和测试,如车辆动力学仿真、控制系统验证、安全性评估等。为了更好地进行车辆相关软件联合仿真,可以使用这三种软件搭建联合仿真平台。图 7-6 反映了三种仿真软件在联合仿真中的作用。

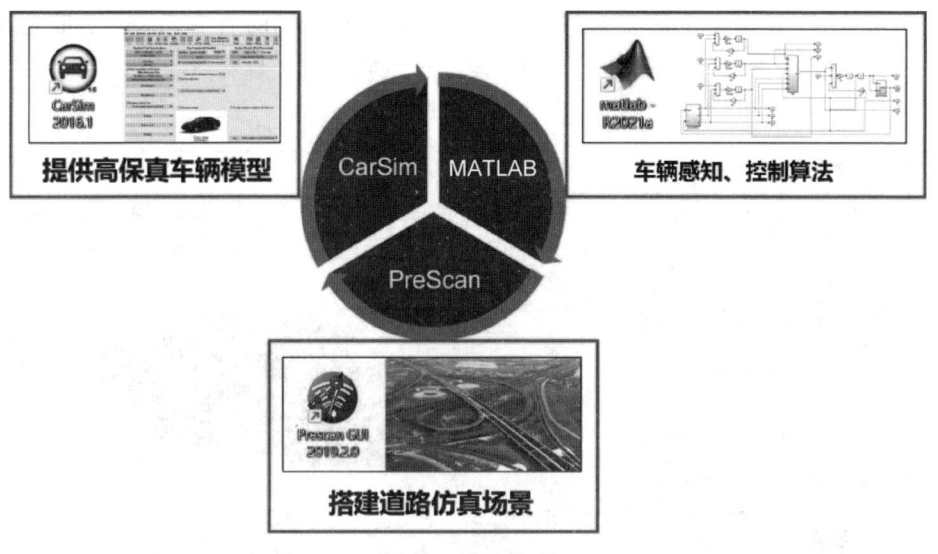

图 7-6 联合仿真

PreScan 是一种主要用于车辆动力学仿真和交通流仿真的软件,它可以模拟车辆行驶过程中各种动态过程的变化,如车辆加速、制动、转弯、倾斜等。PreScan 还具有多种传感器模型,如相机、雷达和激光雷达等,可以用于环境感知仿真。因此,在联合仿真平台中,PreScan 可用于模拟车辆的物理运动和环境感知功能。

CarSim 是一种常用的车辆动力学仿真软件,它可以模拟车辆在不同路况和驾驶情况下的动态响应,如转向、制动、加速、颠簸等。CarSim 还具有高级控制系统模块,可以对车辆的电子控制单元(ECU)进行仿真和测试。因此,在联合仿真平台中,CarSim 可用于验证车辆的动力学性能和控制系统的性能。

Simulink 是一种应用广泛的建模和仿真工具,可用于各种领域的系统建模和仿真。在车辆联合仿真平台中,Simulink 可用于开发车辆控制系统的模型和算法,并与 PreScan 和 CarSim 进行联合仿真。例如,可以使用 Simulink 开发车辆的速度控制器、转向控制器等控制系统,并将其与 PreScan 和 CarSim 集成起来进行联合仿真和测试。

综上所述，使用 PreScan、CarSim、Simulink 联合仿真平台可以更全面地进行车辆相关软件的联合仿真和测试。这种联合仿真平台不仅可以模拟车辆的物理运动和环境感知，还可以验证车辆的动力学性能和控制系统的性能。通过此类仿真平台，可以提高车辆开发和测试的效率和准确性，缩短开发周期，降低成本。

7.2.2 CarSim 联合仿真配置

在对 CarSim 进行配置之前，首先需要在 Simulink 中创建一个空的.sxl 或者.mdl 文件，并放入一个文件夹，由于后面要用到这个文件夹，就将其记为一号文件夹。

然后对 CarSim 中的车辆进行配置，为了保证车辆的真实数据，尽量先在 CarSim 中寻找合适的车辆，如果找不到，再对车辆参数进行修改。在配置中选取了"E-Class，Sedan"车辆，并对其进行修改，如图 7-7 所示。

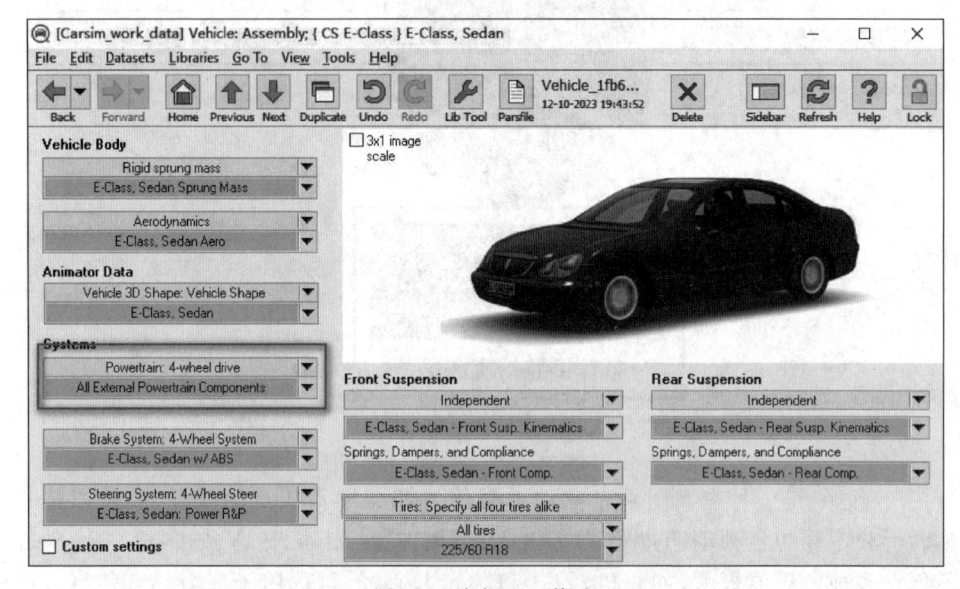

图 7-7　车辆配置修改

图中对车辆的整体系统进行了修改，选择"powertrain：4-wheel drive"下的"all external powertrain components"，这样可以尽可能多地获得可控制的接口，其余车辆配置不予修改。接着对车辆的输入和输出进行设置，如图 7-8 和图 7-9 所示。

从图 7-8 中可以看出，设置车辆的输入包括车辆的制动、驱动及转向，基本包括车辆的所有输入，表明可以在 Simulink 中对车辆进行全方位的控制，以得到仿真效果；从图 7-9 中看出，设置了车辆的输出，此处车辆的输出是按照 PreScan 的相关输入接口进行配置的，目的是使 CarSim 与 PreScan 在 Simulink 中进行联合，使 PreScan 可以使用 CarSim 的车辆动力学模型，以达到更好的仿真效果。

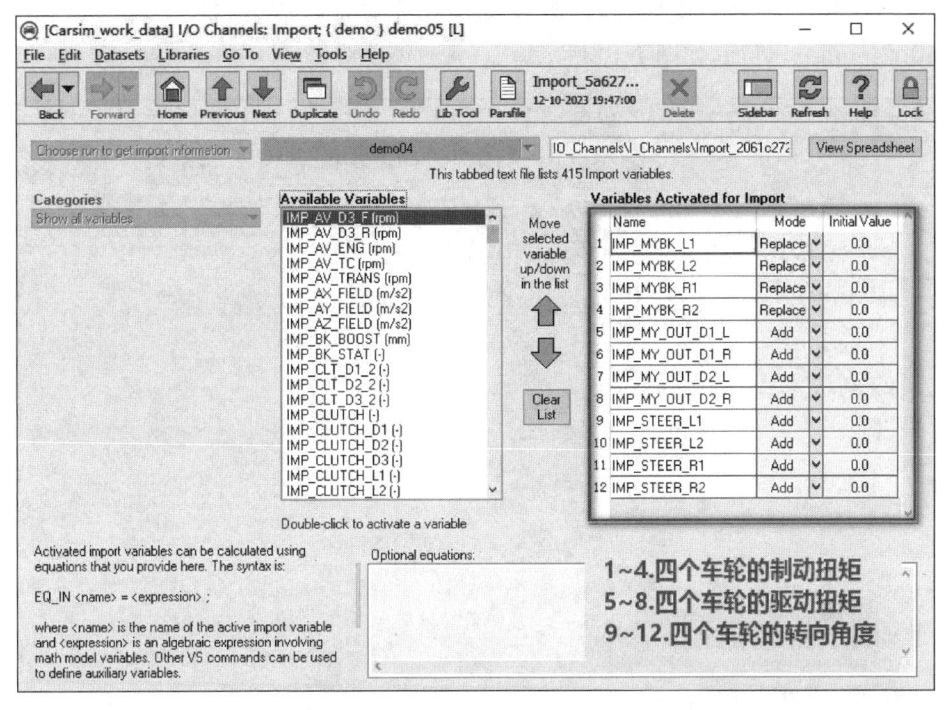

图 7-8 CarSim 车辆输入设置

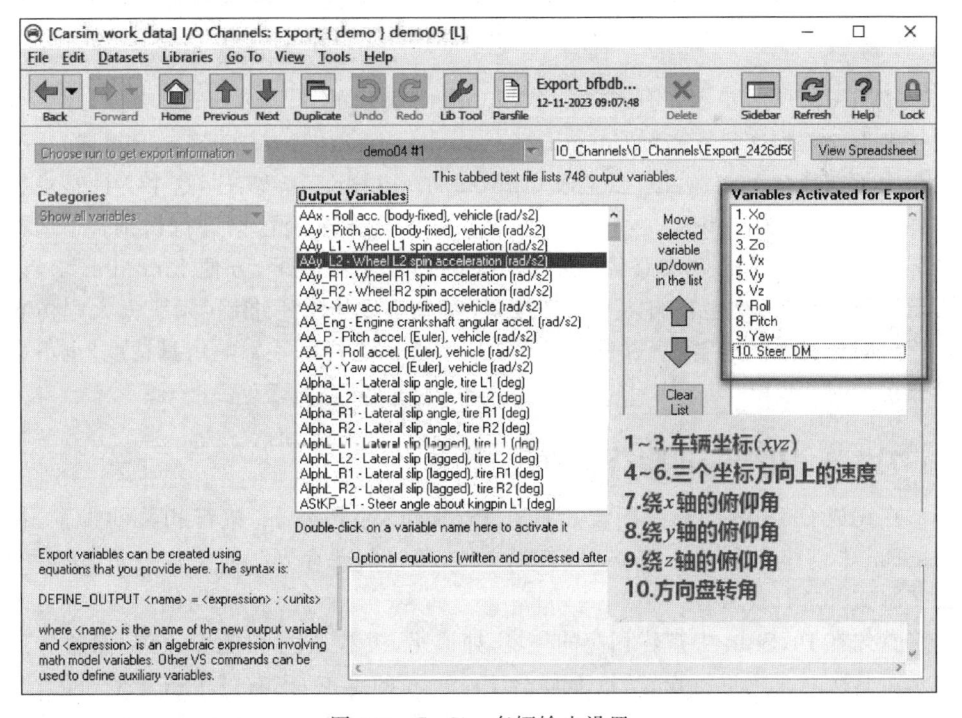

图 7-9 CarSim 车辆输出设置

对车辆的设置完成后，需要将其与 Simulink 进行联合，进入"Run Control with Simulink"界面，如图 7-10 所示。

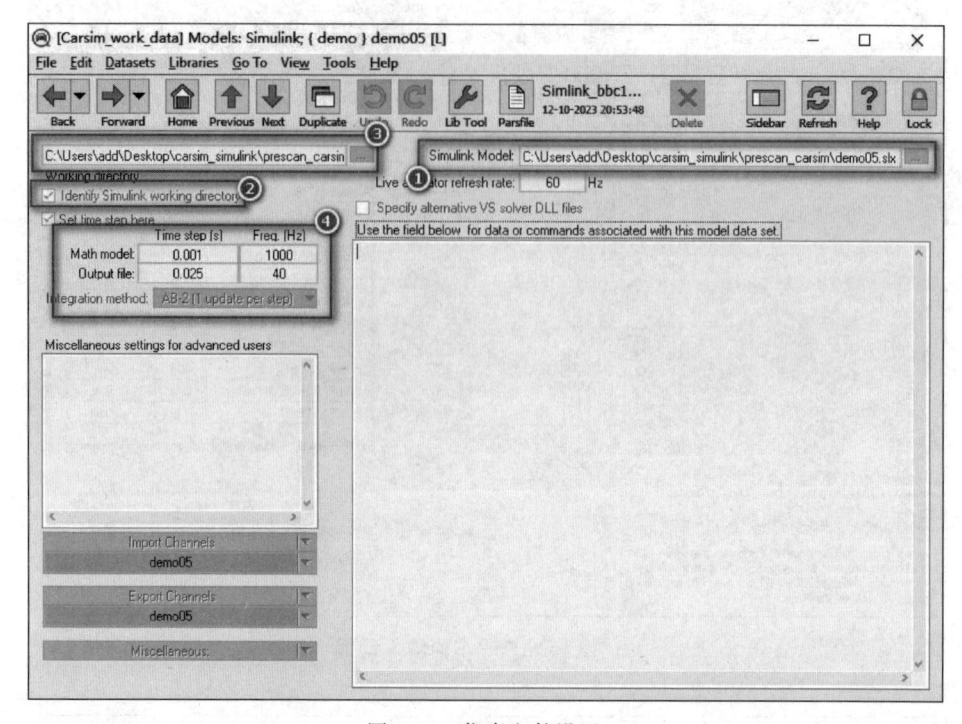

图 7-10 仿真文件设置

按照图中所给步骤：①选择一个 Simulink 创建的 .sxl（或 .mdl）文件，即一号文件夹下的模型文件；②对"identify simulink working directory"进行勾选，这一步是为了选择一个文件目录以生成 CarSim 的"simfile.sim"文件，这个文件是求解文件，它决定了 Simulink 是否可以对 CarSim 生成的车辆数据进行识别；③选择"simfile.sim"文件的生成路径，也将其放在一号文件夹下，方便 Simulink 求解；④设置仿真步长，这会影响仿真的精度，频率太小则仿真不准确，频率太大则仿真运行时间长或无法求解，所以设置频率为 1000Hz，这样既不影响仿真精度，也不会延长运行时间。

7.2.3 PreScan 联合仿真配置

在完成 CarSim 的相关配置后打开 PreScan，对 PreScan 进行相关的设置，在 PreScan 中创建一个新的 PreScan 工程文件，并将其保存到一号文件夹下，然后对此工程文件进行配置。

首先在 PreScan 中搭建相应的环境，如道路、树木、信号灯及行人等，如图 7-11 所示。其次对车辆进行设置，这是联合 PreScan 的重点，先右键单击车辆，再单击"object configuration"，接着在出现的界面中单击"animation"。最后选中"wheel displacement",如图 7-12 所示。

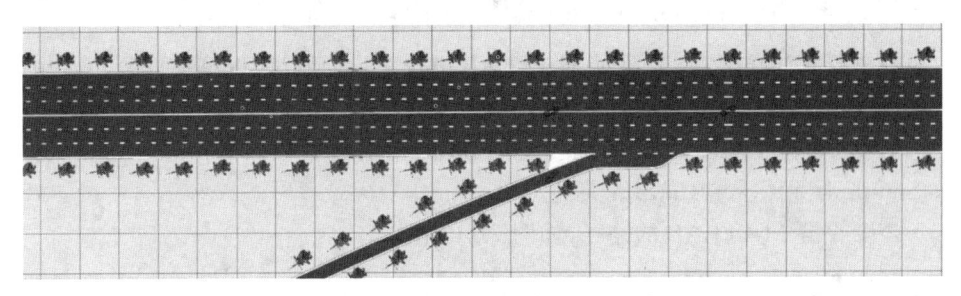

图 7-11　场景搭建

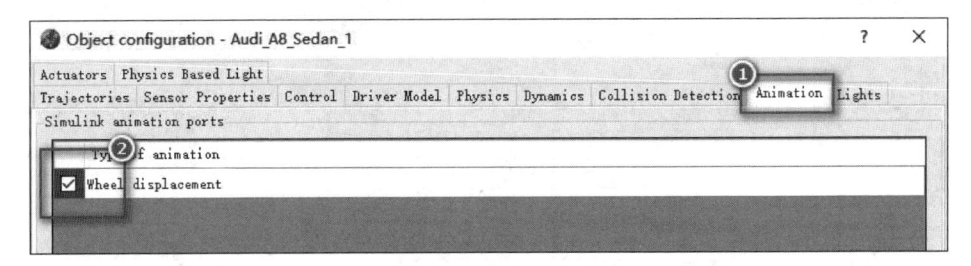

图 7-12　车辆轮胎配置

单击"dynamics",选择"user specified"并选择"model file"作为一号文件夹下的.slx(或.mdl)文件,之后选择"CarSim Contact",这一步将使用 CarSim 中配置的车辆动力学模型文件,如图 7-13 所示。

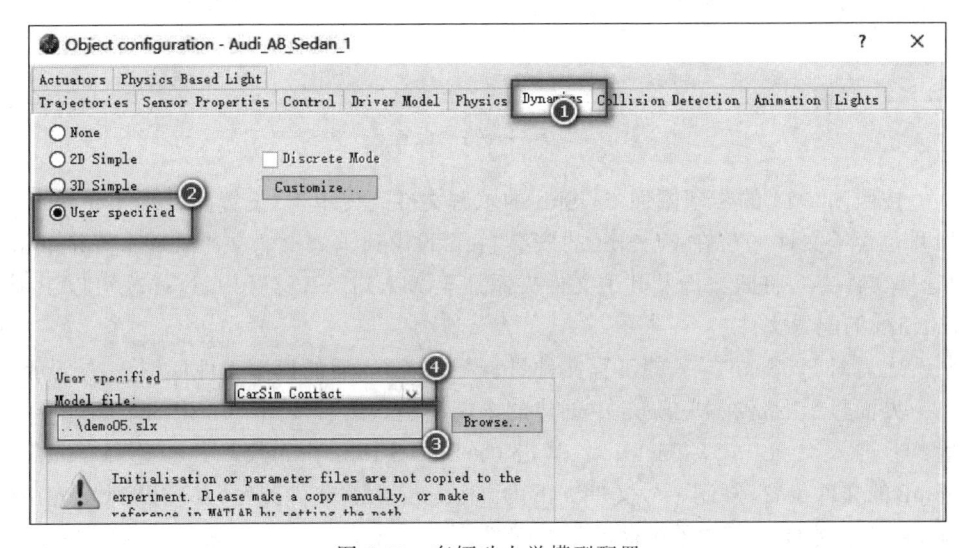

图 7-13　车辆动力学模型配置

为方便观看车辆的运动情况,在车辆上设置了这些观察者视角,完成后将其导入 Simulink。

7.2.4　MATLAB/Simulink 算法模块配置

在进行算法仿真前,需要对 MATLAB 进行一定的调试,以解决联合仿真中的问题。

对于 CarSim 来说,不能单纯将 CarSim 的车辆数据导入 Simulink,这样会导致 Simulink 无法求解 CarSim 文件。

需要设置 MATLAB 的路径,如图 7-14 所示。

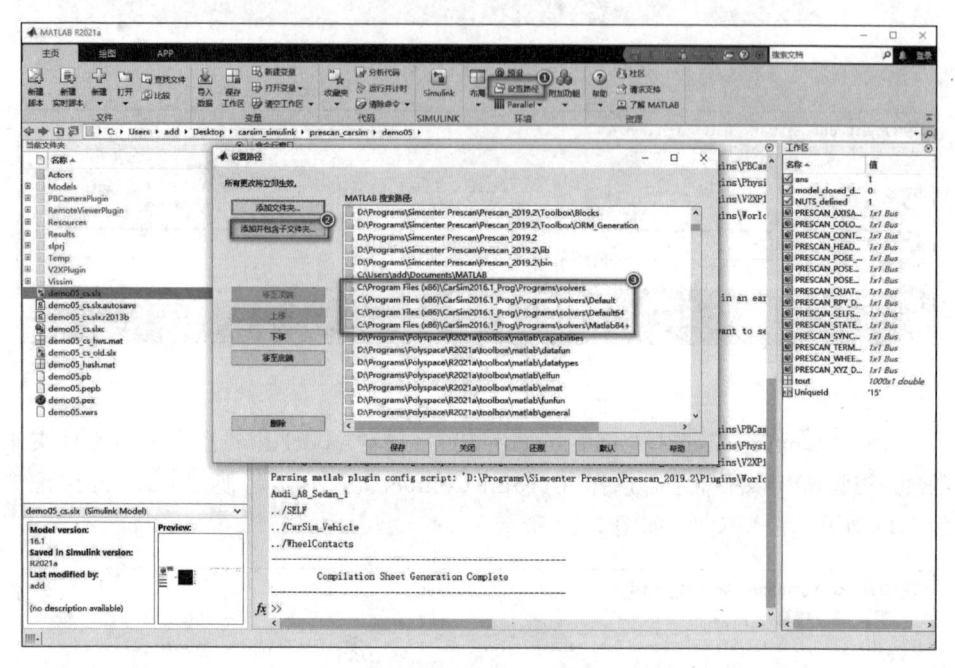

图 7-14　路径设置

按照图 7-14 的步骤添加 CarSim 的求解文件。先单击"设置路径",再单击"添加并包含子文件夹",在 CarSim 的安装目录下找到求解文件夹"solvers",并单击"选择文件夹",将此文件及其子文件夹添加至 MATLAB 路径中,这样就可以识别 CarSim 的配置文件。

之后对 PreScan 导入的工程文件进行配置,导入后的模型文件如图 7-15 所示。

界面显示的是在 PreScan 中创建的车辆模型。然后按图 7-16 中的步骤进行配置:①进入 CarSim_Vehicle;②单击 CarSim S-Function 模块;③选择 Simfile name 的文件位置,复制一号文件夹下的"simfile.sim"文件路径,并粘贴到"Simfile name"中。这样就完成了车辆模型的配置。

在所有文件配置完成后,对车辆输入进行控制,如图 7-17 所示。将制动 4 个轮胎的制动力矩设置为 0,将 4 个轮胎的驱动力矩设置为 100N·m,将前轮的转向角度设置为 10°,后轮的转向角度设置为 0°。这意味着车辆将做曲线运动。

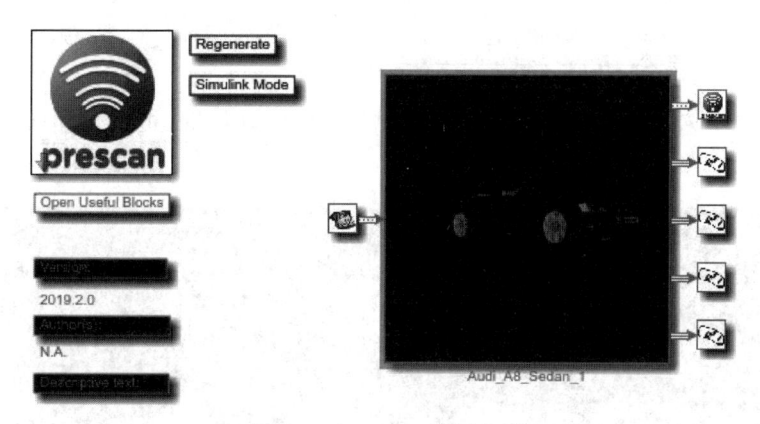

图 7-15　PreScan 模型文件

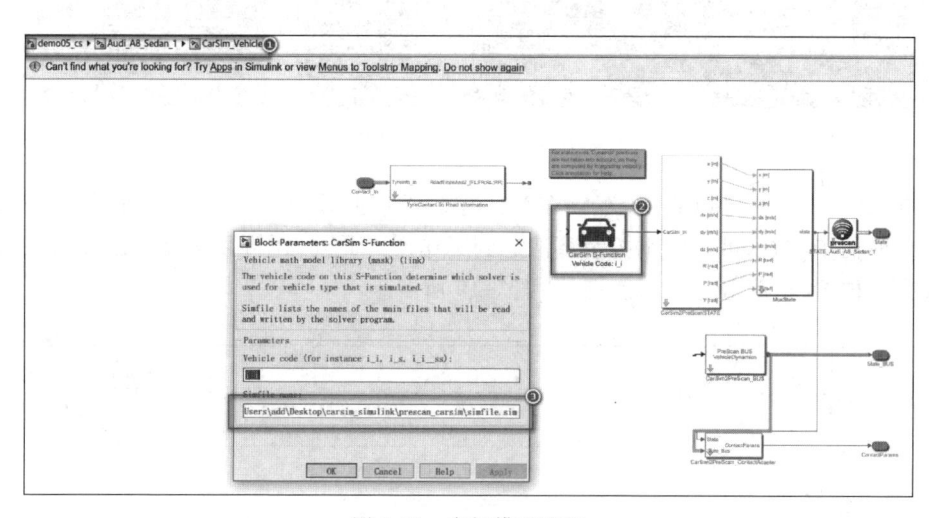

图 7-16　车辆模型配置

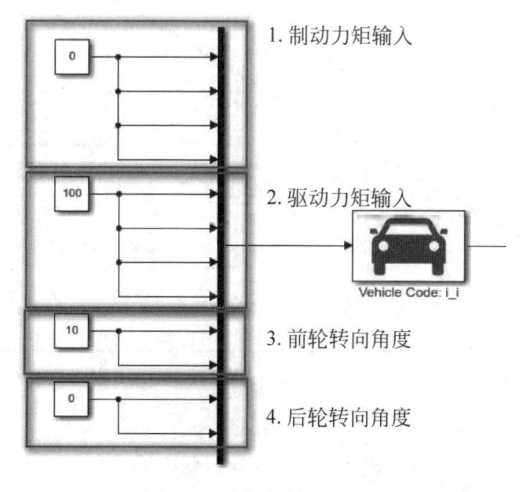

1. 制动力矩输入
2. 驱动力矩输入
3. 前轮转向角度
4. 后轮转向角度

图 7-17　车辆输入设置

7.2.5 联合仿真实验

首先在 PreScan 的"visviewer"中查看车辆的运动情况,可视化界面如图 7-18 所示。

图 7-18 可视化界面

从图 7-18 中可以看出,车辆在算法控制下按照预设的车道行驶,这是对仿真效果的初步查看,可以看出控制算法起到了作用。此外,还可以查看车辆在行驶过程中的位置、速度等运行状态图,如图 7-19 所示。

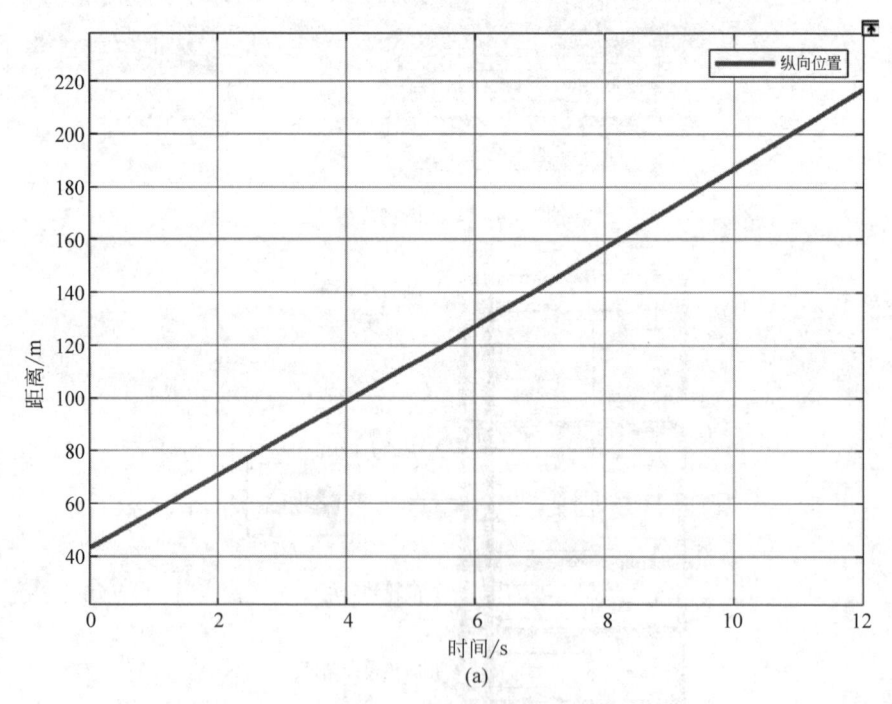

图 7-19 车辆运行状态图
(a) 纵向位置;(b) 横向位置;(c) 车辆速度

图 7-19 （续）

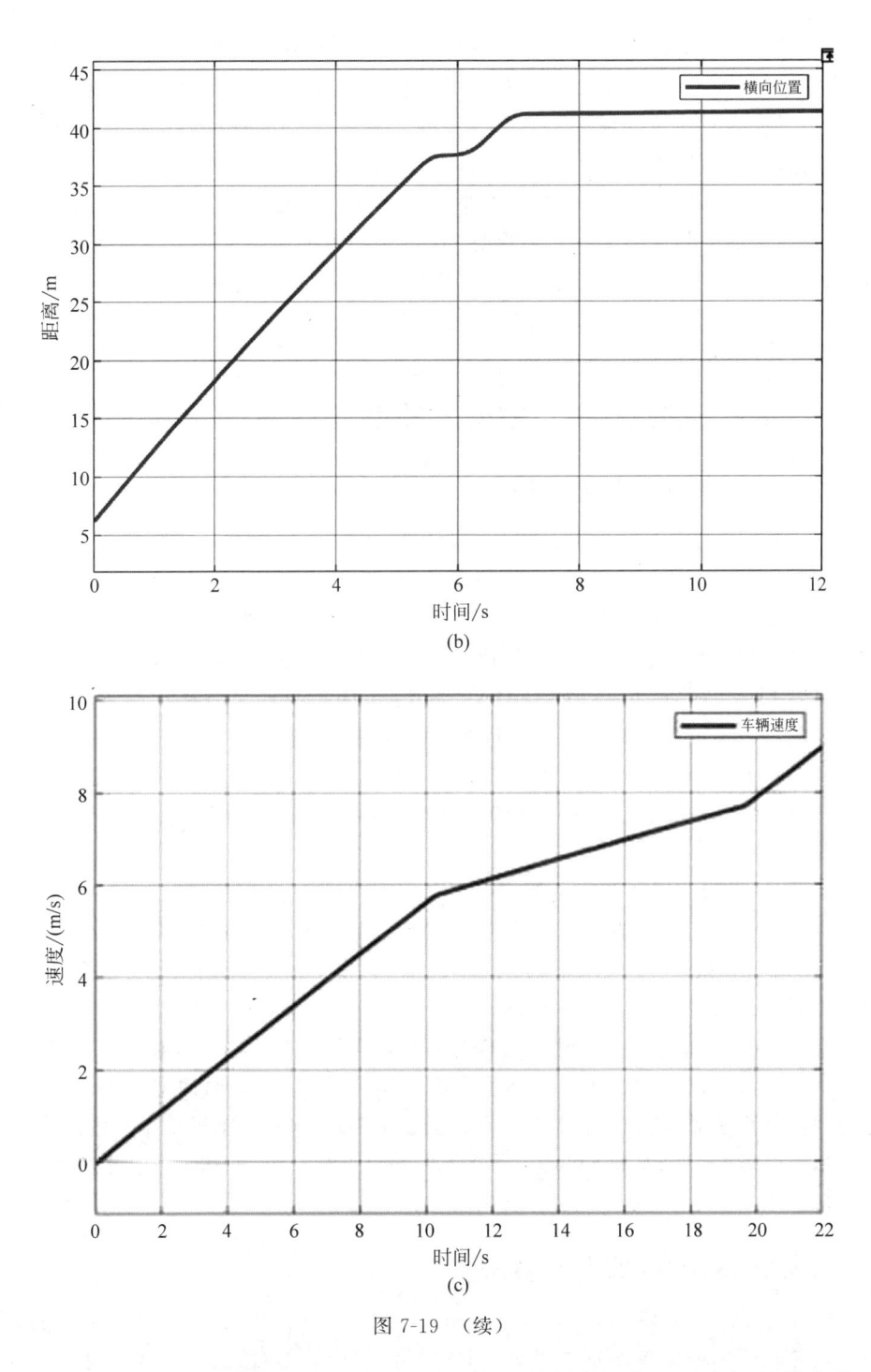

图 7-19 分别展示了车辆的纵向位置（x 轴方向的车辆位置）、车辆的横向位置（y 轴方向的车辆位置）和车辆速度（指车辆的行驶速度）三个车辆状态变量的变化

曲线。从图 7-19(a)中的车辆纵向位置看，车辆的纵向位移不断增大。从车辆横向位置图 7-19(b)中可以看出，车辆在经过一个 x 轴朝向的直道时车辆的横向位置不变，然后换道时车辆的横向位置开始变化。从图 7-19(c)中可以看出，由于输入的是车轮的扭矩，所以一直有一个牵引力作用于车辆，车辆的速度按照一个固定的加速度增加。但是由于车辆转弯时会造成车辆航向角变化，并使车辆的加速度减小，导致速度曲线斜率减小。转弯完成后，车辆的加速度又变回原来大小，速度的曲线斜率和刚开始一样。这也能看出车辆使用 CarSim 车辆模型的好处，可以在对车辆进行控制时，查看最真实的车辆运动状态。

7.3 基于 SUMO 和 CARLA 的联合仿真与测试案例

7.3.1 联合仿真平台搭建

CARLA 模拟器是可伸缩的 C/S(客户机-服务器)架构。服务器端负责与仿真本身相关的所有任务：传感器渲染、物理计算、世界状态及角色的更新等。为了更接近真实世界，推荐使用搭载 GPU 的服务器运行，尤其是机器学习相关任务。客户端由场景中的角色控制逻辑和模拟世界的设置模块组成，通过 API 实现。

SUMO 提供了一个良好的 Python 接口：TraCI 通过与仿真进程通信，TraCI 可以获取仿真主体的所有信息并进行在线调控，以控制仿真内个体的行为。TraCI 接口提供了良好的二次开发基础与条件，可以灵活地与现有人工智能相关的 Python 库结合，为跨平台的联合仿真提供基础接口。这也是与 Carla 联合仿真的基础。

CARLA 和 SUMO 在仿真架构上都采用客户端-服务器模式，这为它们的联合仿真提供了有利条件。在这个架构中，服务器负责展示仿真界面，而客户端通过 TCP/IP 端口连接服务器，以获取仿真中的信息，并通过不同的端口实现多客户端的同步运行。通过构建一个桥接器，SUMO 和 CARLA 中不同格式的信息(如车辆类型、车辆位置信息、基础设施信息等)得以匹配。基于这个桥接器，SUMO 生成的背景车流可以在 CARLA 的环境中实时同步映射为车辆，而 CARLA 中的自动驾驶控制算法对这些车辆产生的反馈也能在 SUMO 的二维场景中实现同步。

本节将对 CARLA 和 SUMO 联合仿真平台进行介绍，使读者学会搭建联合仿真平台。

7.3.2 SUMO 联合仿真配置

CARLA 官方提供的脚本 Co-Simulation/Sumo/util/netconvert_carla.py 的功能就是基于 CARLA 场景生成 SUMO 路网，同样简单对其进行分析。基本逻辑是先使用 SUMO 的 NETCONVERT 工具，将 CARLA 中的 OpenDRIVE 地图转为一个初步的 SUMO 路网文件，然后对该路网文件进行修正。脚本定义了两个重要的类,即 SumoTopology 和 SumoTrafficLight,用于描述中间过程的 SUMO 路网结构和信号灯。其中包括两个重要的方法。

(1) build_topology(),将由 OpenDRIVE 路网转换得到的初步 SUMO 路网作为输入,构造成一个 SumoTopology 对象,供后续步骤使用。

(2) _netconvert_carla_impl(),会用到 SumoTrafficLight 类,是后续修正 SUMO 路网的具体方法,作为 netconvert_carla()方法类似接口的一个包装。

其中还用到 OpenDRIVE 和 SUMO 道路类型的映射关系文件 opendrive_netconvert.typ.xml,存放在/Co-Simulation/Sumo/util/data 目录下。该部分可以通过 NETEDIT 的 demand 模式手动编辑,但这仅限于简单和少量的路径和需求,所以这里不展开介绍如何进行操作。

更好的办法是使用 SUMO 官方提供的工具脚本 randomTrips.py,自动生成随机的交通需求,即.rou.xml 文件。

但需要注意一点,使用该脚本生成联合仿真的交通需求时,要对 SUMO 中车辆或流量的 type 参数进行匹配,也就是上面提到的 create_sumo_vtypes.py 脚本生成的 vType 集合。

运行 SUMO 仿真需要将此前转换的路网.net.xml 文件和生产的交通需求文件.rou.xml 组装在一起,作为仿真配置文件.sumocfg 文件,设置交通需求时需要将 carlavtypes.rou.xml 文件提供的车辆类型文件加载进去,所以 route-files 对应的值是逗号分隔的两个 rou.xml 文件,其中一个就是 carlavtypes.rou.xml。

准备好 SUMO 的仿真配置文件.sumocfg 后,运行脚本 run_synchronization.py,加上相应的参数,即可与 CARLA 进行同步仿真,SUMO 侧使用 TraCI 接口实现数据交换和同步。比如下面的命令即可启动 Town04 的同步仿真(控制台的当前目录为 Co-Simulation/Sumo,即脚本 run_synchronization.py 所在目录):

python run_synchronization.py ./examples/Town04.sumocfg --SUMO-GUI

7.3.3 CARLA 联合仿真配置

CARLA 目前的版本 0.9.14 中 run_synchronization.py 脚本除了必须的 SUMO 配置文件外,还包括 12 个参数,其中前 4 个分别指定 CARLA 和 SUMO 的 IP 和端口。

(1) --carla-host (default: 127.0.0.1),IP of the carla host server;

(2) --carla-port (default: 2000),TCP port to listen to;

(3) --sumo-host (default: 127.0.0.1),IP of the SUMO host server;

(4) --sumo-port (default: 8813),TCP port to listen to。

其余 8 个参数如下。

(1) --SUMO-GUI,开启 SUMO-GUI 界面。

(2) --step-length(default：0.05s)，CARLA 和 SUMO 联合仿真的时间步长，这里需要说明，该参数也会通过 TraCI 接口传给 SUMO，作为其仿真步长。

(3) --client-order，联合仿真 SUMO 侧的 TraCI 客户端编号，默认为 1。

(4) --sync-vehicle-lights(default：False)，是否同步车灯状态，默认不同步。

(5) --sync-vehicle-color(default：False)，是否同步车辆颜色，默认不同步。

(6) --sync-vehicle-all(default：False)，是否同步所有的车辆属性，默认不同步。笔者提醒，同步车辆属性在 SUMO 侧用 TraCI 接口实现，比较耗时，所以都默认不同步。

(7) --tls-manager(default：none)，指定管理信号灯运行的依据，如果为"sumo"，则根据 SUMO 仿真中的信号灯同步到 CARLA 显示；如果选择 CARLA，则 Carla 自行管理，还会同步给 SUMO；默认为 none，则双侧的信号灯不会同步，哪一侧产生的车辆就遵守其对应的信号灯，而不理会另一侧的设置。可以根据具体情形和需要进行设置。

(8) --debug，调试模式，在测试过程中输出更多的日志。

针对上述参数，有兴趣的读者可自行调用接口进行学习，这里不多进行阐述。

7.3.4 Python 算法模块配置

在 run_synchronization.py 脚本文件的 while 循环中使用 TraCI 添加控制代码。

```
while True:
    start=time.time()
    synchronization.tick()
#车辆编队，车辆 ID 为"0""1""2"，分别为头车和跟随车辆
    #设置头车速度
    if traci.vehicle.getSpeed("0")<=15:
        traci.vehicle.setAcceleration("0",3,.0.05)
    elif 33 > traci.vehicle.getSpeed("0")> 15:
        traci.vehicle.setAcceleration("0",1.5,5)
    else:
        traci.vehicle.setSpeed("0",33)
    IDs=traci.vehicle.getIDList()
    for id in IDs:
        traci.vehicle.setLaneChangeMode(id, 0b000000000000)
        traci.vehicle.setSpeedMode(id, 32)
#获取车辆速度
    speed_0=traci.vehicle.getSpeed("0")
    speed_1=traci.vehicle.getSpeed("1")
    speed_2=traci.vehicle.getSpeed("2")
    #pid#K_P=0.5
    e_01=speed_0-speed_1
```

```
speed_1=speed_1+e_01*0.5
e_12=speed_1-speed_2
speed_2=speed_2+e_12*0.5
traci.vehicle.setSpeed("1",speed_1)
traci.vehicle.setSpeed("2",speed_2)
end=time.time()
elapsed=end-start
if elapsed < args.step_length:
    time.sleep(args.step_length-elapsed)
```

7.3.5 联合仿真实验

联合仿真通过运行以下步骤实现,其仿真视图分别如图 7-20 和图 7-21 所示。

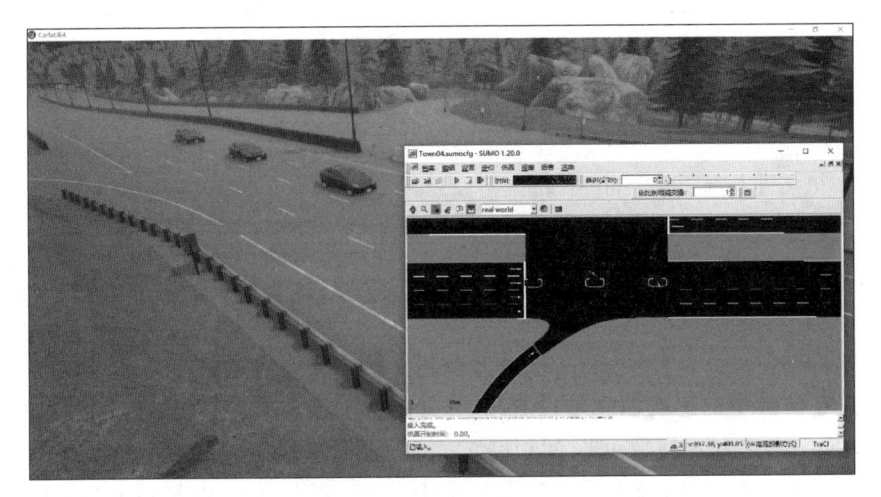

图 7-20　联合仿真视图 1

图 7-21　联合仿真视图 2

(1) 启动 CarlaUE4.exe 程序。
(2) 在.\PythonAPI\util\运行。

```
#打开 Town04 道路环境
Python config.py -map Town04
```

（3）替换 Co-Simulation/Sumo/example/rou/Town04.rou.xlm 文件。

```
< routes >
  < vehicle id = "0" type = " vehicle. tesla. model3" depart = "0.00" departLane = "3" departPos = "30.00">
    < route edges = "40.0.00 39.0.00 38.0.00"/>
  </vehicle >
  < vehicle id = "1" type = " vehicle. tesla. model3" depart = "0.00" departLane = "3" departPos = "15.00">
    < route edges = "40.0.00 39.0.00 38.0.00"/>
  </vehicle >
  < vehicle id = "2" type = " vehicle. tesla. model3" depart = "0.00" departLane = "3" departPos = "0.00">
    < route edges = "40.0.00 39.0.00 38.0.00"/>
  </vehicle >
</routes >
```

（4）替换 Co-Simulation/Sumo/example/Town04.sumocfg 文件下添加获取车辆数据的指令。

```
< output >
  < fcd-output value= "output.xml"/>
</output >
```

（5）运行联合仿真。

```
python run_synchronization.py ./examples/Town04.sumocfg --SUMO-GUI
```

由图 7-22 中的速度曲线可以看出，车速低于 15m/s 时车辆以 3m/s^2 的加速度运行，在 15～33m/s 的速度区间以 1.5m/s^2 的加速度运行，之后车辆速度保持 33m/s。PID 算法只对速度进行了简单的 P 控制，在图 7-23 中的测试位置曲线中车辆间距不断减小，通过一定的积分控制可以使车辆间距稳定在期望值。

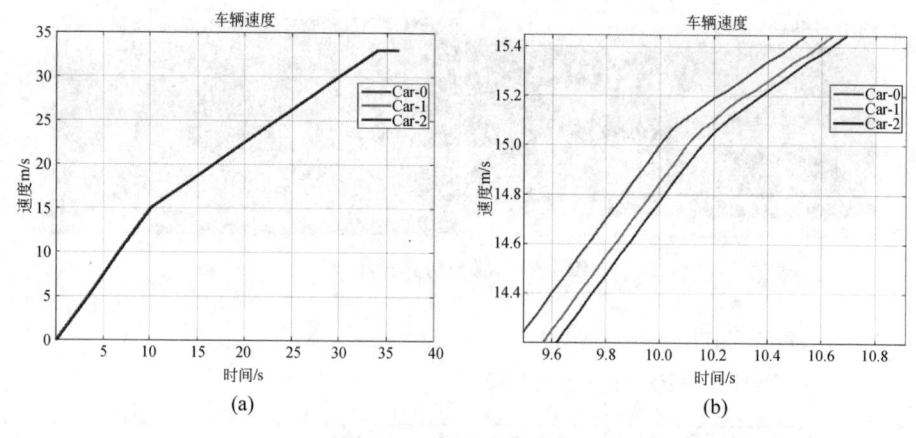

图 7-22　测试速度曲线

(a) 速度曲线；(b) 局部放大

图 7-23　测试位置曲线

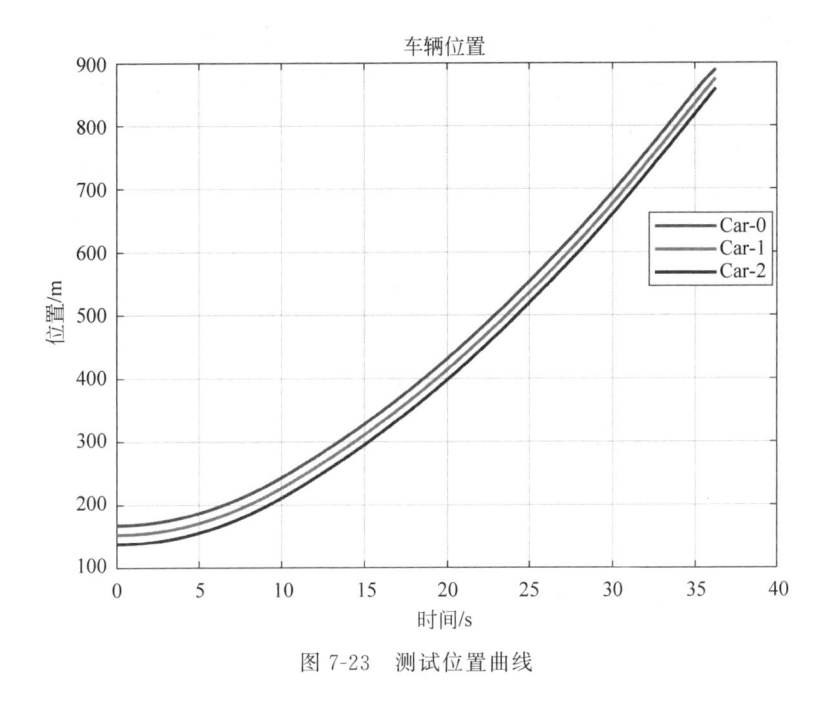

本 章 小 结

本章重点介绍了多软件联合仿真与测试平台的开发与应用，通过多个实际案例和配置示例详细阐述了该类平台在智能车辆研发中的重要作用。

首先讨论了多软件联合仿真平台的概念及其在智能车辆仿真中的常用方法。通过这部分的学习，使读者理解联合仿真的基本原理，以及如何在开发过程中有效利用多软件平台提升仿真精度和效率。其次深入探讨了基于 CarSim 和 PreScan 的联合仿真平台的搭建过程，包括这两种软件在仿真中的配置方法及如何通过 MATLAB/Simulink 实现算法模块的集成。通过真实实验的演示，使读者学会如何在这些平台上进行实际的联合仿真测试，验证车辆系统的性能和行为。最后介绍了基于 SUMO 和 CARLA 的联合仿真平台的构建，详细说明了 SUMO 和 CARLA 的配置流程，并展示了如何使用 Python 进行算法模块的配置与调试。最后一节通过实际案例展示了如何使用这些工具进行复杂交通场景的仿真和测试。

课 后 习 题

1. 尝试使用 Simulink 控制 CarSim 中的车辆速度，在 PreScan 中搭建一条用于展示的车道，并在 PreScan 车辆上装载俯视、驾驶员视角两个摄像头，以便观察车辆行驶情况。

2. 在习题 1 的背景下，在 Simulink 中对 CarSim 车辆的加速度进行控制，设置车辆输出为位置、速度、加速度；输入为加速度，使车辆达到习题 1 中相同的速度，观察两种形式车辆情况是否相同，并分析原因。

3. 使用 CARLA 和 SUMO 联合创建一个简单的城市交通场景，并设置车辆和路网参数。通过仿真观察交通流量和车辆行为。

4. 使用 CARLA 提供的 Python API 和 SUMO 提供的命令行工具，编写一个脚本，实现 CARLA 和 SUMO 之间的数据交互。

参 考 文 献

[1] XU R，GUO Y，HAN X，et al. OpenCDA：An open cooperative driving automation framework integrated with co-simulation［C］//2021 IEEE International Intelligent Transportation Systems Conference (ITSC). IEEE，2021：1155-1162.

[2] SZALAI M，VARGA B，TETTAMANTI T，et al. Mixed reality test environment for autonomous cars using Unity 3D and SUMO［C］//2020 IEEE 18th World Symposium on Applied Machine Intelligence and Informatics (SAMI). IEEE，2020：73-78.

[3] ARTAL-VILLA L，HUSSEIN A，OLAVERRI-MONREAL C. Extension of the 3DCoAutoSim to simulate vehicle and pedestrian interaction based on SUMO and Unity 3D［C］//2019 IEEE Intelligent Vehicles Symposium (IV). IEEE，2019：885-890.

[4] LIAO X，ZHAO X，WANG Z，et al. Game theory-based ramp merging for mixed traffic with Unity-SUMO co-simulation［J］. IEEE Transactions on Systems，Man，and Cybernetics：Systems，2021，52(9)：5746-5757.

附　录

附录 A

附录 B